교사를 위한
영재교육의 기초

Jim Delisle · Barbara A. Lewis 공저
이신동 · 문은식 · 최병연 공역

The Survival Guide for Teachers of Gifted Kids

How to Plan, Manage, and Evaluate Programs for Gifted Youth K–12

학지사

The Survival Guide for Teachers of Gifted Kids:
How to Plan, Manage, and Evaluate Programs for Gifted Youth K-12
by Jim Delisle Ph.D., Barbara A. Lewis

Original edition published in 2003 by Free Spirit Publishing Inc., Minneapolis, Minnesota, U.S.A., http://www.freespirit.com under the title: The Survival Guide for Teachers of Gifted Kids: How to Plan, Manage, and Evaluate Programs for Gifted Youth K-12.

역자 서문

우리나라에 영재교육진흥법이 발효되고, 그것에 의거해 영재교육이 실시된 지 이제 겨우 10년이 지났다. 타 선진국에 비하면 우리 10년의 영재교육 역사는 아주 짧은 편이다. 반면, 영재교육의 수혜를 받는 학생들의 수는 2012년 말 기준, 전체 학생의 2%에 도달했다. 이는 적은 수가 아니다. 즉, 짧은 역사에 비해 영재교육에 참여하는 학생 수는 급속도로 늘어난 것이다. 그러나 이런 학생 수에 걸맞은 교육의 질은 보장되지 못하고 있는 것 같다. 이제 우리는 영재교육의 질적 문제를 고민해야 할 때가 된 것이다.

영재교육진흥법 2조에 따르면 영재교육은 "영재를 대상으로 각 개인의 능력과 소질에 맞는 교육내용과 방법으로 실시하는 교육을 말한다."라고 되어 있다. 영재교육에 참여하고 있는 학생들은 자신의 능력과 소질에 맞는 교육내용과 방법으로 교육을 받을 권리를 갖는다. 그런데 실제 영재교육 프로그램에 참여하고 있는 학생들은 만족스러운 영재교육을 받고 있는가? 누구도 이 질문에 자신 있게 대답하기 어려울 것이다.

영재교육의 질적 수준을 높이는 데 가장 큰 영향을 미치는 것은 바로 교사다. "교육은 교사의 수준을 넘기 어렵다."는 말에서 알 수 있듯이 교육의 현장에서 교사의 중요성은 아무리 강조해도 지나치지 않을 것이다. 그렇다면 현재 우리나라 영재교육을 맡고 있는 교사들이 충분한 교육을 받고 교육

현장에 투입되고 있다고 할 수 있는가? 안타깝게도 그렇지 못한 것이 사실이다. 영재교육진흥법상 일반교사 중 영재교육 기초연수 60시간을 받으면 영재학생들을 맡아 가르칠 수 있는 최소 자격이 되지만, 60시간의 기초연수만으로 영재학생들을 가르친다는 것은 큰 위험 부담이 따르는 일이기 때문이다.

역자가 여러 영재 담당교사들을 만나 면담을 해 본 결과, 자신이 개발해서 가르치고 있는 교육 내용에 대한 확신과 가르치는 방법에 대한 자신감이 없다고 말하는 교사들이 많았다. 또한 우리나라에는 영재교육에 대한 국가 수준의 가이드라인이 없어 많은 영재 담당교사들은 영재학생의 선발방법, 교육 내용의 구성, 가르치는 방식에 대해 거의 모르고 있으며, 결과적으로 대부분의 영재 담당교사들은 각자 자기 방식대로 학생들을 가르치고 있는 실정이다. 따라서 영재교육 현장에서 영재를 교육하는 교사들의 혼란이 크다고 할 수 있다.

역자들은 현재 영재를 교육하는 교사들이 처한 어려움에 대해 고심을 하던 중, 미국 켄트 주립대학교(Kent State University) 교수였던 짐 델리슬(Jim Delisle)과 영재 코디네이터로 15년 동안 일해 온 바바라 루이스(Barbara A. Lewis)가 공동 집필한 *The survival guide for teachers of gifted kids: How to plan, manage, and evaluate program for gifted youth K-12*를 만나게 되었다. 이 책의 내용을 검토해 본 결과, 우리나라의 상황과 다소 다른 점들이 있기는 하나, 영재를 교육하는 교사들에게 유익한 지침을 제공해 줄 것이라는 확신을 갖게 되었다. 따라서 우리는 영재를 담당하는 교사들이 겪고 있는 어려움을 조금이나마 덜어주려는 취지에서 이 책을 번역하기로 결정했다.

이 책은 1장 프로그램의 토대를 견고하게 하라(최병연), 2장 영재 판별을 위해 그물을 넓게 펼치라(문은식), 3장 잘 구조화된 프로그램의 기초를 놓으라(문은식), 4장 활용할 수 있는 프로그램을 계획하라(문은식), 5장 프로그램 평가를 계획하고 실행하라(이신동), 6장 의사소통과 관계형성을 통해 프로그램을 강화하라(이신동), 그리고 용어정리(최병연)로 구성되었다. 따라서 이 책은 현장에서 영재학생들을 가르치는 교사들에게 영재교육에 대한 굳건한 토대를 마련해 주고, 학부나 석사과정에서 영재교육을 전공하는 학생들에게는 영재교육에 대한 교사의 임무와 역할을 이해하는 데 필요한 다양한 지침을 제공할 것이라고 생각한다.

우리 역자들은 이 책이 부디 영재교육의 현장에 많은 도움이 되길 기대하며, 아울러 이 책이 출판되는 과정에 도움을 준 학지사의 김진환 사장님과 편집부 이호선 선생님에게 심심한 감사를 드린다. 또한 교정을 하느라 늦은 시간까지 애를 써 준 고운정 박사와 차영주 박사에게 고맙다는 인사를 전한다.

2013년 가을

이신동, 문은식, 최병연

차 례

역자 서문 … 3
들어가는 말 … 13

1장 프로그램의 토대를 견고하게 하라 / 31

성공적인 영재교육 프로그램 개발을 위한 열쇠 / 33

영재교육 위원회 … 33
프로그램 개발과 계획 … 34
학생의 판별, 선정, 배치 … 34
전문성 계발과 참여 … 34
홍보 … 35
학부모 참여 … 35
프로그램 평가 … 36
네트워킹과 경향 점검 … 36

사명과 철학 진술 / 37

지역 교육청의 철학과 사명을 살펴보라 … 38
교육청의 정책 방향에 적합한 진술문을 개발하라 … 40

요구분석 / 42

정보 수집과 사용을 위한 제언 … 45

영재교육 프로그램의 초점 설정 / 47

- 참고자료 / 48
- 부록 / 49

2장 영재 판별을 위해 그물을 넓게 펼치라 / 67

용어 정의 / 69

함정 1: 포괄적이지 않은 정의 만들기 … 72
함정 2: 모든 아동들이 영재라는 것을 암시해 줄 수 있는 정의 만들기 … 78

판별: 첫 단계, 그리고 잘못된 단계 / 83

함정 3: 판별을 과정이 아니라 하나의 이벤트로 취급하기 … 83
함정 4: 한번 개설한 프로그램을 결코 바꾸지 않기 … 85
함정 5: 한정된 판별법 사용하기 … 86
함정 6: 판별 준거와 프로그램의 불일치 … 87
새롭게 시작하기 … 88

다양한 판별법 사용 / 90

표준화된 지능 검사와 성취도 검사 … 91
교사 추천 … 91
학부모 체크리스트 … 92
학생 추천 … 93
기타 방법 … 94

다음 단계 / 97

선발하기 … 97
위원들과 사례를 면밀히 검토하기 … 99
결과 공유하기 … 100
중도 탈락 정책 계획하기 … 103
관점 유지하기 … 106

- 참고자료 / 107
- 부록 / 112

3장 잘 구조화된 프로그램의 기초를 놓으라 / 127

단계 1: 수월성 목록 작성 / 129

단계 2: 영재들 간의 차이 고려 / 132

단계 3: 프로그램 목적 설정 / 133

단계 4: 프로그램 구조 설정 / 138

- 참고자료 / 143
- 부록 / 144

4장 활용할 수 있는 프로그램을 계획하라 / 145

일반학급에서의 영재교육 / 147

조기 입학과 속진 … 147
통합학급 … 149
학급 내 집단편성 … 150
차별화 교육과정과 수업 … 151
일반학급에서의 영재교육: 장점과 단점 … 155
재정 문제 … 156
인사 문제 … 158

영재학생을 위한 특별학급 / 159

풀 아웃 학급 … 160
독립 영재학급 … 164
능력별 집단학급 … 166
고등학교 우등학급 및 상급학년 배치 … 169

가중치 적용 성적 … 172
세미나 … 174

영재학생을 위한 특수학교 / 176

기타 프로그램 / 179

멘토십 … 180
심화 및 지원 프로그램 … 180
여름방학 및 교외 프로그램 … 181

- 참고자료 / 182
- 부록 / 196

5장 프로그램 평가를 계획하고 실행하라 / 197

왜 평가를 하는가 / 204

누가 참여하는가 / 206

평가 계획 및 실행자 … 207
정보 원천 … 208

언제, 어떻게 정보를 수집할 것인가 / 208

시험점수 자료 … 208
학생 포트폴리오 … 209
인터뷰 … 209

어떻게 평가 결과를 보고할 것인가 / 211

무엇을 외부에 추천할 것인가 / 212

금메달을 얻기 위해 노력하기 … 213
은메달을 얻기 위해 노력하기 … 213
동메달을 얻기 위해 노력하기 … 213

■ 참고자료 / 214

■ 부록 / 216

6장 의사소통과 관계 형성을 통해 프로그램을 강화하라 / 233

프로그램을 가시화하라 / 237

유대관계를 형성하라 … 238
유용한 정보와 데이터를 제공하라 … 240
학부모들을 위한 뉴스레터를 발행하라 … 242
홍보하라 … 244

학부모와 교사를 위한 정보원이 되라 / 246

학부모를 참여시키고, 정보를 제공하고, 지지하라 … 246
일반교사들과 밀접한 관계를 형성하라 … 247
자원 도서관을 운영하라 … 249
교원 연수의 기회를 제공하라 … 250
베테랑 영재 담당교사들을 확보하라 … 256

영재학생들의 사회적 · 정서적 요구를 지원하라 / 257

완벽주의 … 257
친구들의 놀림 … 260
세계적인 문제에 대한 걱정과 무력감 … 261

불균형 발달 … 262
강렬함 … 263
스트레스와 탈진 … 264

학부모와 학생의 관심사를 고려하라 / 267

나는 내 아이가 영재교육 프로그램에 들어가길 원해요 … 268
내 아이는 일반수업에서는 도전감을 받지 못해요 … 269
내 아이가 영재교육 프로그램에 더 이상 참여하지 않았으면 좋겠어요 … 271
어떻게 하면 영재교육 프로그램에 참여할 수 있을까요 … 273

마지막 몇 가지 제언 / 275

- 참고자료 / 280
- 부록 / 282

- **용어정리** / 285
- **찾아보기** / 293

들어가는 말

영재교육 담당자의 자격

여러분의 직업 명칭은 무엇인가? 보조교사? 영재전문가? 영재 코디네이터? 반일제 교사/반일제 영재교사? 영재 보조교사? 영재교육위원회의 학부모 위원? 여러분의 공식 직함이 무엇이든지 간에 이 책을 읽고 있다는 사실은 영재아동과 함께 일하고 있다는 것을 뜻한다. 역할에 따라 다소 차이가 있을 수 있지만, 여러분의 직업은 다음과 같은 자격들을 요구할 것이다.

- 영재교육 관련 강좌 이수
- 학교 상황에서 영재아동을 가르친 경험
- 학부모 및 전문가와 원만하게 일할 수 있는 능력
- 다양한 학년 수준의 교육과정 모형과 차별화 전략에 관한 지식
- 교육청 직원을 대상으로 한 직무 연수를 수행할 수 있는 능력
- 다양한 의견들을 조율하고 합의점을 도출해 낼 수 있는 능력
- 특정한 주장을 창의적으로 제기하고 분쟁이나 문제를 해결하며, 기금 조성을 위한 계획 능력

그리고 상기 목록에는 없지만, 영재아동을 가르치고 영재교육을 조정하는 직업을 수행하기 위해서는 문서화되지 않은 자격이 있다. 아마도 모든 것 중에 가장 중요한 자격은 '융통성 있는 성격의 소유자'일 것이다.

확실히 교육에 종사하는 일은 쉽지 않지만, 영재교사 또는 영재 코디네이터[1]라는 직업은 가장 어려운 직업군에 속한다. 왜 그러한가? 영재교육은 일부 사람들이 그것의 필요성에 대하여 의문을 제기하는 분야 중의 하나이기 때문이다. 여러분은 영재교육과 관련된 직무를 수행해야 할 뿐만 아니라 영재교육 비판자들의 요구를 웃으면서 받아들여야 한다는 것을 알아야 한다. 따라서 영재교사 · 코디네이터 · 전문가 · 자원인사의 역할에서 가장 중요한 자격은 영재분야 자체에 관한 개인적 신념이다. 만약 여러분이 없다면, 많은 영재학생들(그리고 그들의 부모)은 어떠한 전문적 도움도 받지 못할 것이다. 그리고 여러분이 이미 알고 있거나 또는 곧 알게 될 것이지만 영재교육은 모든 영역에서 많은 지지가 필요한 분야다.

사실상 이 분야는 소심한 사람들을 위한 분야가 아니다!

집필 이유

이 책의 시작 단계에서 필자들의 영재교육에 대한 개인적 경험을 소개하면 다음과 같다.

---

1) 실제 영재교육 현장에서처럼 이 책에서 저자들은 '코디네이터'와 '교사'라는 용어를 상호호환하면서 사용할 것이다. 동일한 직종을 설명하는 여러 가지 직업 명칭이 있을 수 있지만, 유사한 직업 명칭을 가진 두 사람의 책임은 다를 수 있다.

짐(Jim): 필자가 코네티컷 주의 스태퍼드 스프링스(Stafford Springs)에서 영재아동 교사로서 첫 번째 직업을 갖게 되었을 때, 4~6학년의 자원 프로그램을 위한 시간제 직무를 수행하였다. 이 교육청에는 이전에 영재교육과 관련한 어떤 교육 프로그램이나 예산(필자의 봉급 이외에), 심지어 수업 공간도 없었다. 또한 판별, 교육과정 계획수립, 프로그램 평가, 다른 교사와 협업하기, 직원 역량 개발, 학부모 참여 등과 관련된 어떠한 자료와 지침도 없었다. 이러한 문제점 이외에 더 좌절스러웠던 것은 영재 프로그램의 설계 단계를 유용하면서도 간결하게 제시한 참고 서적이 없었다는 것이다. 근본적인 질문은 많았지만, 답변은 거의 없었다. 영재를 위한 교육과정은 정규 교육과정과 조화를 이루어야 하는가? 또는 달라야 하는가? 영재아동은 영재수업 참여와 관련한 성적표를 받아야 하는가? 영재학생에게 일반수업의 과제를 수행하도록 요구해야 하는가? 이러한 운영 사항들 이외에도 프로그램 철학, 판별, 운영 정책 등 논란이 많은 중요한 이슈들에 대한 참고 자료가 거의 없다.

이러한 일은 필자가 1978년에 영재교육 전공의 박사 과정 1년 차 학생일 때 있었던 일이기도 하다. 필자가 영재교육 프로그램과 관련해서 수행했던 2년간의 연구는 모든 면에서 유익한 시간이었다. 필자는 영재아동이 누구이고, 그들에게서 기대해야 할 것과 기대해서는 안 될 것이 무엇인지를 알게 되었다. 필자는 영재아동을 위한 프로그램을 설계할 때 어떤 집단의 영재에게 이득이 될 것인지를 알게 되었다. 동시에 필자는 학교에서 왜 이미 성공한 아동을 위해 특별한 서비스를 제공해야 하는지를 의문시하는 '영재교육 불신자'를 만났을 때 자세히 설명할 수 있는 방법을 배웠다.

바버라(Barbara): 필자는 1985년 영재교육 분야에 입문하기 전에 일반교사로 근무하고 있었다. 많은 혁신적인 '영재 선구자들' 덕분에, 필자는 유타 주

솔트레이크 시(Salt Lake City)에서 운영하는 프로그램에 참여하게 되었다. 솔트레이크 시에서 필자는 민족적으로 다양하고 경제적으로 어려운 영재아동을 가르쳤다. 몇 해 만에 필자가 담당한 학생들의 문제해결활동이 전국적이고 국제적인 명성을 갖게 되었고, 이것은 모든 집단에서 영재아동을 발굴할 수 있다는 주장을 정당화시키는 데 도움을 주었다.

그 당시 필자는 영재아동과 함께 일한다는 열정으로 가득 차 있었기 때문에, 유타 주 파크 시 교육청에서 영재학생 프로그램을 창안하여 가르쳤다. 행정적 지원과 교사 및 학부모의 헌신으로, 이 프로그램은 인정을 받았고 영재교육에 대한 회의론자들이 속진 학습자들의 요구를 수용하도록 유도하였다. 이 프로그램으로 전에는 영재교육이 불필요하고, 공정하지 않으며, 엘리트주의라고 여겼던 사람들이 그들의 견해를 바꾸었다.

필자들이 영재교육에 참여한 지 벌써 한 세대가 지났지만, 영재교육의 프로그램과 지원 수준은 교육청별로, 학교별로 다르다. 그렇지만 한 가지 공통사항이 있다. 즉, 교사의 질문에 대답하는 참고 서적이 거의 없다는 것이다. 바로 이러한 사실로 필자들은 이 책을 집필하게 되었고, 이 책을 통해 우리의 전문적 지식과 경험을 공유하고자 하였다. 필자들은 영재 프로그램을 개발하고 운영할 때 직면하는 다양한 요구와 도전을 다루고, 영재 프로그램을 가르치고 지도하는 데 필요한 중요한 기술들이 포함된 종합적이고 실제적인 참고 자료를 이 책에 제시하였다.

집필 대상

영재교육에 종사하는 직업은 해당 지위(역할)만큼이나 다양하다. 필자들이 『교사를 위한 영재교육의 기초(*The Survival Guide for Teachers of Gifted Kids*)』를 집필할 때 염두에 둔 독자층은 주로 네 가지 범주로 구분된다.

광역 교육청의 영재 프로그램 담당 코디네이터 여러분이 이러한 역할을 하고 있다면, 종종 교사보다는 행정가일 것이다. 일반적으로 여러분은 대도시, 도시 주변, 지역 교육청에서 근무하고, 담당하는 부속 건물과 학년이 있을 것이다. 여러분은 특정 학급 또는 건물에 배정된 고용인이기보다 교육청 소속 직원으로 일할 것이다. 여러분의 책무에는 직원 고용 및 해고, 교육청 내의 다양성을 존중하는 판별 계획 수립, 학부모, 교장, 저널리스트들의 민감한 요구들에 대한 대답, 예산 준비 등이 될 것이다. 이러한 사항은 결코 여러분이 해야 할 직무를 모두 나열한 것은 아니다. 따라서 여러분의 일상은 보통 꽤 바쁜 일정으로 가득 찰 것이다. 여러분에게 행운이 있다면, 많은 간섭으로부터 여러분을 보호하고, 일상적인 서류작업을 대신해 주는 행정 조교나 또는 시간제 서기의 도움을 받을 수 있을 것이다.

다양한 행정 책무를 담당하는 전업 영재아동 교사 필자들의 경험에서 이것은 영재 코디네이터의 가장 공통적인 업무다. 그것이 여러분의 지위에 부합된다면, 아마도 여러분은 시골 또는 도시 주변 환경에서 근무할 것이다. 여러분의 영재 프로그램 서비스는 전체 학년이 아닌 일부 학년(종종 3~8학년)에 집중된다. 여러분은 행정 업무를 수행하는 날을 제외하고 하루 종일, 매일 아동을 가르친다. 보통 여러분에게 다른 영재 담당교사를 감독하거나 또는 고용하도록 요구받지 않는다. 최소한 부분적으로 여러분은 지방 교육청이 요구하는 다양한 서식을 작성하는 데 책임이 있으며, 특수교사의 주된 임무인 학생 판별에 어느 정도 참여하기도 한다. 여러분은 기관 내의 현직 워크숍을 주관할 것을 요구받기도 하고, 지역 수준의 영재교육 협의회에 참석할 것이다. 운이 좋다면 여러분의 협의회 참가비용이 지급될 것이다. 아마도 여러분에게 영재 프로그램에 관한 뉴스레터를 작성하여 학부모와 직원에게 보내야 하는 임무가 주어지기도 한다. 마지막으로 여러분이 수행해야 하는 사소한 직무들도 있다. 예컨대 프로젝트 팀에게 보수 지급하기나 현장 견학을 위해 학교버스 배차 계획 수립하기다. 여러분의 예산은 작거나 없을 수도 있다. 영재교육에 필요한 공간이나 참고 자료를 구입하기 위해 기금을 모금해야 할 경우도 있을 것이다. 사무원의 도움이 필요하기도 하겠지만, 대부분의 경우 여러분이 서류를 직접 작성해야 할 것이다.

영재 프로그램에서 보조적 책임이 있는 교사 보통 여기에 해당되는 교사들은 영재아동이 받고 있는 대부분의 서비스가 일반학급(특수 집단 구성 또는 다양한 방식의 차별화를 통한 서비스 제공) 또는 능력이 뛰어난 학생들만을 대상으로 하고 있는 교육청에 소속되어 있을 것이다. 여러분이 수행하는 실제 수업 이외에 담당해야 하는 과업은 영재아동을 돕는 다른 일반교사에게 학습자료와 교육과정 아이디어를 제공하는 것, 교육청에서 판별된 영재아동의 수를 교육부에 보고하는 것, 영재아동, 학부모, 교사로부터 들은 사항들을 해당 학교장에게 알리는 것이 있다. 일반적으로 일부 교사는 본부 또는 통합 교육청에 책임 있는 지역 연락원을 통해서 폭넓은 행정적 책무를 수행한다. 비록 본질적으로 주요한은 직책이 일반교사이지만, 사람들은 여러분이 학교에서 운영하고 있는 영재 프로그램에 관하여 리더십을 발휘할 것을 기대한다.

통합 교육청에서 근무하는 기관 밖의 영재 코디네이터 여러분은 몇 개의 교육청(영재아동에 대한 서로 다른 수준의 흥미와 서비스를 가지고 있음)을 담당해야 하기 때문에 업무가 특히 어려울 것이다. 사무실은 여러분이 담당해야 할 실제 학교로부터 멀리 떨어져 있고, 개별 교육청의 서비스 일자는 서로 다르다. 예컨대 호보켄(Hoboken)은 1년에 25일을, 이스트 오렌지(East Orange)는 1년에 35일의 서비스를 요구한다. 여러분의 과업은 학생 판별, 직원 직무연수, 영재학생과 일하는 다양한 학교 인사와 의사소통하기, 교사의 교육과정 자료를 조달하기 등을 포함한다. 일반적으로 여러분은 직접적으로 학생들과 일하지 않고, 대부분의 시간을 다른 사람들이 일으킨 문제를 해결하는 데 사용한다. 여러분은 어떤 한 빌딩에서 일정하게 근무하는 것이 아니기 때문에 사람들이 여러분을 알아볼 수 있도록 이름표를 부착할 필요가 있다. 월말에 여러분의 여비수당은 봉급과 거의 같은 수준이 될 것이다.

만약 여러분이 위에서 진술한 네 가지 지위 가운데 어느 것에도 해당되지 않는다면, 계속해서 다음을 읽어 보라. 이 책이 중요하게 여기는 두 번째 독자층은 영재교육자들이다. 여러분도 그러한 교육자에 속한다. 예컨대 여러분은 특정 영역(예: 수학, 과학)에서 풀 아웃 프로그램(자세한 내용은 4장 참고)을 수행하기 위해 자원한(또는 요구된) 전업 일반교사일 수도 있다. 여러분은 고전 읽기 집단(Great Books group)과 같은 특수한 프로그램을 소개하고 운영하는 책임을 지고 있는 보조교사이거나 또는 부모 자원인사일 수 있다. 아마도 여러분은 영재교육에 약간의 시간만을 투자하고 있는 특수교육 관계자일 수도 있을 것이다.

교육청 또는 지역 영재 프로그램의 설계와 운영에서 여러분이 어떠한 역할을 맡고 있던지 간에, 필자들은 영재교육자로서 생존하고 발전하는 데 필요한 실제적이고, 효과적인 조언을 여러분에게 제시하기 위해서 이 책을 집필하였다. 필자들의 40여 년에 걸친 영재교육 경험에 기초하여 집필한 이 책의 구조, 전략, 추천, 사례, 모형 등이 여러분이 영재아동의 훌륭한 지원자가 되는 데 도움이 되기를 희망한다.

여러분이 직면한 문제

필자들은 교육청에서 일하고, 다른 영재교육자들과 이야기하면서 미국과 캐나다를 여행할 때, 교사들이 몇 가지 보편적인 걱정을 하고 있다는 것을 알았다. 사실상 그것은 북아메리카 교사들이 제기하는 다음의 문제들 중 하나(또는 그 이상)다.

1. 자금이 많지 않다. 우리는 돈 없이 좋은 프로그램을 운영할 수 있을까? 많은 자금은 학습 장애, 언어 장애, 행동 문제 등을 포함하여 특수한 요구를 지닌 학생들에게 배당된다. 때로 영재아동의 독특한 학습욕구에 자금이 배당된다 하더라도, 자금은 매우 부족한 편이다. 교육 재정은 경쟁적이다. 이것은 특수한 능력을 가진 학생의 특수한 교육적 기회가 거의 재정적 우선순위에서 밀려난다는 것을 의미한다. 이 문제를 극복하기 위해서 영재교육 일선에서 일하고 있는 사람들은 특수 프로그램, 현장견학, 참고자료를 구입하기 위해 추가적으로 자금을 조달할 필요가 있음을 알게 된다. 그러나 여러분이 프로그램 재원을 마련하는 것은 이러한 문제의 일부분이다. 이와 유사하게 중요한 것은 금전출납에 책임 있는 사람들이 영재교육 예산을 편성하고 지원하는 것이 매우 필요하다는 것을 인식하도록 돕는 방법을 찾는 것이다.

2. 많은 교육 전문가들은 영재학생의 학습욕구를 인식하지 못하거나 이해하지 못한다 종종 학교 체제에서 학습 속도가 빠른 학습자는 스스로 자활할 수 있어서 특수 프로그램 또는 고등학습 기회가 필요하지 않다고 주장하는 행정가, 교사, 부모가 있다. 이러한 사람들에게 영재학생들이 이미 교육과정의 많은 부분을 알고 있다는 사실은 영재아동들이 '스스로 공부를 잘하고 있으며' 추가적인 서비스가 필요하지 않다는 증거로 작용한다. 많은 영재교사들

이 직면하고 있는 공통된 관점은 영재학생들과 똑같지는 않지만 모든 학생들이 고등 · 심화 학습기회를 받을 가치가 있다고 여기는 것이다. 영재 학습자들이 독특한 교육경험을 어떻게 요구하는지, 그리고 왜 요구하는지를 설명하려면 많은 기술과 지식이 필요하다. 여러분은 참고자료와 정보를 어디에서 찾아야 하는지를 알 필요가 있다. 여러분은 사람들의 반대와 관심을 충분히 이해할 수 있도록 경청 기술을 배워야 한다. 여러분은 사례를 제시할 때 존중심을 갖고 공평하게 반응하는 방법을 찾아야 한다.

3. 영재학생들을 위해 특별 수업을 제공하는 것은 엘리트주의로 간주된다 많은 사람은 영재학생들을 위한 어떤 특수한 편의는 귀족 숭배의 한 형식이라고 생각한다. 그들은 "이미 너무 많은 것을 가진 사람들이 왜 더 많이 받아야 하는가?"라고 말한다. 엘리트주의에 대한 비난은 지식과 성장 욕구가 강한 학생들에 관하여 깊게 관심을 두고 있는 사람들을 좌절시킨다. 여러분도 알고 있는 것처럼, '영재'라는 용어는 '독서 장애' '음악적인' '학년 수준에서' '갈색 머리의'라는 용어처럼 더 이상 가치 판단의 대상이 아니다. 영재성은 하나의 특성이다. 그것은 '~보다 좋다' 또는 '~보다 나쁘다' '~보다 우월하다' 또는 '~보다 열등하다'가 아니고, 그 자체일 뿐이다. 우리가 할 일은 다른 사람들이 이러한 사실을 알도록 돕는 것이다.

영재성을 가치로운 것처럼 여기는 문제와 더불어, 몇몇 교사들과 코디네이터들이 직면하는 또 다른 문제는 일부 교사들이 영재 프로그램에 관하여 판단적이거나 영재교사의 프로그램 참여를 질투하는 것이다. 다시 말하면, 종종 사람들은 '항상 배우기를 원하는 아동들과 일하는 것은 쉬운 일'이라고 생각한다. 그러나 그렇지 않다.

또한 여러분은 영재아동을 특수 프로그램에 배정하는 것이 '지적 차별'을 강화하는 것이라는 비난을 들었을 것이다. 여러분이 평등주의 사회에서 슬로건 문구를 원한다면, 그것은 인종 차별이라는 용어다. 바로 그러한 소리는 사려 깊은 개인의 등골을 오싹케 한다. 그렇지만 영재 학습자의 독특한 프로그램을 설계할 때 그러한 용어는 적용되지 않는다. 영재 코디네이터들은 학교 일과의 일부 시간에 영재 학습자를 학급의 다른 학습자들과 분리시키는 것이 학생들을 구별하는 것이 아니라 오히려 모든 학생들에게 폭넓은 기회를 열어 주고 있다고 설명해야 한다.

> "교육받지 못한 아이는 길 잃은 아이다."
>
> – 존 F. 케네디(John F. Kennedy)

4. 행정가들은 영재 프로그램을 지원하지 않는다 이것은 보편적인 사례가 아니다. 여러분이 영재교육의 든든한 후원자인 교육과정 코디네이터, 교장, 또는 관리관과 함께 일한다면 행운이다. 그렇지만 불행하게도 영재아동의 독특한 교육적 요구를 인정하지 않거나 또는 이러한 요구들을 낮은 순위로 여기는 행정가들이 여전히 많다. 이러한 도전은 중요한 것이다. 왜냐하면 행정가는 필연적으로 '영재 프로그램'이라고 부르는 배의 선장이기 때문이다. 만약 선장이 항해하지 않는다면, 어떻게 그 프로그램이 해상에 머무를 수 있고, 홀로 순항할 수 있겠는가?

5. 학부모들이 영재 프로그램을 조직하고 지원하는 것은 어렵다 소위 진취적인 학부모로부터 마지못해 자신의 아동이 영재교육에 발탁되게 하는 학부모에 이르기까지, 어머니, 아버지, 다른 성인 가족들은 여러분의 주장을 지지하거나 방해할 수 있다. 그렇지만 여러분은 그들의 도움이 필요하다. 사실상 학부모는 학교 또는 교육청에서 영재학생과 영재교육을 옹호하는 데 중요한 협력자들이다. 이러한 협력 조성은 필수적이다.

6. 나는 모든 것들이 수행되도록 할 수 없지만, 계속해서 영재학생들을 옹호해야

한다. 그것은 끝이 없는 일이다. 내가 기진맥진해지는 것을 어떻게 막을 수 있을까? 종종 우리는 이 문제를 농담처럼 이야기하지만, 정신적 탈진이 흥미롭다고 할 수 없다. 정신적 탈진을 예방하고 여러분의 직업에 관하여 긍정적 관점을 지니는 방법을 찾는 것은 여러분과 여러분에게 의존하는 학생들에게 매우 중요하다. 물론 이 일은 높은 스트레스를 유발하는 분야다. 그러나 여러분의 걱정과 문제를 공유하고자 하는 사람들이 많다. 여러분을 도와줄 수 있는 멘토와 사람을 찾는 것, 그리고 제때에 여러분이 해야 할 일을 언제, 어디서 끌어와야 하는지를 이해하는 것은 여러분이 균형을 유지하도록 도와주는 몇 가지 전략들이다.

7. 나는 교사들이 학급에서 차별화 수업을 시도할 수 있도록 어떻게 그들을 연수시킬 수 있을까? 일반적으로 많은 의무로 지쳐 있는 교사들은 추가적인 연수를 받고 학급 관련 의무를 지는 것을 항상 바라지는 않는다. 영재 코디네이터는 두 가지 문제에 직면한다. 하나는 교사를 돕는 것으로서, 차별화 학습은 교사들이 많은 학생들의 마음을 움직이면서 자신의 일을 관리하기 쉽도록 하는 것이다. 두 번째 문제는 이러한 일을 수행하기 위해서 필요한 연수를 교사에게 제공하는 방법을 찾는 것이다.

8. 나는 심리학자가 아니다. 나는 영재학생들이 자신의 불화를 대처하고 다른 아동이나 교사와 잘 지내도록 돕는 방법을 알지 못한다 일부 영재아동은 학교에서 문제 행동을 일으킨다. 때때로 그들은 심층적인 정서적 고민을 상담하기 위해 영재교사를 만나러 간다. 이는 학생들에게 도움을 주려고 하지만 옳고 그른 일을 알려 주려는 교사들에게는 어려운 일이다. 이러한 문제가 교사들이 일상적인 걱정거리라는 사실은 실제적으로 긍정적인 일일 수 있다. 즉, 그것은 교육자들이 영재학생들을 머리가 좋은 사람들로 여기면서도, 한편으로는 실제적인 감정과 문제를 지닌 보통 사람으로도 여긴다는 것을 의미한다.

여러분의 가장 큰 도전이자 기회:
회의론자와 비판자를 지지자로 만들기

분명히 문제는 많고 다양하다. 그러나 모든 문제에는 공통점이 있다. 즉, 영재학생, 교사, 행정가, 학부모, 그리고 영재교육에 종사하고 있는 다른 모든 사람들 간에 이해와 협동이 요구된다는 것이다.

필자들이 여기에서 말하고자 하는 것은 한 단어, 즉, '지원'으로 요약된다. 위에서 언급한 모든 문제들은 공통적으로 지원을 필요로 한다. 지원으로 인해 학교 운영위원회와 행정가는 영재교육을 위한 자금조달과 직원배치의 중요성을 이해한다. 지원으로 인해 학부모, 다른 교사, 그리고 학생들은 영재프로그램에 참여하는 데 흥미가 있다. 왜 그러한가? 그들은 지원을 통해 영재교육의 가치를 이해하고, 영재학생들의 교육적 요구에 관심을 가지고, 자신들이 영재아동의 삶에서 목소리를 내고 일원이 되는 지원자로 여기게 되기 때문이다.

여러분은 어떻게 지원(또는 동의)을 받을 수 있을까? 여기에는 크고 작은 많은 방법들이 있다. 그 방법들을 열거하면, 정보와 자원을 공유하기, 학교 또는 교육청에서 영재아동의 학문적 요구를 탐색하기, 프로그램 강좌를 계획하고 학생을 판별하는 방법을 결정하기 위해 함께 일하기, 프로그램 내용이 무엇이고 어떻게 수행되고 있는지를 계속해서 평가하기, 가능한 아이디어와 참여를 수용하기 등이 있다. 그리고 이러한 모든 것들 중에서 가장 중요한 것은 경청이다. 지지자들이 말하는 것을 경청하는 것보다 더 확실한 지지 수단은 없을 것이다. 교육자들이나 학부모들은 실제로 영재아동이나 영재교육을 거의 싫어하지 않는다. 그러나 종종 일반교육에 대한 그들의 좌절은 여러분의 활동 장소를 향하고 있다. 경청과 인내는 이러한 흐름을 진정시키는 데 효과가 있다.

이 책의 전략은 영재교육을 적극 지지하는 지역사회로 발전시키기 위해 여러분의 학교 또는 교육청에서 다른 사람들과 함께 협력할 수 있도록 도와주는 것이다. 그렇게 하는 일은 빠르거나 또는 쉬운 것은 아니며, 협동과 순항을 보장하지도 않는다. 영재아동과 영재 프로그램의 옹호자로서, 여러분의 역할은 적극적이고, 열정적이고, 총괄적이고, 지속적일 수 있다. 그것은 여러분이 할 만한 가치가 있는 것이다. 영재교육의 관계자 모두가 그 과정에 참여하도록 도와주는 일은 여러분이 노력해야 할 가장 중요한 과제다. 비록 여러분이 당장 외로울 수 있지만, 상당한 시간이 흐르면 여러분 자신의 책임으로만 맡겨지지는 않을 것이다. 학교 사회에서 최소한 영재아동들을 위한 도전적 기회를 제공하는 데 실제적으로 관심을 갖고 있는 행정가, 교사, 또는 학부모가 있다. 그러한 사람은 누군가가 첫 발을 내디디기를 기다리고 있을 것이다. 이 책의 도움으로 여러분이 바로 그런 사람이 되기를 기대한다.

"교육은 다리를 건설하는 일에 비유할 수 있다."

- 랠프 엘리슨(Ralph Ellison)

이 책의 사용법

『교사를 위한 영재교육의 기초』는 모든 학년의 영재아동과 함께 일하고 있는 사람들의 관심사를 다루고 있다. 이 책은 철저하게 영재 프로그램을 설계하고, 조직하고, 운영하고, 유지하고, 발전시키는 전략으로 구성되어 있다.

1장: 프로그램의 토대를 견고하게 하라 이 장은 영재교육 프로그램을 새롭게 개발하거나, 기존 프로그램을 향상시키고 확장하는 방법을 계획할 때 포함되는 요소들을 개략적으로 소개한다. 이 장은 학교 또는 교육청에서 영재교육의 철학과 사명을 정교화하고 프로그램 구성과 서비스에 초점을 맞추기 위해 필요한 정보를 수집하는 데 도움이 되는 전략을 포함하고 있다.

2장: 영재 판별을 위해 그물을 넓게 펼치라 이 장은 여러분의 사명과 핵심 과제에 적합한 영재성을 정의하고, 영재 프로그램 구성을 위해 학생을 선발하는 방식을 결정하는 데 필요한 요소들로 구성되어 있다. 여러 가지 함정들, 즉 서로 다른 평가방법의 장점과 단점, 공정하고 총괄적인 판별 방법, 그리고 영재 서비스를 위해 학생을 선발할 때 다양한 자원의 정보를 활용하는 효과적인 방법이 세심하게 다루어져야 한다. 또한 탐색 결과를 의사소통하는 방법, 결정이 난관에 부딪혔을 때 밟아야 할 단계, 그리고 퇴출 정책을 계획할 때 고려해야 할 요소에 대하여 논의한다.

3장: 잘 구조화된 프로그램의 기초를 놓으라 이 장에서 여러분은 이미 학교에서 영재학생들에게 제공하고 있는 학습 기회를 검토하기 위한 단계를 이해하게 될 것이다. 또한 여러분은 이미 영재 서비스를 위해 설정한 요소들과 사명 및 철학을 설명하는 프로그램 목적을 설정하기 위한 단계를 이해하게 될 것이다. 이 장은 일반학급, 특수학급, 특수학교의 서비스를 포함하는 균형적이고 종합적인 영재교육 프로그램을 계획하는 데 도움이 되는 연구 중심 모형을 제시한다.

4장: 활용할 수 있는 프로그램을 계획하라 이 장에서 필자들은 3장에서 제시한 계획 모형의 세 가지 차원의 이해를 돕기 위해서 프로그램 구성의 선택에 대한 상세한 설명을 제시하고 있다. 첫 번째 선택으로 기술된 일반학급의 영재 서비스는 조기 입학과 속진, 학습집단 구성, 그리고 차별화 수업 및 교육과정이 있다. 두 번째 선택, 즉 특수학급의 경우에, 필자들은 풀 아웃 프로그램, 능력별 집단구성, 독립 영재학급, 고등학교 우등반과 AP 선택, 가중 학점부여, 세미나 등에 대해 살펴본다. 이 장은 일반학급 서비스 운영 및 풀 아웃 프로그램의 장점과 단점을 검토하고, 마그넷 스쿨과 같은 특수기관의 예들을 제시하며, 멘토십, 다양한 지원, 심화 프로그램을 포함하는 추가적인 프로그램 구성 선택에 대하여 논의한다.

5장: 프로그램 평가를 계획하고 실행하라 여기에서는 영재교육 프로그램의 깊이, 폭, 질을 측정하고 향상시키는 데 초점을 맞춘 체제적 평가(systematic evaluation)의 최상의 실천 방법을 소개한다. 여러분은 예시적 평가 과정을 위한 단계적 지침, 그리고 시간과 재정이 단시일에 투자될 때 평가를 시작하기 위한 일련의 '기본 지침'을 이해하게 될 것이다. 이 장의 목적은 학교 또는 교육청을 위해 현실적인 계속적 평가 과정을 설정하는 데 있으며, 영재교육에 참여하고 있는 사람들 모두의 관심사를 다루고, 무엇이 잘 되고 있는지를 확인하며, 변화와 개선이 요구되는 분야가 무엇인지를 지적하고, 추후 행동 방향을 제시하는 데 편견이 작용하지 않도록 돕는 데 있다.

6장: 의사소통과 관계 형성을 통해 프로그램을 강화하라 이 장은 영재교육 프로그램을 유지하고 강화시키기 위해 행정가, 학부모, 다른 교사와 협력을 맺는 데 포함되는 몇 가지 도전들을 중점적으로 다루고 있다. 여러분은 프로그램 자금조달을 위한 사례를 진술하도록 도와줄 수 있는 자료와 정보를 어디에서 찾아야 하는지에 대한 아이디어를 이해할 수 있을 것이다. 또한 여러분은 학부모 집단 구성과 뉴스레터 개발을 위한 제언, 일반교사와 영재 담당교사를 지원하기 위한 조언, 교사의 현직 연수 계획을 위한 권고, 학부모 및 학생들과 부딪히고 있는 문제를 해결하기 위한 전략을 알게 될 것이다. 이 장은 영재아동의 독특한 사회적 · 정서적 요구, 그리고 영재아동이 완벽주의, 동료의 조롱, 고도의 긴장, 스트레스, 다른 개인적 문제를 대처할 수 있도록 도움을 주는 데 필요한 행동 지침에 대하여 논의한다. 이 장은 영재교육에 헌신한 공로로 상을 받고 계속 정진하고 있는 교사와 코디네이터의 이야기로 끝을 맺고 있다.

단계적 지침과 함께 각 장은 풍부하고 생생한 실제 사례, 추천도서, 기구, 웹사이트, 참고자료를 제시하고 있으며, 이 책의 마지막 부분에는 영재교육과 관련된 용어해설이 제시되어 있다.

필자들은 다양한 독자층의 요구들을 만족시키기 위해서 가능한 한 완벽한 책을 저술하려고 노력하였다. 이 책의 폭넓은 내용이 독자 여러분께 부담으로 다가가지 않기를 바란다. 여러분은 학교 또는 교육청에서 종합적인 영재교육 프로그램을 선두에서 운영하는 위치에 있을 것이다. 그렇지 않다면, 여러분은 교수전략을 적용하고, 심화 선택과목을 탐색하고, 교사훈련 준비를 잘할 수 있도록 자세하게 안내하는 정보를 필요로 할 것이다. 만약 여러분이 교육청의 영재 프로그램을 처음 시작하고 있다면, 프로그램 운영의 다양한 요소에 대한 좋은 감각을 얻기 위해서 처음부터 끝까지 이 책을 읽을 것을 제안한다. 여러분이 특수한 주제(예: 판별, 평가, 행정적 지원 받기)에 관한 정보 또는 전략을 원한다면, 이 책의 관련 부분에서 제시하고 있는 내용과 색인을 활용하기 바란다. 여러분의 목적이 무엇이든지 간에, 소규모로 시작하는 것을 두려워하지 않기 바란다. 세심하게 계획되고 운영된 조그마한 노력은 여러분과 프로그램 그리고 영재학생들에게 최선의 성공을 보장할 것이다.

이 책을 사용하기 전 참고사항

이 책을 저술할 때, 필자들은 미국의 거의 모든 주(캐나다의 경우도 마찬가지임)가 판별, 영재교사 자격증, 프로그램 구성 등 많은 측면에서 특수한 규정을 가지고 있다는 것을 알게 되었다. 이들 규칙은 계속해서 변하고 있다.

필자들은 이 책을 읽기 전에 미국의 영재교육을 지원하고 있는 국립 기구에 먼저 친숙해질 것을 추천한다.

미국영재학회

미국영재학회(National Association for Gifted Children: NAGC) 웹사이트를 방문하여 링크를 통해 여러분의 주에 소속된 협회를 방문해 보라[한국영재학회(www.kgt.or.kr)]. 여기서 여러분은 영재교육 프로그램 구성을 관리하는 특수한 정보, 영재아동과 프로그램에 관한 일반적 정보, 다른 기구와 웹사이트의 링크들을 찾을 수 있을 것이다. 그 다음 많은 정보와 제안으로 가득 찬 이 책을 읽을 때, 교육현장의 '여러 의무들'과 이 책에 제시된 '여러 방법들'을 조화롭게 엮을 수 있을 것이다.

필자들은 이 책을 통해 영재교사로서 여러분이 생존하고 성장하는 데 도움을 주고자 한다. 어떤 추천이 여러분에게 가장 효과적이었나? 아니면 가장 효과가 없었나? 여러분이 발견한 유용한 다른 전략은 무엇인가? 여러분의 경험을 공유하고 싶다. 아래 출판사와 필자들에게 여러분의 경험을 전해주기 바란다.

- **Free Spirit Publishing Inc.**

help4kids@freespirit.com

우리는 여러분이 최선을 다해 도전하기를 희망한다.

짐 델리슬(Jim Delisle, Ph.D.)
바바라 루이스(Barbara A. Lewis)

1장 프로그램의 토대를 견고하게 하라

8세 된 아다(Ada)는 곤충에 푹 빠져 있다. 그녀는 곤충을 모으고 해부하고 능숙한 솜씨로 매우 세밀하게 그린다. 아다는 그녀의 멘토인 중학교 생물학 선생님과 곤충학을 공부하고 실험할 수 있는 수요일 오후를 손꼽아 기다린다.

* * *

아다와 대조적으로 마리오(Mario)는 곤충을 매우 싫어하지만 아인슈타인의 시간지연 이론을 무척 좋아한다. 그는 학급 뒤쪽 바닥에 앉아 시간 여행에 관한 자신만의 공상 과학 소설을 쓴다. 마리오를 담당하는 영재 선생님, 6학년 수학, 영어 선생님들은 마리오가 이미 알고 있는 행성에 관한 단원 대신에 시간 여행에 관한 연구로 과학 수업을 대체하기로 결정하였다. 마리오는 영어 수업의 창의적 글쓰기의 일부로서 소설을 쓸 수 있게 되었다. 영재 선생님은 공상 과학 장르에 대해 더 많이 알 수 있도록 마리오에게 자료를 제공해 주었다.

* * *

사교성이 좋고 어휘력이 풍부한 4학년 칼슨(Carson)은 지역에 있는 무주택 가정들에 대해 계속 걱정을 하고 있다. 칼슨의 지적 능력과 리더십, 사회 문제에 대한 인식을 알아차린 담임선생님은 그에게 미래문제 해결 프로그램에 참여할 것을 권하였다. 칼슨은 프로그램에 열성적으로 참여하고 있으며, 그 프로그램에서 도시의 무주택 가정 문제를 함께 연구할 또래들을 찾고 있다.

* * *

16세인 시앙(Xiang)은 역사와 외국어인 영어 수업을 힘들어하고 있다. 하지만 그녀는 고등학교 모든 수학과목을 이수하고, 현재 지역 대학에서 운영하는 인터넷 강의를 통하여 대학 2학년 수준의 미적분학을 공부하고 있다.

지금까지 살펴본 모든 사례들은 학생들의 구체적인 요구를 바탕으로 포괄적인 서비스를 제공해 줄 수 있는 영재 프로그램이 중요하다는 것을 보여준다. 성공적인 영재 프로그램은 지역으로부터 충분한 자금과 지원을 필요로 한다. 이상적인 영재 프로그램은 유치원에서 12학년에 이르기까지 모든 교육과정의 범위와 위계가 일관성 있게 구성되어 있을 것이다. 또한 융통성 있는 집단 구성을 허용하고 영재 프로그램을 방과 후 활동에만 맡기지 않고 정규 교육과정에 포함시킬 것이다. 뿐만 아니라 개인 학생들의 학업 요구에 맞추어 차별적인 수업이 이루어질 것이다.

이러한 이야기들이 현실과 거리가 너무 멀게 들리는가? 많은 지역에서 영재학생을 위한 프로그램을 제공하고 있지만 프로그램이 협소하고 일시적으로 이루어지는 지역도 많다. 뿐만 아니라, 영재들에게 최소한의 학습 기회만을 제공하는 지역도 있다.

여러분 지역에서 공식적인 영재교육이 어떻게 실시되고 있든지 간에 여러분은 현 시점에서 프로그램을 개발하고 더 향상된 프로그램을 제공할 수 있을 것이다. 여러분은 아마도 포괄적인 서비스를 설계하는 위원회의 일원일 수도 있을 것이다. 만일 그렇다면 여러분은 운 좋은 사람이다. 여러분 지역에 몇 가지 서비스가 있지만 잘 실행되지 않을 수도 있다. 또는 학부모회에서 바자회를 통해 모은 몇 푼의 돈을 가지고 시작할 수도 있다. 그렇다고 절망하지 말라! 여러분이 가지고 있는 것에서부터 시작하라. 소규모로 시작하는 것도 좋다. 한두 명의 열성 있는 교사들을 대상으로 차별화된 수업을 계획하고 교육하라. 그러면 여러분은 신임을 얻게 될 것이고 그에 따라 프로그램을 확장하기 위해 다른 사람들과 일할 수 있을 것이다. 현재 여러분이 가지고 있는 기술과 재능을 활용하라. 완벽한 영재 프로그램은 하루아침에 만들어지는 것이 아니다.

성공적인 영재교육 프로그램 개발을 위한 열쇠

영재를 위한 서비스는 여러 가지 방법으로 조직될 수 있다. 많은 것을 가지고 시작하든 그렇지 않든지 간에 성공적인 영재교육 프로그램에는 공통적인 몇 가지 요소가 있다. 이 장에서는 이러한 요소들에 대해 간략히 살펴본 다음 나머지 장에서 구체적으로 살펴보겠다.

영재교육 위원회

여러분이 지역의 영재 담당교사라면 여러분이 주도적으로 위원회를 구성해야 할 것이다. 위원회 구성은 서로 다른 과제를 적절한 사람에게 배분하는, 리더십이 필요한 행정가의 일이 될 수도 있다. 위원회 책임자가 누구든지, 여러분의 구체적인 역할이 무엇이든지 위원회 구성원들은 프로그램의 방향 설정에 도움을 줄 것이다. 위원회 구성원들은 위원회 밖의 사람들과 종종 협력하면서 영재 프로그램을 개발하고 유지하기 위해 각자에게 맡겨진 책무를 다해야 할 것이다. 위원회는 행정가, 교사, 학부모, 학부모 단체, 지역사회의 리더, 혹은 소수의 학생들까지, 이해 당사자를 모두 포괄하여 구성하는 것이 이상적이다.

⁂ 프로그램 개발과 계획

여기에는 다음과 같은 사항이 포함된다.

- 프로그램의 사명 혹은 철학, 목적 진술
- 정책과 절차 진술, 실행, 검토
- 영재교육 프로그램 초점 설정
- 필요한 경우 지역과 교육부로부터 프로그램 계획을 위한 승인 추구

프로그램 설계 책임자는 학생들의 특별한 관심사나 요구사항을 결정하기 위해 교사, 행정가, 부모들의 의견을 조사하기 원할 것이다. 또한 다른 모범적인 프로그램을 조사하는 것도 중요하다. 지역 내의 양질의 서비스로 알려진 프로그램, 미국영재학회(NAGC)와 영재 단체들의 진술이 좋은 참고 자료가 될 것이다. 이러한 정보를 가지고 할 일은 다음과 같다.

- 프로그램 개발 참여자와 보급 방법 결정
- 교육과정, 프로그램, 기타 서비스와 자료 선정

⁂ 학생의 판별, 선정, 배치

영재 판별 수단은 제공할 프로그램의 종류에 달려 있다. 판별과 배치는 제공할 수 있는 인적, 물질적 자원과 관련이 있다.

⁂ 전문성 계발과 참여

영재교육의 철학, 교수전략, 판별, 실행에 대한 교사 연수는 프로그램의 성

패를 결정한다. 정규적인 교사 모임을 통하여 프로그램 참여를 촉구하는 것도 중요하다. 이러한 모임은 훈련과 교육에 유용한 경우가 종종 있다. 이러한 모임은 교사들이 전략을 공유하고 문제를 토론하고 서로 격려해 주는 장이 될 수 있다.

> "공동의 목적을 성취하기 위하여 2명 이상의 사람들과 연합하라.
> 그러면 작은 힘으로 많은 것을 성취할 수 있을 것이다.
> 함께하면 혼자서는 할 수 없던 것을 성취할 수 있다."
> – 단 자드라(Dan Zadra)

홍보

지역 언론 매체를 활용해서 지역사회에 영재 프로그램을 소개하고 지역민들을 참여시킬 수 있다. 신문, TV, 라디오, 영재 관련 웹사이트 등은 영재교육의 필요와 가치를 사람들에게 알리고 활성화시키는 수단으로 사용할 수 있다. 무엇보다도 이러한 홍보는 무료다.

학부모 참여

학부모는 영재교육 프로그램에 참여하기를 원하며, 또 참여시킬 필요도 있다. 여러분의 계획에는 다음과 같은 사항을 모두 고려해야 한다.

- 학부모 모임을 해마다 수차례 가지라. 모임 동안 프로그램의 후원과 참여를 유도할 수 있다. 또한 영재의 사회 · 정서적 요구, 능력 검사, 영재성, 진로 등과 같이 영재부모가 관심을 가질 수 있는 주제에 대한 정보를 제공하거나 토론을 이끌 수 있다.

- 학부모에게 뉴스레터를 보내라. 뉴스레터를 보내 영재 프로그램의 진행 사항과 영재교육의 추세에 대해 알려 주라.
- 학부모 단체를 결성하도록 하라. 학부모 단체를 조직하도록 하고 학교 관계자가 단체에 참여하여 학부모의 관심사에 대응하고 학부모 단체가 자녀 교육을 지원하도록 하라.
- 자원봉사의 기회를 제공하라. 학교 내외 활동에 학부모를 자원 봉사자로 참여시키고 학생이나 교사와 직접 일하기를 원한다면 적절한 훈련의 기회를 제공하라.

프로그램 평가

여러분은 처음부터 프로그램의 성공적인 운영이나 개선에 필요한 사항과 관련된 데이터를 수집할 필요가 있을 것이다. 학교 운영위원회에 프로그램의 장단점에 대한 연말 보고서를 제출할 준비를 하라. 교사, 학부모, 학생, 행정가 등 모든 관계자들을 프로그램 평가에 포함시키라. 평가 결과의 검토를 통해 프로그램을 개선하여 영재의 필요를 진정으로 충족시켜 줄 수 있는 절차를 마련하라.

네트워킹과 경향 점검

영재교육 담당자들이 지역과 전국 단위의 워크숍에 참여하여 영재교육의 최근 경향과 전략을 연수할 수 있도록 시간과 자금을 배정할 필요가 있다. 여기에는 영재 정책에 영향을 줄 의사결정 기관에 참여할 계획은 물론, 지역과 전국 단위 영재 단체의 회원이 되는 것도 해당된다. 또한 어떤 프로그램을 실시하든지 간에 자원 센터를 만들 계획을 수립하기를 원할 것이다. 자원 센터가 사무실이나 도서관의 한쪽 구석에서 시작한다고 해도 처음 시작이 중요하다. 여기에 학부모, 교사, 학생을 위한 도서, 유인물, 비디오, 혹은 기타 자료를 비치할 수 있다. 자원 센터는 전국 단위의 영재 단체에서 발간된 출판물을 보관하는 장소로도 활용할 수 있다.

물론 성공적인 영재 프로그램 개발을 위한 목록을 작성하는 데는 오랜 시간이 걸릴 것이다. 시간과 인내가 필요하다. 프로그램의 토대를 설정하는 것부터 시작하라. 이 장의 남은 부분에서는 프로그램의 준비 작업에 필수적인 세 가지 요소인 영재 프로그램의 사명과 철학 결정하기, 요구평가 하기, 초점 설정하기에 대해 살펴보겠다.

사명과 철학 진술

"만일 당신이 어디로 가는지를 모른다면
당신도 모르는 곳에 도착해 있을 것이다."
- 알프레트 아들러(Alfred Adler)

사명과 철학 진술은 어려운 일이다. 특히 위원회에서 이러한 일을 하는 것은 쉬운 일이 아니지만 사명과 철학은 프로그램의 준거와 설계에 핵심이 된다. 사명과 철학을 진술하는 과정은 프로그램과 관련된 모든 사람들의 흥미를 유도하기 위하여 필수적이다. 이것은 창의적인 일이고 참여자들의 시간을 필요로 하며, 이 단계에서 열정과 변치 않는 지지자들이 나온다.

다음과 같은 세 가지 형태의 정보에 따라 생각해 볼 것을 권한다.

- 철학(내용): 초점이 있고 확인된 기술적 정보
- 사명 혹은 목적(이유): 프로그램의 실행 이유 진술
- 목표(방법): 철학과 목적을 달성하기 위한 구체적인 단계 진술

❖ 지역 교육청의 철학과 사명을 살펴보라

여러분의 진술은 지역 교육청의 사명과 연계될 필요가 있다. 따라서 먼저 지역 교육청의 공식적인 교육적 사명과 철학을 검토하라. 실제로 모든 교육청과 개별 학교에는 문서화된 교육철학과 사명이 마련되어 있다. 이러한 진술문은 짧은 몇 문장으로 되어 있으며, 교육 위원회와 같은 공식적인 기구에 의해 승인을 받아 만들어진다. 일부 학교에서는 철학을 먼저 언급하고 사명을 진술하지만, 학교의 전체적인 이미지와 운영 목표에 관련된 사명을 먼저 진술하기도 한다.

사명 진술문에는 공통된 특징이 있다. 일부는 '글로벌 시민'으로서 아동의 역할 개발을 강조하고 또 일부는 '평생학습자'로서의 아동에 초점을 맞춘다. 또 어떤 학교는 '민주사회' 구성원으로서 아동을 강조한다. 사명을 살펴보면 학교의 주된 목표가 개별 아동들에게 이득을 주는 데 있는지 더 큰 세계에서 활동할 아동을 육성하는 데 있는지 쉽게 알 수 있다. 사명 진술문의 결말은 학교의 교육철학과 관련되어 있다. 교육철학은 사명과 자연스럽게 연결되어 있고 사명보다 길고 구체적이다. 또한 학교의 교육철학에서 영재교육을 지원해 줄 수 있는 언어와 가치를 대부분 발견할 수 있다. 거의 모든 진술문에는 '모든 아동들이 그들의 잠재력을 발휘할 수 있도록 한다.'와 같이 영재교육의 사명에서 발견할 수 있는 요소들이 포함되어 있다. 다음은 사명과 철학 진술의 몇 가지 예다.

[글 1-1] 사명과 철학이 결합된 다음의 진술문은 아동들의 미래 직업과 사회에서의 역할을 강조하고 있다. 개별 아동들의 요구가 특별히 언급되지는 않았지만 다양성은 인정하고 있다.

○○○ 학교의 사명은 급변하고 있는 고도의 다양한 기술적 세계에서 성공적인 삶을 사는 데 요구되는 기술을 갖춘 책임감 있는 교양인을 육성하는 데 있다.

[글 1-2] 다음의 사명은 추구할 목적과 철학이 일부 담겨 있다. 진술문에서 강조하고 있는 학업적 우수성과 비판적 사고는 영재교육과 직접적으로 연결할 수 있다. 교육청이 협력에 가치를 부여하고 있다는 것도 분명하다.

△△△ 교육청은 학업적으로 우수한 교육체계를 확립하여 세계 사회에 기여할 수 있는 비판적 사고와 시민 의식을 갖춘 학습자를 육성한다. 이러한 사명을 달성하기 위하여 교육청은 직원, 학부모, 지역사회와의 연계를 강화할 것이다.

[글 1-3] 다음의 진술문에는 사회 속의 개인적 성장을 강조하고 개인 학생들의 요구를 충족시켜 준다는 표현이 담겨 있다. 이러한 미션과 철학에 따른다면 영재들은 좋은 교육을 받을 수 있다.

◇◇◇ 교육청의 교육적 사명은 모든 학생들이 평생학습자가 되고, 개인적 요구를 충족시키고, 민주사회에 생산적으로 기여하는 데 필요한 자질을 계발하는 것이다. 이러한 사명을 달성하기 위해서는 학생 개개인의 다양한 능력과 요구, 흥미 그리고 포부에 부응할 수 있는 교육체계가 필요하다.

◇◇◇ 교육청의 교육철학은 모든 학생들의 능력 계발을 극대화시키기 위하여 교육적 경험을 최대한 제공하는 데 있다. 학습속도가 빠르거나, 보통이거나, 느린 학생들과 학습에 어려움이 있는 학생들을 위해 교육적 경험을 최대한 제공한다.

❖ 교육청의 정책 방향에 적합한 진술문을 개발하라

앞에서 살펴본 몇 가지 진술문과 유사한 사명과 철학을 가지고 있는 교육청에서 일한다면 영재 프로그램의 철학과 사명을 비교적 쉽게 작성할 수 있을 것이다. 교육청의 사명이나 철학에 '모든 학생들의 각기 다른 요구, 흥미, 능력, 열망에 대한 반응' '학업적 수월성' '개인적 요구 충족' 등과 같은 표현이 있다면 진술문 개발은 더욱 쉽다. 영재교육의 가치를 '평등 실현' '비판적 사고' '평생학습' 등을 강조한 교육청의 사명이나 철학과 연결시킬 필요는 없다. 또한 '법의 건설적인 사용을 위한 기초지식과 기술' 혹은 '개인이 선택 가능한 기술, 태도, 관심사 획득'과 같은 언어와 연결하여 진술문을 개발하는 것은 더 어려운 일이지만 합법적으로 이루어질 수 있다.

다음은 앞에서 살펴본 교육청의 사명이나 철학을 영재를 위한 특별한 서비스와 연결시킨 좋은 예다.

[글 1-4] 다음의 진술문은 미래 사회를 준비하는 데 필요한 학생의 역할을 나열하고, 교육청의 사명과 철학을 영재의 요구와 분명하게 연결하고 있다.

○○○ 학교는 글로벌 사회에서 성공적인 삶을 살아가는 데 필수적인 비판적 사고, 리더십, 학업기술을 모든 학생들이 갖추도록 하는 데 책임이 있

다. 모든 학생들이 이러한 사명을 성취하기 위하여 교육청은 학생들의 천부적이고 계발된 재능과 능력을 활용해야 한다. 따라서 영재들이 그들의 천부적이고 계발된 재능과 능력을 활용하는 데 적합한 학습처방, 자원, 경험을 제공해 주고 자아실현, 창의성, 우리 사회에 책임감 있는 생산을 할 수 있도록 도움을 주는 것이 교육청에 부여된 의무다.

[글 1-5] 다음의 영재 프로그램 철학은 지역 교육청의 사명과 분명하게 연결되어 있다. 영재교육과 관련해서 영재의 심리적 요구에 대한 구체적인 고려가 포함되어 있다는 것에 주목하라. 이러한 심리적 고려는 초기 단계에서 종종 간과되는 중요한 영역이다.

학생들의 개인적 요구 충족은 ◇◇◇ 교육청이 설정한 사명이다. 모든 학생들에게 맞는 단일한 학습처방이 없다는 것은 널리 알려진 사실이다. 이러한 다양성을 고려해서 ◇◇◇ 교육청은 영재로 판별된 학생들에게 서비스를 제공할 것이다. 우리는 이러한 학생들의 학습 차이를 고려하고 영재의 학업적 · 심리적 · 사회적 요구를 프로그램에 통합할 수 있는 다양한 기회를 제공할 것이다.

영재 프로그램 철학과 사명은 프로그램이 무엇을 제공하고 왜 그것이 필요한가를 명확히 해 주기 때문에 프로그램 개발에 가장 중요한 단계 중의 하나다. 진술문을 여러분이 제공할 프로그램과 서비스의 방향을 제공해 줄 나침반으로 생각하라. 다음 체크리스트가 영재 프로그램 철학과 사명을 진술하는 데 도움이 될 것이다.

영재교육의 사명과 철학 진술 체크리스트

- 진술문은 교육청과 정부의 교육목적과 일치해야 한다.
- 진술문은 현재 사용하고 있는 판별 및 프로그램과 일치해야 한다.
- 진술문은 영재교육 위원회가 추구하고 있는 비전과 연결되어야 한다.
- 진술문에 사용된 언어는 위원회의 모든 요소를 포괄할 수 있는 우산과 같은 역할을 해야 한다.
- 진술문은 명확하고 분명해야 한다.

요구분석

영재 프로그램을 시작하거나 변경하는 이유는 다양하다. 보통 일부 집단, 즉 영재 부모들로부터 우수한 학생들을 위한 교육을 현재보다 더 강화해 달라고 하는 압력에 기인한다. 때로는 영재의 필요에 부응해 달라는 학부모들이나 교사들의 요구에 반응하거나, 영재교육이 부족한 것에 주목하여 학교 운영위원이나 장학 담당자가 영재 프로그램의 필요성을 제기한다. 또는 정부에서 영재를 위한 새로운 서비스를 의무화할 수도 있다.

이유가 무엇이든지 간에 프로그램을 시작하거나 확대할 수 있는 가장 좋은 방법 중의 하나는 공식적인 요구분석을 실시하는 것이다. 요구분석을 하는 목적은 학교나 교육청 내에 영재교육을 받거나, 받을 필요가 있는 영재들의 구체적인 교육적 요구를 파악하는 것이다. 요구분석 과정은 수립하고자 하는 교육과정의 초점을 명확히 하도록 한다. 예를 들면, 요구분석의 결과가 언어 프로그램을 강화시켜 달라는 요구가 많은 것으로 나타나면 프로그램은 쓰기, 읽기, 연구, 말하기, 비판적 사고, 문제해결 등에 초점을 맞추어야 할 것이다. 요구분석은 또한 영재 프로그램에 대한 학교의 접근과 일반적인 영재교육에 대한 관점을 살펴볼 수 있는 기회를 제공한다. 요구분석은 프로그램의 시작과 변경에 대한 지원과 저항이 어디에서 발생할지를 알려 줄 수 있다. 요구분석의 또 다른 가치는 사람들의 아이디어를 수용할 수 있다는 것이다. 사람들은 자신들의 관점을 묻고 그것이 반영되면 프로그램에 더 많은 애정을 갖고 지지하게 된다.

다양한 사람들의 의견은 영재교육 운영위원회가 새로운 프로그램이나 기존 프로그램을 변경하는 데 도움이 된다. 다음과 같은 사람들의 의견이 도움이 될 것이다.

- 일반학급과 특별한 영재 프로그램 모두를 담당할 수 있는 영재교사
- 영재로 판별된(프로그램이 존재한다면) 학생의 학부모나 학부모 단체 구성원 중 관심이 있는 학부모
- 교장, 교감, 상담 교사 등과 같은 관리자

요구분석에 학생들의 의견을 포함시키는 문제

학생들의 의견은 이 단계에서 매우 큰 도움이 된다. 하나의 방법은 영재 집단이나 교사가 추천한 학생(영재교육을 받을 만큼 성취도가 높거나 창의적인 학생)을 한자리에 모으는 것이다. 그런 다음 브레인스토밍으로 학생들과 함께 영재 프로그램에 포함되어야 할 사항들을 생각해 본다. 브레인스토밍 후에 토론을 통하여 가장 중요하다고 생각하는 요소들을 선정하고 우선순위를 정하도록 한다. 이러한 결과를 노트로 작성하여 성인들을 대상으로 한 요구분석 결과와 결합하는 데 사용하라.

또 다른 방법은 영재, 학생회, 토론 동아리 등에 소속된 일부 고등학생들을 초대하여 유사한 토론을 하도록 하는 것이다. 초등학교와 중학교에서 운영되고 있는 영재교육에 대한 전반적인 이들의 평가를 기록하라.

유타 주의 파크 시에서 운영한 영재 프로그램에서는 프로그램 개발에 학생을 참여시킨 결과 그들이 우주과학 캠프에 참여하기를 원한다는 것을 알게 되었다. 영재교육 운영위원회에서는 이 캠프를 영재 프로그램의 심화과정 중의 하나로 포함시켰는데, 학생들에게 가장 인기 있고 도전감을 주는 프로그램의 하나로 자리 잡았다. 그 이후로 이러한 제안을 한 학생들은 자부심을 느끼게 되었다.

요구에 대한 정보를 수집하는 효과적인 방법은 무명의 설문지를 사용하는 것이다. 이 장 후반부의 부록에는 교사, 학부모, 행정가에게 사용할 수 있는 요구분석지가 제시되어 있다. 새로운 프로그램을 시작하려면 '영재교육'양식을, 기존 서비스를 개선하거나 확대시키기를 원한다면 '영재교육 개선' 양식을 사용하기 바란다. 또한 학교와 교육청에서 이미 개발된 양식이나 학교와 교육청의 특별한 상황을 고려한 설문지를 개발하여 사용할 수도 있을 것이다.

종이와 펜으로 이루어지는 형식적 평가는 보관과 해석이 가능하기 때문에 중요하다. 듣기 싫은 것도 경청할 준비를 하라. 설문지는 무기명으로 이루어지기 때문에 응답자들은 자신들의 편견을 드러낼 것이다. 예를 들어, 일부 응답자들은 자신의 자녀가 프로그램에 참여하지 않았기 때문에 영재 프로그램 자체가 불필요하다고 반응할 것이다. 또는 어떤 교사는 자신에게 최고인 학생을 다른 교사에게 넘겨 준다고 생각할 수도 있다. 누가 알겠는가? 일부 성인들, 심지어 아동들조차도 영재 프로그램을 엘리트식 교육이고, 비민주적이며, 불공평하다고 반응할 수도 있을 것이다.

물론 영재 프로그램에 대한 많은 지지를 얻을 수도 있고 영재들로만 구성된 독립학급(self-contained) 프로그램이 잘 운영되지 않는 반면에, 교사들은 특별학급에서 진행되는 수업을 좋아한다는 반응을 얻을 수도 있다. 결과가 무엇이든지 간에 형식적인 요구평가를 통해서 많은 것을 배우게 될 것이다.

정보 수집과 사용을 위한 제언

1. 여러분 스스로가 설문지를 만들었다면 가능한 한 학술적 용어를 피하고 용어를 분명히 정의하라. 예를 들어, AP(Advanced Placement: 상급 학년 배치) 혹은 교육과정 압축과 같은 용어에 친숙하지 않은 학부모나 교사에게 보충 설명 없이 이런 용어를 사용하면 사람들의 반응은 별로 도움이 되지 않을 것이다.
2. 다른 학교를 대상으로 요구평가를 실시하려면 설문지의 종이 색을 각기 다르게 하라. 그러면 학교별 응답자의 수를 파악할 수 있을 것이다.
3. 사탕이나 기념품을 첨부하여 설문지를 배부하라. 조그마한 성의가 반응 비율을 높일 수 있을 것이다.
4. 대부분의 고등학교에는 영재 프로그램이 없다. 대신에 고등학교에서는 영재들에게 AP 학급, 고급과정, 드라마 클럽 등과 같은 서비스를 제공한다. 따라서 이러한 학생들을 위한 기존 프로그램을 변경시키거나 첨가할 계획이 없다면 고등학교 직원들을 대상으로 조사를 하지 말라. 달라질 것이 거의 없는 것에 대한 설문은 교사들을 실망시킨다. 이것은 고등학교에서 이루어지는 서비스가 중요하지 않다는 것이 아니다. 요구평가의 초점을 프로그램을 시작하는 학년이나 수정하거나 확대하기를 원하는 것에 맞추라.
5. 설문지를 10일 이내에 반송하도록 하라. 주말이나 방학 직전, 학년 초

에 설문지를 배부하지 말라. 설문하기에 편한 시간이 없을지라도 불편한 시간은 있다.

6. 학부모회, 학교 홈페이지 등을 이용하여 학부모들의 참여를 유도하라. 설문을 공지할 때는 설문지를 받는 방법(예: 홈페이지에서 다운받거나 학교 행정실에서 받아 가기)에 대해서도 알리라. 가능한 한 우편으로 회신하도록 하라. 설문지를 완성하도록 요구하는 것보다는 학부모와 요구평가를 토론하는 것이 더 바람직할 수도 있다. 이러한 개방형 설문은 구조화된 설문에서 얻을 수 없는 정보를 얻는 데 도움이 되기도 한다.
7. 설문지 회수율이 낮아도 놀라지 말라. 50%의 회수율은 매우 우수하지만 설문에 모두 응답한 설문지 회수율은 상당히 낮을 것이다. 이 정도는 추세를 파악하는 데 충분한 정보이기 때문에 회수율이 낮아도 괜찮다.
8. 응답이 기록된 설문지를 받게 되면 행정가나 영재교육 위원회 위원들과 나눌 수 있는 간략한 보고서를 준비하라. 응답자(학부모, 교사, 행정가, 학생)에 따라 자료를 분리하라. 응답이 완료된 설문을 바탕으로 위원회 위원들과 함께 영재 프로그램의 방향을 논의하라.
9. 설문의 주요 결과를 한 쪽짜리로 요약하여 교사나 학부모에게 전달하라. 설문 전체를 요약할 필요는 없지만 관심 있는 부분은 문의할 수 있다고 공지하라. 설문에 참여해서 많은 것을 알려 주어 감사하다는 말과 함께 학생들이 쉽게 이해할 수 있도록 설문 결과를 요약하여 배부하라.
10. 자료를 수집하는 최선의 방법은 추세를 모두 기록하는 것이다. 예를 들어 교사들은 영재아를 3학년 혹은 4학년이 될 때까지 판별해서는 안 된다고 생각하는 반면 학부모들은 유치원이나 1학년 때 판별하기를 원할 수도 있다. 마찬가지로, 일부 집단이나 개인들은 일반학급 내에서 영재교육이 이루어지기를 원하는 반면에 또 일부는 풀 아웃이나 특별학급과 같은 가시적인 프로그램을 더 선호할 수도 있다. 여러분이

해야 할 일은 '응답자의 60%가 4~6학년을 대상으로 풀 아웃 프로그램을 원하고 있기 때문에 풀 아웃 프로그램을 개설해야 한다.'가 아니다. 대신에 설문의 정보를 활용하여 영재교육 위원회에서 다양한 프로그램의 찬, 반을 논의하도록 하는 데 있다. 요구평가의 결과는 전체를 모두 보여 주는 파노라마가 아니라, 일부를 묘사하는 스냅 샷에 불과하다는 것을 기억하라. 설문지는 궁극적으로 설계하고자 하는 프로그램을 만들 수도 있고 그만두게 할 수도 있을 사람들로부터 피드백이나 정보를 얻고자 의도된 것이라는 것을 명심해야 한다.

영재교육 프로그램의 초점 설정

프로그램 개발의 초기 단계에서 위원회와 함께 고려해야 할 일은 영재교육의 일반적인 초점에 대한 것이다. 교육청에서 이미 실행하고 있는 프로그램은 무엇인가? 수학, 과학, 행위예술, 혹은 기타 영역에서 특성화된 학교는 없는가? 차별화된 교육과정 혹은 군집 집단편성이 이미 사용되고 있지는 않는가? 그렇다면 이러한 특별한 서비스는 프로그램의 일부에 포함되어야 한다.

처음부터 시작하기를 원하는가? 그렇다면 초점을 좁히는 것이 좋다. 프로그램은 항상 확대될 수 있지만 출발점으로 되돌아오기는 쉽지 않다.

프로그램의 초점을 계획할 때, 지역의 장점, 자원, 흥미, 기술 등을 고려하라. 누가 서비스를 받을 것인가? 서비스 내용은 무엇인가? 서비스 제공에 도움을 줄 사람은 누구인가?

영재 프로그램의 대다수는 학업에 초점을 맞추고 있지만, 여러분이 계획하는 프로그램은 하나에 초점을 맞출 수도 있고 몇 가지를 결합할 수도 있다. 일반적으로 프로그램은 비판적 사고, 리더십과 더불어 다음과 같은 범주들로 나눌 수 있다.

- 학업 전반
- 수학
- 문학, 쓰기, 출판, 말하기
- 과학과 공학
- 사회적 문제해결
- 시각 예술
- 공연 예술: 음악, 무용, 연극

영재교육의 철학 및 사명과 더불어 요구분석을 실행하고 프로그램의 초점을 설정하면, 영재 프로그램을 위한 학생 선발, 목표 설정, 프로그램 설계의 준비가 된 것이다.

참고자료

다음 자료는 이 장을 기술하는 데 참고가 된 것들이다.

- Elizabeth Pinkney Coyne(Washington DC: NAGC, 1988)의 *Gifted Programming Today: A Nationaal Sample*(2nd ed.). 이 책은 초 · 중등학생을 위한 프로그램 설계에 도움이 된다.

- "National Association for Gifted Children Pre-K-Grade 12 Gifted Program Standards(www.nagc.org/webprek 12.htm)". 이 웹페이지는 일곱 가지 영역, 즉 교육과정과 수업, 프로그램 운영, 프로그램 설계, 프로그램 평가, 사회 · 정서적 생활지도와 상담, 전문성 계발, 학생 판별 등과 관련된 기준이 구체적으로 제시되어 있다.

부 록

☆ 영재교육: 교사용 설문지 ☆

선생님께

우리 학교(혹은 교육청)에서는 영재아를 위한 특별한 교육을 제공하기 위해 선생님의 도움이 필요합니다. 잠시만 시간을 내어 설문에 답변해 주시기 바랍니다. 선생님의 답변은 영재교육 계획에 도움이 될 것입니다. 설문 결과가 나오면 선생님께 알려 드리고 우리의 진행 사항을 계속해서 알려 드리겠습니다.

감사합니다.

1. 다음 진술문을 읽고 선생님의 생각과 가장 일치하는 정도를 표시해 주세요.

번호	진술문	그렇다	그저 그렇다	그렇지 않다
1	영재아들은 특별한 교육이 필요하다.			
2	영재아들은 특별한 학습욕구가 있다.			
3	영재아들은 특별한 사회적 · 정서적 요구가 있다.			
4	모든 아동들은 영재다.			
5	나는 최근에 내 학급에 있는 영재아를 위해 수업전략과 교육과정을 수정한 적이 있다.			
6	나는 내 학급에 있는 영재아를 위해 차별화된 수업을 한다.			
7	나는 수업 중에 비판적 사고력, 추론, 문제해결력을 다룬다.			
8	나는 학생들의 창의성을 신장시킬 수 있는 수업을 한다.			
9	나는 내 학급의 학생들에게 학습내용을 심화시키거나 상급 학년 수준의 학습내용을 다룬다.			

10	일반학급에서 뛰어난 성취를 보인 학생만이 영재 교육 프로그램에 참여해야 한다.			
11	영재성이 있지만 일반학급에서 뛰어난 성취를 보이지 못하는 학생들에게 특별한 학습기회를 제공해야 한다.			

2. 영재 프로그램은 어떤 부분에 중점을 두어야 한다고 생각하십니까? 가장 중요하다고 생각하는 것을 3가지 선택하여 순위에 따라 표시해 주세요.

① 학업 전반 _____ ② 수학 _____ ③ 문학, 쓰기, 출판, 말하기 _____
④ 과학과 공학 _____ ⑤ 비판적 사고 _____ ⑥ 사회적 문제해결
⑦ 시각 예술 _____ ⑧ 공연 예술: 음악, 무용, 연극 _____
⑨ 기타 _____

3. 영재아를 선발하는 방법을 중요도에 따라 순위를 정해 주세요.

① 표준화된 지능 검사와 성취도 검사 _____
② 교사 지명, 추천, 일화적 정보 _____
③ 부모가 작성한 체크리스트와 일화적 정보 _____
④ 학생의 포트폴리오 혹은 과제 샘플 _____
⑤ 창의성과 문제해결력 측정을 위한 도구 _____
⑥ 학생 면접 _____
⑦ 기타 _____

4. 다음은 영재아의 학업적인 요구를 충족시켜 주기 위한 방법입니다. 선호도에 따라 순위를 정해 주세요.

① 일반학급에서 담당교사에 의하여 _____
② 일반학급에서 영재교육에 관한 연수를 받은 교사의 도움으로 _____
③ 영재학생들만으로 구성된 집단에 의하여 _____

④ 일주일에 1~2회씩 시행하는 풀 아웃 프로그램에 의하여 _____

⑤ 영재로 선발된 학생들로 구성된 전일제 수업에 의하여 _____

⑥ 아동이 독자적으로 과제를 수행할 수 있는 자료실에 의하여 _____

⑦ 기타 _____

5. 선생님이 영재교육과 관련하여 연수를 받고 싶은 5가지 주제를 선정하여 순위를 정해 주세요.

① 영재의 특징 및 판별 _____ ② 교수 전략 _____

③ 차별화(학생들의 개인적 요구를 충족시켜 주기 위한 맞춤형 수업) _____

④ 영재들만을 위한 집단편성 _____ ⑤ 속진 _____

⑥ 블룸(Bloom)의 분류학 _____ ⑦ 인터넷 활동 _____

⑧ 프로젝트 서비스 _____ ⑨ 심화 _____

⑩ 미성취/ 동기부족 _____ ⑪ 다중지능 _____

⑫ 이중 예외(예: 학습장애를 가진 영재) _____ ⑬ 소외 영재 _____

⑭ 사회적, 정서적 요구 _____ ⑮ 창의성 _____ ⑯ 정서적 강력함 _____

⑰ 완벽주의 _____ ⑱ 스트레스 _____ ⑲ 훈육/ 행동 문제 _____

⑳ 기타 _____

6. 기타 의견

_____

_____

_____

_____

☆ 영재교육: 학부모용 설문지 ☆

학부모님께

우리 학교(혹은 교육청)에서는 영재아를 위한 특별한 교육을 실시하기 위해 학부모님의 도움이 필요합니다. 잠시만 시간을 내어 설문에 답변해 주시기 바랍니다. 학부모님의 답변은 영재교육 계획에 도움이 될 것입니다. 설문 결과가 나오면 학부모님께 알려 드리고 우리의 진행 사항을 계속해서 알려 드리겠습니다.

감사합니다.

1. 학부모님의 자녀가 학교에서 영재교육 대상자로 선발된 적이 있습니까?

① 그렇다 _____ ② 아니다 _____

2. 학부모님의 자녀가 영재라고 생각하십니까?

① 그렇다 _____ ② 아니다 _____

3. 다음 진술문을 읽고 학부모님의 생각과 가장 일치하는 정도를 표시해 주세요.

번호	진술문	그렇다	그저 그렇다	그렇지 않다
1	영재아들은 특별한 교육이 필요하다.			
2	영재아들은 특별한 학습욕구가 있다.			
3	영재아들은 특별한 사회적, 정서적 요구가 있다.			
4	모든 아동들은 영재다.			
5	나의 아이가 다니고 있는 학교 선생님은 영재아를 위해 수업전략과 교육과정을 수정한 적이 있다.			
6	나의 아이가 다니고 있는 학교에는 영재를 위한 적절한 자원과 자료가 있다.			

7	학교는 영재의 사회적, 정서적 성장을 위해 적절한 기회를 제공한다.			
8	학교는 특별한 재능이 있는 학생들을 교육시키기 위하여 충분한 기회(음악, 미술, 드라마, 스포츠 등)를 제공한다.			
9	일반학급에서 뛰어난 성취를 보인 학생만이 영재교육 프로그램에 참여해야 한다.			
10	영재성이 있지만 일반학급에서 뛰어난 성취를 보이지 못하는 학생들에게 특별한 학습기회를 제공해야 한다.			

4. 영재 프로그램은 어떤 부분에 중점을 두어야 한다고 생각하십니까? 가장 중요하다고 생각하는 것을 3가지 선택하여 순위를 정해 주세요.

① 학업 전반 _____ ② 수학 _____ ③ 문학, 쓰기, 출판, 말하기 _____
④ 과학과 공학 _____ ⑤ 비판적 사고 _____ ⑥ 사회적 문제해결 _____
⑦ 시각 예술 _____ ⑧ 공연 예술: 음악, 무용, 연극 _____
⑨ 기타 _____

5. 영재아를 선발하는 방법을 중요도에 따라 순위를 정해 주세요.

① 표준화된 지능 검사와 성취도 검사 _____
② 교사 지명, 추천, 일화적 정보 _____
③ 부모가 작성한 체크리스트와 일화적 정보 _____
④ 학생의 포트폴리오 혹은 과제 샘플 _____
⑤ 창의성과 문제해결력 측정을 위한 도구 _____
⑥ 학생 면접 _____
⑦ 기타 _____

6. 다음은 영재아의 학업적인 요구를 충족시켜 주기 위한 방법입니다. 선호도에 따라 순위를 정해 주세요.

① 일반학급에서 담당교사에 의하여 _____

② 일반학급에서 영재교육에 관한 연수를 받은 교사의 도움으로 _____

③ 영재학생들만으로 구성된 집단에 의하여 _____

④ 일주일에 1~2회씩 시행하는 풀 아웃 프로그램에 의하여 _____

⑤ 영재로 선발된 학생들로 구성된 전일제 수업에 의하여 _____

⑥ 아동이 독자적으로 과제를 수행할 수 있는 자료실에 의하여 _____

⑦ 기타 _____

7. 학부모 모임에서 영재교육과 관련하여 연수를 받고 싶은 5가지 주제를 선정하여 순위를 정해 주세요.

① 영재의 특징 및 판별 _____

② 가정에서 영재를 지원하는 방법 _____ ③ 교수 전략 _____

④ 인터넷 활동 _____ ⑤ 프로젝트 서비스 _____ ⑥ 심화 _____

⑦ 미성취/동기부족 _____

⑧ 학습양식과 다중지능(아동이 정보를 처리하는 다른 방법) _____

⑨ 이중 예외(예: 학습장애를 가진 영재) _____ ⑩ 소외 영재 _____

⑪ 사회적, 정서적 요구 _____ ⑫ 창의성 _____

⑬ 정서적 강력함 _____ ⑭ 완벽주의 _____ ⑮ 스트레스 _____

⑯ 훈육/행동 문제 _____ ⑰ 기타 _____

8. 기타 의견

_____

_____

_____

_____

☆ 영재교육: 행정가용 설문지 ☆

우리 학교(혹은 교육청)에서는 영재아를 위한 특별한 교육을 실시하기 위해 귀하의 도움이 필요합니다. 잠시만 시간을 내어 설문에 답변해 주시기 바랍니다. 귀하의 답변은 영재교육 계획에 도움이 될 것입니다. 설문 결과가 나오면 귀하께 알려 드리고 우리의 진행 사항을 계속해서 알려 드리겠습니다.

감사합니다.

1. 다음 진술문을 읽고 귀하의 생각과 가장 일치하는 정도를 표시해 주세요.

번호	진술문	그렇다	그저 그렇다	그렇지 않다
1	영재아들은 특별한 교육이 필요하다.			
2	영재아들은 특별한 학습욕구가 있다.			
3	영재아들은 특별한 사회적, 정서적 요구가 있다.			
4	모든 아동들은 영재다.			
5	나의 학교(혹은 교육청)에 소속된 교사들은 최근 학급에 있는 영재아를 위해 수업전략과 교육과정을 수정한 적이 있다.			
6	나의 학교(혹은 교육청)에 소속된 교사들은 학급에 있는 영재아를 위해 차별화된 수업을 한다.			
7	나의 학교(혹은 교육청)에 소속된 교사들은 비판적 사고력, 추론, 문제해결력을 수업 중에 다룬다.			
8	나의 학교(혹은 교육청)에 소속된 교사들은 학생들의 창의성을 신장시킬 수 있는 수업을 한다.			
9	나의 학교(혹은 교육청)에 소속된 교사들은 학생들에게 학습내용을 심화시키거나 상급 학년 수준의 학습내용을 다룬다.			

10	일반학급에서 뛰어난 성취를 보인 학생만이 영재 교육 프로그램에 참여해야 한다.			
11	영재성이 있지만 일반학급에서 뛰어난 성취를 보이지 못하는 학생들에게 특별한 학습기회를 제공해야 한다.			

2. 영재 프로그램은 어떤 부분에 중점을 두어야 한다고 생각하십니까? 가장 중요하다고 생각하는 것을 3가지 선택하여 순위를 정해 주세요.

① 학업 전반 _____ ② 수학 _____ ③ 문학, 쓰기, 출판, 말하기 _____

④ 과학과 공학 _____ ⑤ 비판적 사고 _____ ⑥ 사회적 문제해결

⑦ 시각 예술 _____ ⑧ 공연 예술: 음악, 무용, 연극 _____

⑨ 기타 _____

3. 영재아를 선발하는 방법을 중요도에 따라 순위를 정해 주세요.

① 표준화된 지능 검사와 성취도 검사 _____

② 교사 지명, 추천, 일화적 정보 _____

③ 부모가 작성한 체크리스트와 일화적 정보 _____

④ 학생의 포트폴리오 혹은 과제 샘플 _____

⑤ 창의성과 문제해결력 측정을 위한 도구 _____

⑥ 학생 면접 _____

⑦ 기타 _____

4. 다음은 영재아의 학업적인 요구를 충족시켜 주기 위한 방법입니다. 선호도에 따라 순위를 정해 주세요.

① 일반학급에서 담당교사에 의하여 _____

② 일반학급에서 영재교육에 관한 연수를 받은 교사의 도움으로 _____

③ 영재학생들만으로 구성된 집단에 의하여 _____

④ 일주일에 1~2회씩 시행하는 풀 아웃 프로그램에 의하여 _____

⑤ 영재로 선발된 학생들로 구성된 전일제 수업에 의하여 _____

⑥ 아동이 독자적으로 과제를 수행할 수 있는 자료실에 의하여 _____

⑦ 기타 _____

5. 교사들이 영재교육과 관련된 연수를 받으면 좋겠다고 생각하는 주제를 5가지 선정하여 순위를 정해 주세요.

① 영재의 특징 및 판별 _____ ② 교수 전략 _____

③ 차별화(학생들의 개인적 요구를 충족시켜 주기 위한 맞춤형 수업) _____

④ 영재들만을 위한 집단 편성 _____ ⑤ 속진 _____

⑥ 블룸의 분류학 _____ ⑦ 인터넷 활동 _____

⑧ 프로젝트 서비스 _____ ⑨ 심화 _____

⑩ 미성취/동기부족 _____ ⑪ 다중지능 _____

⑫ 이중 예외(예: 학습장애를 가진 영재) _____ ⑬ 소외 영재 _____

⑭ 사회적, 정서적 요구 _____ ⑮ 창의성 _____ ⑯ 정서적 강력함 _____

⑰ 완벽주의 _____ ⑱ 스트레스 _____ ⑲ 훈육/행동 문제 _____

⑳ 기타 _____

6. 기타 의견

☆ 영재교육 개선: 교사용 설문지 ☆

선생님께

우리 학교(혹은 교육청)에서는 영재로 판별된 학생들의 요구를 충족시켜 주기 위하여 계획을 수립하고자 하는 데 선생님의 도움이 필요합니다. 잠시만 시간을 내어 설문에 답변해 주시기 바랍니다. 선생님의 답변은 영재교육 계획에 도움이 될 것입니다. 설문 결과가 나오면 선생님께 알려 드리고 우리의 진행 사항을 계속해서 알려 드리겠습니다.

감사합니다.

1. 다음 진술문을 읽고 선생님의 생각과 가장 일치하는 정도를 표시해 주세요.

번호	진술문	그렇다	그저 그렇다	그렇지 않다
1	영재아들은 특별한 교육이 필요하다.			
2	나는 영재에 대한 적절한 지식을 가지고 있다.			
3	나는 우리 학교에서 실시되는 영재 프로그램에 대해 잘 알고 있다.			
4	나는 나의 학급에 있는 영재들을 도와줄 수 있는 적절한 시간을 확보하고 있다.			
5	영재 프로그램에 대해 학부모, 교사, 행정가들 간에 의사소통이 잘 이루어지고 있다.			
6	영재교육과 관련된 연수를 받을 수 있는 기회가 적절하다.			
7	영재아들은 특별한 학습욕구가 있다.			
8	영재아들은 특별한 사회적, 정서적 요구가 있다.			
9	나는 영재아를 위해 차별화된 수업을 실시하는 방법을 알고 있다.			
10	나는 비판적 사고력, 추론, 문제해결력을 수업 중에 다룬다.			

11	나는 학생들의 창의성을 신장시킬 수 있는 수업을 한다.			
12	나는 내 학급의 학생들에게 학습내용을 심화시키거나 상급 학년 수준의 학습내용을 다룬다.			
13	일반학급에서 뛰어난 성취를 보인 학생만이 영재교육 프로그램에 참여해야 한다.			
14	영재성이 있지만 일반학급에서 뛰어난 성취를 보이지 못하는 학생들에게 특별한 학습기회를 제공해야 한다.			
15	모든 학생들은 영재다.			

2. 영재아들이 좀 더 도전적인 활동을 통해 영재성을 계발할 수 있는 영역은 무엇이라고 생각하십니까? (예: 일반적인 학업, 구체적인 교과, 사회성 계발, 지역 봉사 프로젝트, 시각 및 공연 예술)

____

____

____

____

3. 영재아를 선발하는 방법을 중요도에 따라 순위를 정해 주세요.

① 표준화된 지능 검사와 성취도 검사 _____

② 교사 지명, 추천, 일화적 정보 _____

③ 부모가 작성한 체크리스트와 일화적 정보 _____

④ 학생의 포트폴리오 혹은 과제 샘플 _____

⑤ 창의성과 문제해결력 측정을 위한 도구 _____

⑥ 학생 면접 _____

⑦ 기타 _____

4. 다음은 영재아의 학업적인 요구를 충족시켜 주기 위한 방법입니다. 선호도에 따라 순위를 정해 주세요.

① 일반학급에서 담당교사에 의하여 _____

② 일반학급에서 영재교육에 관한 연수를 받은 교사의 도움으로 _____

③ 영재학생들만으로 구성된 집단에 의하여 _____

④ 일주일에 1~2회씩 시행하는 풀 아웃 프로그램에 의하여 _____

⑤ 영재로 선발된 학생들로 구성된 전일제 수업에 의하여 _____

⑥ 아동이 독자적으로 과제를 수행할 수 있는 자료실에 의하여 _____

⑦ 기타 _____

5. 선생님이 영재교육과 관련하여 연수를 받고 싶은 5가지 주제를 선정하여 순위를 정해 주세요.

① 영재의 특징 및 판별 _____ ② 교수 전략 _____

③ 차별화(학생들의 개인적 요구를 충족시켜 주기 위한 맞춤형 수업) _____

④ 영재들만을 위한 집단 편성 _____ ⑤ 속진 _____

⑥ 블룸의 분류학 _____ ⑦ 인터넷 활동 _____

⑧ 프로젝트 서비스 _____ ⑨ 심화 _____ ⑩ 미성취/동기부족 _____

⑪ 다중지능 _____ ⑫ 이중 예외(예: 학습장애를 가진 영재) _____

⑬ 소외 영재 _____ ⑭ 사회적, 정서적 요구 _____

⑮ 창의성 _____ ⑯ 정서적 강력함 _____ ⑰ 완벽주의 _____

⑱ 스트레스 _____ ⑲ 훈육/ 행동 문제 _____ ⑳ 기타 _____

6. 기타 의견

____

____

____

____

☆ 영재교육 개선: 학부모용 설문지 ☆

학부모님께

우리 학교(혹은 교육청)에서는 영재로 판별된 학생들의 요구를 충족시켜 주기 위하여 계획을 수립하고자 하는 데 학부모님의 도움이 필요합니다. 잠시만 시간을 내어 설문에 답변해 주시기 바랍니다. 학부모님의 답변은 영재교육 계획에 도움이 될 것입니다. 설문 결과가 나오면 학부모님께 알려 드리고 우리의 진행 사항을 계속해서 알려 드리겠습니다.

감사합니다.

1. 학부모님의 자녀가 학교에서 영재교육 대상자로 선발된 적이 있습니까?

   ① 그렇다 _____ ② 아니다 _____

2. 영재교육을 받든지 그렇지 않든지 간에 학부모님의 자녀가 영재라고 생각하십니까?

   ① 그렇다 _____ ② 아니다 _____

3. 다음 진술문을 읽고 학부모님의 생각과 가장 일치하는 정도를 표시해 주세요.

번호	진술문	그렇다	그저 그렇다	그렇지 않다
1	영재아들은 특별한 교육이 필요하다.			
2	나는 학교의 영재 선발과정에 대해 이해하고 있다.			
3	나는 학교의 영재교육 프로그램에 대해 잘 알고 있다.			
4	나는 학교의 영재들이 받고 있는 서비스, 수업, 프로그램에 대해 긍정적으로 생각한다.			
5	영재 프로그램에 대해 학부모, 교사, 행정가들 간에 의사소통이 잘 이루어지고 있다.			

6	나의 아이가 다니고 있는 학교에는 영재를 위한 적절한 자원과 자료가 있다.			
7	학교는 영재의 사회적, 정서적 성장을 위해 적절한 기회를 제공한다.			
8	학교는 특별한 재능이 있는 학생들을 교육시키기 위하여 충분한 기회(음악, 미술, 드라마, 스포츠 등)를 제공한다.			
9	일반학급에서 뛰어난 성취를 보인 학생만이 영재교육 프로그램에 참여해야 한다.			
10	영재성이 있지만 일반학급에서 뛰어난 성취를 보이지 못하는 학생들에게 특별한 학습기회를 제공해야 한다.			
11	모든 학생들은 영재다.			

4. 영재아들이 좀 더 도전적인 활동을 통해 영재성을 계발할 수 있는 영역은 무엇이라고 생각하십니까? (예: 일반적인 학업, 구체적인 교과, 사회성 계발, 지역 봉사 프로젝트, 시각 및 공연 예술)

5. 영재아를 선발하는 방법을 중요도에 따라 순위를 정해 주세요.
   ① 표준화된 지능 검사와 성취도 검사 _____
   ② 교사 지명, 추천, 일화적 정보 _____
   ③ 부모가 작성한 체크리스트와 일화적 정보 _____
   ④ 학생의 포트폴리오 혹은 과제 샘플 _____
   ⑤ 창의성과 문제해결력 측정을 위한 도구 _____
   ⑥ 학생 면접 _____
   ⑦ 기타 _____

6. 다음은 영재아의 학업적인 요구를 충족시켜 주기 위한 방법입니다. 선호도에 따라 순위를 정해 주세요.

① 일반학급에서 담당교사에 의하여 _____

② 일반학급에서 영재교육에 관한 연수를 받은 교사의 도움으로 _____

③ 영재학생들만으로 구성된 집단에 의하여 _____

④ 일주일에 1~2회씩 시행하는 풀 아웃 프로그램에 의하여 _____

⑤ 영재로 선발된 학생들로 구성된 전일제 수업에 의하여 _____

⑥ 아동이 독자적으로 과제를 수행할 수 있는 자료실에 의하여 _____

⑦ 기타 _____

7. 학부모 모임에서 영재교육과 관련하여 연수를 받고 싶은 5가지 주제를 선정하여 순위를 정해 주세요.

① 영재의 특징 및 판별 _____ ② 가정에서 영재를 지원하는 방법 _____

③ 교수 전략 _____ ④ 인터넷 활동 _____

⑤ 프로젝트 서비스 _____ ⑥ 심화 _____ ⑦ 미성취/동기부족 _____

⑧ 학습양식과 다중지능(아동이 정보를 처리하는 다른 방법) _____

⑨ 이중 예외(예: 학습장애를 가진 영재) _____ ⑩ 소외 영재 _____

⑪ 사회적, 정서적 요구 _____ ⑫ 창의성 _____ ⑬ 정서적 강력함 _____

⑭ 완벽주의 _____ ⑮ 스트레스 _____ ⑯ 훈육/ 행동 문제 _____

⑰ 기타 _____

8. 기타 의견

____

____

____

____

☆ 영재교육 개선: 행정가용 설문지 ☆

우리 학교(혹은 교육청)에서는 영재로 판별된 학생들의 요구를 충족시켜 주기 위하여 계획을 수립하고자 하는 데 귀하의 도움이 필요합니다. 잠시만 시간을 내어 설문에 답변해 주시기 바랍니다. 귀하의 답변은 영재교육 계획에 도움이 될 것입니다. 설문 결과가 나오면 귀하께 알려 드리고 우리의 진행 사항을 계속해서 알려 드리겠습니다.

감사합니다.

1. 다음 진술문을 읽고 귀하의 생각과 가장 일치하는 정도를 표시해 주세요.

번호	진술문	그렇다	그저 그렇다	그렇지 않다
1	영재아들은 특별한 교육이 필요하다.			
2	영재아들은 특별한 학습욕구가 있다.			
3	영재아들은 특별한 사회적, 정서적 요구가 있다.			
4	모든 아동들은 영재다.			
5	나의 학교(혹은 교육청)에 소속된 교사들은 최근 학급에 있는 영재아를 위해 수업전략과 교육과정을 수정한 적이 있다.			
6	나의 학교(혹은 교육청)에 소속된 교사들은 학급에 있는 영재아를 위해 차별화된 수업을 한다.			
7	나의 학교(혹은 교육청)에 소속된 교사들은 비판적 사고력, 추론, 문제해결력을 수업 중에 다룬다.			
8	나의 학교(혹은 교육청)에 소속된 교사들은 학생들의 창의성을 신장시킬 수 있는 수업을 한다.			
9	나의 학교(혹은 교육청)에 소속된 교사들은 학생들에게 학습내용을 심화시키거나 상급 학년 수준의 학습내용을 다룬다.			

10	일반학급에서 뛰어난 성취를 보인 학생만이 영재 교육 프로그램에 참여해야 한다.			
11	영재성이 있지만 일반학급에서 뛰어난 성취를 보이지 못하는 학생들에게 특별한 학습기회를 제공해야 한다.			

2. 영재아들이 좀 더 도전적인 활동을 통해 영재성을 계발할 수 있는 영역은 무엇이라고 생각하십니까? (예: 일반적인 학업, 구체적인 교과, 사회성 계발, 지역 봉사 프로젝트, 시각 및 공연 예술)

____

____

____

3. 영재아를 선발하는 방법을 중요도에 따라 순위를 정해 주세요.

① 표준화된 지능 검사와 성취도 검사 ______

② 교사 지명, 추천, 일화적 정보 ______

③ 부모가 작성한 체크리스트와 일화적 정보 ______

④ 학생의 포트폴리오 혹은 과제 샘플 ______

⑤ 창의성과 문제해결력 측정을 위한 도구 ______

⑥ 학생 면접 ______

⑦ 기타 ______

4. 다음은 영재아의 학업적인 요구를 충족시켜 주기 위한 방법입니다. 선호도에 따라 순위를 정해 주세요.

① 일반학급에서 담당교사에 의하여 ______

② 일반학급에서 영재교육에 관한 연수를 받은 교사의 도움으로 ______

③ 영재학생들만으로 구성된 집단에 의하여 ______

④ 일주일에 1~2회씩 시행하는 풀 아웃 프로그램에 의하여 _____

⑤ 영재로 선발된 학생들로 구성된 전일제 수업에 의하여 _____

⑥ 아동이 독자적으로 과제를 수행할 수 있는 자료실에 의하여 _____

⑦ 기타 _____

5. 교사들이 영재교육과 관련된 연수를 받으면 좋겠다고 생각하는 주제를 5가지 선정하여 순위를 정해 주세요.

① 영재의 특징 및 판별 _____ ② 교수 전략 _____

③ 차별화(학생들의 개인적 요구를 충족시켜 주기 위한 맞춤형 수업) _____

④ 영재들만을 위한 집단 편성 _____ ⑤ 속진 _____

⑥ 블룸의 분류학 _____ ⑦ 인터넷 활동 _____ ⑧ 프로젝트 서비스 _____

⑨ 심화 _____ ⑩ 미성취/동기부족 _____

⑪ 다중지능 _____ ⑫ 이중 예외(예: 학습장애를 가진 영재) _____

⑬ 소외 영재 _____ ⑭ 사회적 · 정서적 요구 _____

⑮ 창의성 _____ ⑯ 정서적 강력함 _____ ⑰ 완벽주의 _____

⑱ 스트레스 _____ ⑲ 훈육/ 행동 문제 _____ ⑳ 기타 _____

6. 기타 의견

____

____

____

____

2장 영재 판별을 위해 그물을 넓게 펼치라

4학년인 칩(Chip)은 교사나 검사 점수에 의해 영재로 간주된 적이 지금껏 한 번도 없었다. 사실 그는 학습장애 프로그램에 배치되어 매일 읽기와 쓰기 영역에서 개인적인 도움을 받고 있다. 그러나 그의 새로운 읽기 담당교사는 그가 상급수준의 어휘력, 특히 정치와 관련된 추상적 개념을 구사하는 능력에 깜짝 놀랐다. 그는 어머니와 함께 칩의 지식 정도에 대해 상담한 다음 영재 프로그램에 칩이 참여할 것을 권하였다. 칩의 어머니는 교사의 제안에 동의하면서 "그가 똑똑하다는 것은 알고 있었지만 학교에서 학습장애를 가진 영재를 판별할 수 있을 것이라고는 기대도 하지 않았다."고 하였다.

* * *

재키(Jacqui)의 학교생활은 원만하게 시작되지 못했다. 그녀는 유치원 시절부터 1학년 때까지 자신의 과제는 일찍 마치고 다른 친구들의 과제를 도와 주러 학급을 돌아다녔다. 또한 그녀는 교사가 이야기를 읽어 주는 시간이면 수업을 방해할 정도로 큰 소리를 내어 따라 읽었다. 2학년이 된 지금, 그녀는 이전만큼이나 조숙하지만 담당교사들은 재키 같은 어린 아동에게 영재라는 칭호를 붙이는 것을 원하지 않는다. 선생님들은 이른 시기에 나타나는 수준 높은 능력은 시간이 지남에 따라 사라질 수도 있을 것이라는 생각에 4학년 때까지 기다려 보는 것이 좋을 것이라고 생각한다.

* * *

7학년인 코리(Kory)는 일을 대충 대충 무질서하게 처리하기 때문에 선생님들은 그의 영재성을 쉽게 알아차리지 못한다. 코리는 복도에 종이를 떨어뜨리며 다니기가 일쑤다. 그가 학급에 들어설 때면 그의 모든 폴더와 책들은 바닥에 떨어져 있다. 그러나 그의 무질서 뒤에는 세상의 정의(justice)에 대한 그의 강력한 욕구가 숨겨져 있다. 그는 여러 친구들을 이끌고 아이들이 많이 놀고 자전거를 타기도 하는 학교 근처의 위험한 쓰레기장 청소를 여러 번 했다. 그는 이웃의 안전을 위해 그의 견해를 지지하는 정치가가 선출되도록 선거운동을 하기도 했다. 이러한 일을 하는 동안 코리는 수학 과제를 몇 번 제출하지 못하였지만 그의 글은 창의적이다. 수학이나 쓰기 과목은 납이나 유독성이 있는 폴리염화비페닐(PCB)에서 아이들이 노는 문제와 비교하면 그리 중요하지 않다.

각각의 사례를 보면 초기에 아동의 영재성은 편견으로 인해 간과되었음을 알 수 있다. 이러한 편견은 인종이나 종교 때문이 아니라, '영재성은 뚜렷하게 인식이 가능한 특성이며, 영재의 성취도는 매우 높아서 교사를 즐겁게 해 주는 학생만이 영재'라는 검증되지 않은 가정에 너무 자주 의존하기 때문이다. 이러한 편견은 종종 영재성에 대한 기본적인 지식 부족에 원인이 있다. 영재교육과 관련된 어떠한 연수도 받지 않은 많은 교사들이 자신들의 단순한 견해에 따라 영재성을 파악하려고 한다는 사실은 놀라운 일이 아니다.

교사뿐 아니라 많은 부모와 행정가, 그리고 아동들 역시 영재들의 특성에 대한 고정관념에 사로잡혀 있다. 여전히 영재에게는 다양한 논리가 존재한다. 우리는 대다수의 학생들과 구별되는 지적 능력이 보통이거나 경제적으로 어렵고, 언어 구사력이 좋지 않거나 행동장애를 가졌거나 심리학적 문제나 신체적 장애, 학습차이, 학습장애 혹은 문화적 배경이 다른 학생들을 알고 있다. 이러한 학생들과 마찬가지로 지적 능력의 연속선상에서 최상위에 있는 학생들도 동일한 문제에 직면할 것이다. 그러나 항상 논리가 우리의 편견을 해소시키지는 못한다.

이러한 편견이 영재 연구자, 교육가, 부모들의 협력을 어렵게 만든다. 영재 프로그램 개발에서 우선시되어야 할 일은 판별이다. 이 장에서는 영재를 적절히 판별할 수 있는 방법에 대해 논의한다. 또한 철학적이고 실용적인 측면에서 피해야 할 함정은 무엇이고 교사, 가족, 학생 등을 판별 과정에 포함시키는 방법을 살펴볼 것이다. 또한 저학년, 낮은 성취도, 미숙한 국어 실력, 학습차이, 통제되지 않은 행동, 부정적 태도 등이 영재성을 가릴 수 있다는 것에 대해서도 살펴볼 것이다.

용어 정의[1)]

학교나 교육청에서 영재를 판별하기 전에 '영재'의 공식적인 의미를 알기를 원할 것이다. 영재에 대한 정확하거나 완벽하게 단일한 정의는 없으며, 추구하고자 하는 미션과 철학에 따라 정의는 달라진다. 특정한 능력과 재능을 나열하거나 기술하면 영재 프로그램으로부터 이득을 얻고자 하는 학생들을 교사가 파악하는 데 도움이 될 것이다. 영재에 대한 정의는 동년배 학생들과 질적으로 다른 교육적 기회를 제공할 필요가 있다는 것을 보여 줄 수 있도록 광범위하지만 구체적이고, 포괄적이면서도 특별한 자질에 초점을 맞추어야 한다.

학교나 교육청의 준거를 개발하는 데 고려할 수 있는 정의는 많다. 미국영재학회(NAGC)에서는 영재를 다음과 같이 광범위하게 진술하고 있다.

---

1) 이 절은 Jim Delisle과 Judy Galbraith의 저서 *When Gifted Kids Don't Have All the Answers: How to Meet Their Social and Emotional Needs*의 pp. 14-21과 pp. 68-69에서 일부 발췌함 (Minneapolis: Free Spirit Publishing, 2002).

> 영재는 하나 혹은 그 이상의 표현 영역에서 뛰어난 수행을 보여 주거나 할 수 있는 잠재성을 가진 사람이다. 이러한 능력 중의 일부는 매우 일반적이며 리더십, 창의적 사고력 등과 같이 인간 삶의 광범위한 스펙트럼에 영향을 줄 수 있다. 일부 능력은 매우 구체적인 재능이어서 수학, 과학, 음악에서의 특수한 적성과 같이 특수한 상황에서만 나타날 수 있다. 영재성이란 용어는 특수성이나 측정 혹은 지수에 의존하지 않고 능력의 스펙트럼에 대한 일반적인 의미로 사용한다.

미국의 주정부와 지역 교육청에서 가장 널리 사용되고 있는 정의 중의 하나는 미국 교육부의 말랜드(Marland) 보고서에 나타난 정의다. 1972년 보고서에는 다음과 같이 정의되어 있다.

> 영재와 재능아는 우수한 능력을 가지고 있기 때문에 뛰어난 수행을 할 수 있을 것으로 전문가들에 의하여 판별된 아동이다. 이들이 자신과 사회에 기여하도록 하기 위해서는 일반학교에서 정상적으로 제공되는 프로그램과는 차별되는 교육 프로그램과 서비스가 필요하다. 뛰어난 수행을 할 가능성이 있는 아동은 다음 분야 중에서 우수한 성취를 입증했거나 그러한 성취를 할 잠재력이 있다.
>
> ① 일반지능
> ② 특수한 학업적성
> ③ 창의적 혹은 생산적 사고
> ④ 리더십
> ⑤ 시각 및 공연예술
> ⑥ 심리운동 능력

1972년 이래로 미국 의회는 말랜드 정의를 두 번 수정했는데, 이때 정의에서 심리운동적 능력을 제외시켰다. 그것은 시각 및 공연예술 범주는 이미 심리운동적 재능을 포함하고 있고, 심리운동적 능력을 제외함으로써 이전부터 특별한 프로그램에 의해 교육을 잘 받고 있는 체육에 재능이 있는 학생들을 분리할 수 있기 때문이었다. 다음은 1978년 영재 및 재능아에 대한 연방정부의 정의다.

> 취학 전, 초등학교, 혹은 중등학교 수준에서 지능, 창의성, 예술성, 특수한 학업영역, 리더십, 시각 및 공연예술에서 뛰어난 능력을 입증했거나, 잠재력을 가지고 있는 것으로 판별되어 일반적으로 학교에서 제공되는 서비스나 활동 그 이상을 필요로 하는 아동이나 청소년을 말한다.

1988년 정의는 훨씬 간략하게 정의되었다.

> 영재아와 재능아란 지능, 창의성, 예술성, 리더십이나 특수한 학업 영역에서 뛰어난 능력을 입증했거나, 그러한 능력을 최대한 계발하기 위해서 일반학교 교육 이상의 교육 서비스나 활동을 필요로 하는 아동이나 청소년을 말한다.

말랜드 정의는 한계가 있다는 비판을 종종 받았다. 이 정의에는 영재성과 관련된 모든 특성들이 진술되어 있지 않다는 것이다. 예를 들면, 이 정의에는 예민성, 열정, 집중력 등과 같은 성격적 특성이 들어 있지 않다. 그 결과 연방정부 정의에 포함되어 있지 않은 다양한 영재들이 영재 프로그램에 참여할 수 없게 된다. 그러나 이 정의는 창의적이고 예술적인 아동들을 포함시킬 만큼 충분히 포괄적이고, 영재를 위해 특별한 프로그램이 필요하며 또한 정당하다는 것을 분명하게 보여 준다.

함정 1: 포괄적이지 않은 정의 만들기

영재성을 정의하고 판별하는 방법을 생각할 때, 학교나 교육청에 속해 있는 학생의 범위, 즉 이미 영재로 판별되거나 기존의 영재 프로그램을 위해 선발된 영재가 아닌 모든 학생들을 고려하는 것이 중요하다. 여러 집단 출신의 학생들이 제외되는 경우가 많다.

소수 인종이나 비주류 집단 출신 학생

이 집단은 문화, 인종, 사회 경제적 배경 영역을 포괄하는 대규모 집단으로서 주류와 구분된다. 이 집단에 속한 아동들의 영재성은 흔히 백인 중산층 아동들에게 유리한 표준화된 지능검사나 성취도 검사를 통해서는 잘 측정되지 않는다. 이들의 영재성은 사회에서 주로 가치를 부여하지 않는 영역에서 나타난다. 이민이나 방문한 학생들의 영어 능력은 한계가 있기 때문에 이들은 읽기, 쓰기, 듣기, 말하기 능력 검사를 제대로 치를 수 없다.

영재교육이 제대로 실행되고 있지 않은 것은 아마도 소수 집단, 빈곤층, 무주택 가정, 혹은 영어를 모국어로 사용하지 않는 집단 출신의 아동들의 영재성을 파악하지 못하고 있다는 것일 것이다. 이것은 관심 부족 때문이 아니다. 메리 프레이저(Mary Frasier), 알렉시나 볼드윈(Alexinia Baldwin), 어네스토 버널(Ernesto Bernal) 등과 같은 교육자와 연구자들은 이러한 집단 내에 있는 아동들의 영재성에 관심을 가졌다. 영재교육 담당자나 교사들도 이 문제에 대해 잘 알고 있지만 더 큰 렌즈를 사용하여 학생들을 항상 성공적으로 선발하는 것은 아니다.

소수 집단 아동들이 영재 프로그램에 선발되었어도 성공적으로 교육을 받지 못한다. 예를 들어, 아프리카계 미국인 학생들은 학업적 성공에 대해 상반된 감정을 갖고 있는데, 그 이유는 성취도가 높은 흑인 학생이 '백인처럼 행동'한다는 비난을 받을 수 있기 때문이다.

일부 학생들의 행동은 영재성의 의미나 영재의 행동 특성에 대한 교사들의 신념과 일치하지 않을 수도 있다. 예를 들어, 원주민 출신 아동들은 자주성이 아니라 상호 의존성에 가치를 부여하도록 교육을 받고 의사결정을 정확하게 하도록 학습한다. 푸에르토리코 아동들은 일반적으로 독자적으로 행동하기보다는 가족으로부터 조언을 얻는 법을 배운다. 멕시코계 아동들은 개인적 경쟁이나 주도성이 아니라 연장자나 법, 그리고 권위를 존중하는 법을 배운다.

가난하고 주택이 없는 가정의 아동들은 판별과 관련해서 추가적인 편견에 직면한다. 만일 여러분이 고층건물을 본 적이 없거나 들어 본 적이 없고, 동물원에 방문한 경험이 없거나 아프리카 동물에 관한 책을 읽은 적이 없고, 지구 온난화보다는 난방기가 작동하지 않으면 어떻게 될 것인지에 대해 걱정을 한다면, 보통 학생들이 배우고, 생각하고, 이야기하는 주제에 대해 별다른 관심이 없을 것이다. 경제적으로 불우한 학생들은 표준화 검사에 나타난 이러한 주제에 대해 정확한 답변을 못할 것이고 수업 중 토론에 적극적으로 참여할 수 없을 것이다. 이러한 이유 때문에 교사나 부모들은 이러한 아동들이 영재교육 대상자가 될 수 있을 것이라는 생각을 못하게 되고, 그에 따라 매우 유능한 아동들이 영재 판별 과정에서 누락된다.

연구자들은 유색인종이나 빈곤한 가정의 아동들 혹은 영어 능력이 부족한 아동들이 판별 과정에서 누락되는 여러 가지 이유를 제시하였다. 이러한 이유들은 다음과 같다.[2)]

- 표준화 검사 결과에 비중을 지나치게 많이 주어서 주류 문화권 아동들

2) Donna Y. Ford and J. John Harris III, *Multicultural gifted education*(New York: Teachers College Press, 1999) and Frasier, M. et al., "Educators' Perceptions of Barriers to the Identification of Gifted Children From Economically Disadvantaged and Limited English Proficient Backgrounds"(Storrs, CT: National Research Center on Gifted and Talented, University of Connecticut, 1995)(RBRD 95216).

이 이득을 본다.

- 교사들이 다양한 집단 출신 아동들 역시 영재성이 있다는 것을 인식하지 못한다.
- 교사의 낮은 기대, 인종차별, 가치와 우선순위에서의 문화적 갈등 등과 같은 비(非)지적 장애물로부터 제기되는 문제들에 대해 관심을 갖지 않는다.
- 많은 검사들이 청각적 특성을 활용하도록 하며, 시각적 학습 양식에 거의 관심을 갖지 않는 것에서 알 수 있듯이 판별과 선발 절차가 협소하다.
- 학교에 대한 긍정적인 기억이 거의 없거나 학교의 관료주의에 대해 불신하는 학부모들이 자녀의 학교교육에 적극 참여하지 않는다.

검사에서 미숙한 수행을 보이는 학생들

일부 영재들은 시험을 잘 치르지 못한다. 이들은 자료를 잘 이해하지만 시험이 너무 스트레스여서 시험을 잘 치르지 못한다. 또는 이들이 시험에 집중하는 것을 방해하는 개인적 문제가 있을 수도 있다. 검사 점수는 많은 전문가들이 영재 판별에 사용하는 주된 방법 중의 하나이기 때문에 시험 불안을 갖고 있는 아동들은 검사에 의한 판별에서 분명히 불이익을 당한다.

문제아

일부 교사들과 행정가들은 영재들을 '바람직한' 행동과 관련시키고 공부하기를 싫어하는 학생들은 '바람직하지 못한' 행동으로 관련시킨다. 학부모들은 행동상의 문제를 떠나 자녀들의 능력을 더 잘 알아차릴 수 있지만, 이것을 판별 과정에 포함시키지 않는다면 의미가 없다. 고정관념을 벗어버리고 학생들을 관찰한다면 학생들의 바람직하지 않은 행동들이 지루함이나 좌절감 때문이라는 것을 알 수 있을 것이다.

영재의 긍정적 부정적 특성

빠르고 쉽게 학습한다.

사실과 개념을 빨리 암기한다.(긍)

쉽게 따분해하고 다른 일에 주의가 산만해지거나 헛생각을 한다.(부)

상급 수준의 어휘를 구사한다.

아이디어를 잘 전달한다.(긍)

잘난 척하거나 또래들을 화나게 한다.(부)

방대한 양의 정보를 갖고 있다.

정교한 대답을 할 준비가 되어 있다.(긍)

토론을 독점한다.(부)

주의 집중력이 강하다.

하나의 과제나 프로젝트에 집착한다.(긍)

학급의 일상적인 일을 하거나 방해 받는 것을 싫어한다.(부)

많은 것에 호기심을 갖는다.

질문을 하고 아이디어에 흥분한다.(긍)

갑자기 삼천포로 빠진다.(부)

예민하고 관찰력이 뛰어나다.

문제점과 불일치를 파악한다.(긍)

종종 공손하지 못한 방법으로 어른에게 충고한다.(부)

개인주의적이고 도전적이다.

자기 확신과 자기 주장이 강하다.(긍)

고집이 세서 또래들로부터 따돌림을 당한다.(부)

장애 학생

장애를 가진 영재를 '눈에 보이지 않는 소수자'라고 한다. 니콜라스 콜란젤로(Nichoras Colangelo)는 교사와 학부모들에게 '영재'를 상상하도록 했을 때, 그들은 장애를 가진 아동들을 결코 떠올리지 못했다. 신체적 · 정서적, 혹은 학습 차이나 장애는 수용 가능하고 인정할 만한 방법으로 학생들의 영재성을 드러내는 데 방해가 된다. 전통적인 영재 판별 방법으로는 헬렌 켈러를 영재로 판별하지 못했을 것이다.

"가장 보편적인 특성은 다양성이다."

– 미셸 드 몽타뉴(Michel de Montaigne)

어린 아동

대부분 학교에서는 3학년부터 영재를 판별한다. 유치원, 1~2학년 시기의 아동들이 간과되는 이유가 많다. 이 시기의 아동들이 알고 있는 것을 검사를 통해 정확하게 측정해 낼 필요는 없다. 일반적으로 어린 아동에 대한 영재교육 전문가가 없고 어린 아동을 교육하는 사람들 중에서 영재교육과 관련된 교육을 받은 사람들도 드물다. 국가에서도 취학 전 영재에 대해서는 거의 지원을 하지 않는다. 어린 아동들은 적응을 잘하기 때문에 평균적인 학습기대에 순응하여 그 이상을 시도하지 않으려는 아동들이 많다. 이러한 아동들이 3학년쯤 되면 이들의 능력은 주목받지 못할 만큼 평범해진다.

제인 로러(Jane Rohrer)는 어린 아동의 영재성에 대한 교사의 지각을 연구하면서 교사들에게 유치원에서 2학년 사이에 있는 아동 중에서 영재라고 생각되는 아동에 대해 짧게 진술해 달라고 요구했다. 가장 중요한 단어는 '스파크(spark)'였는데, 이 단어는 '특이한' '똑똑한' '번쩍이는'과 같은 세 가지 단어와 관련이 있다. 또한 교사들은 이들을 '창의적' '발전소' '유머감' '극단적인 걱정' '증오' '몰두' 등으로 기술하였다. 교사들은 이들의 모든 특성들을 진술하라고 요구했을 때 일반적으로 지적 특성이 아닌 성격적 특성을 제시하였다.[3] 영재성이 매우 높은 아동들을 한마디로 정의해 달라고 요구했을 때 학부모들도 역시 유사하게 '흥미 있는' '예민한' '초월' '현명한' 등의 단어를 떠올렸다.[4]

학교 관리자들은 지적이거나 더 나이든 학생들에게 적합한 프로그램에 초점을 맞추어 영재성을 정의함으로써 아동의 검사 점수가 최상위권에 속하지 않는 한 이러한 독특한 특성들을 무시해 버릴 것이다. 그러나 모든 영재성들이 반드시 양적으로 측정될 필요는 없다.

여학생

많은 여학생들은 인기를 얻거나 '평범'하게 보이기 위해 자신들의 재능을 숨기거나 부인한다. 특히 중학교 여학생들이 그렇다. 이러한 상황에서 교사들은 여학생들의 재능을 발견하기 쉽지 않기 때문에 영재 여학생들은 교사의 추천을 받지 못할 것이다. 추천을 받은 여학생들은 의도적으로 성취도나 능력 검사를 성의껏 치르지 않을 수도 있다.

남학생

남학생들은 여학생들보다 더 반항적이고 권위에 의문을 품는다. 또한 발달 계획에 성차가 있다. 일반적으로 남학생들의 언어와 읽기 능력이 더 천천히 발달한다. 남학생들은 과잉행동이나 주의 산만 혹은 무질서한 것으로 지각되기 쉽다. 순응과 복종에 가치를 두는 경향이 있는 여성들이 교사의 대부분을 차지하다 보니 영재 프로그램에 남학생들이 교사에 의해 추천되는 경우는 많지 않다.

---

3) Jane Rohrer, "Primary Teacher Conceptions of Giftedness: Image, Evidence, and Nonevidence," *Journal for the Education of the Gifted* 18: 3, 269-283 (1995).

4) Jim Delisle, "Profoundly Gifted Guilt," *Gifted Education Communicator* 32:1, 17-19 (2001).

> "동년배의 모든 아동들이 동일한 자료를 통해 배우기를 기대하는 것은 그들이 하나의 사이즈로 된 옷을 모두 입을 수 있을 것이라고 기대하는 것과 같다."
>
> – 매들린 헌터(Madeline Hunter)

경계선 사례

가장 이상적인 방법으로 영재를 판별하고 선발한다고 해도 경계선에 있는 아동들이 있기 마련이다. 이러한 사례를 최소화하기 위하여 교사들은 핵심 교육과정을 다른 학생들보다 더 빨리 숙달하는 학생이나 다른 학생들이 원하지 않는 주제로 교사와 토론하기를 원하는 학생, 혹은 영특함이나 잠재적 능력이 탁월한 학생들을 파악할 수 있는 전문성을 갖추어야 한다.

함정 2: 모든 아동들이 영재라는 것을 암시해 줄 수 있는 정의 만들기

영재가 되는 방법은 많고, 우수한 능력과 재능을 파악하기 위해 사용할 수 있는 렌즈 역시 많다. 문서상으로 영재에 대한 정의가 모든 아동들에게 동일하게 적용될 수 있을 정도로 포괄적으로 정의되지 않았는지 살펴보라. 과거 많은 연구자들과 교육자들은 지능, 재능, 능력에 대한 이해의 폭을 확장시켜 왔다. 이러한 연구들은 영재성을 이해하는 새로운 방법을 제안해 준 반면에 학습양식이나 장점, 혹은 정상을 훨씬 벗어난 탁월한 능력 간의 차이를 불분명하게 만들어 버렸다. 철저하게 적용한다면 이러한 생각은 미션과 서비스의 특징을 정의하는 데 도움이 될 것이다. 그렇지 않다면 프로그램의 토대를 무너뜨리고 혼란을 유발시킬 수 있다. 다음은 최근 영재성 정의에 영향을 미치는 지능에 대한 몇 가지 관점이다.

지능지수(IQ)

1800년대에 프랜시스 골턴(Sir Francis Galton)은 고정된 지능의 개념을 연구하였다. 1900년대 초 알프레드 비네(Alfred Binet)는 지능 척도를 개발하였고, 루이스 터먼(Lewis Terman)은 개정을 통해 지금까지도 널리 사용되고 있는 스탠퍼드 비네(Stanford-Binet) 검사를 개발하였다. IQ는 추론, 지식, 기억 등과 같은 언어 능력과 동작성에서의 지적 잠재력을 측정한다. 지적 영재성의 기준이 되는 표준화된 IQ 수준은 없지만, 많은 학교에서는 130 정도를 하한선으로 정하고 있다. 구체적으로 묘사하자면 일반적으로 IQ 145~159를 고도 영재, 160~179를 우수 영재, 180 이상을 매우 우수한 영재라고 할 수 있다. IQ 검사는 집단이나 개별적으로 실시가 가능하다. 개별 검사가 더 정확하지만 비용과 시간이 많이 들기 때문에 널리 사용되지 않고 있다. IQ가 학업적 영재 프로그램을 위한 영재 선발의 토대가 될 수 있지만, IQ 검사는 읽기를 잘하지 못하거나 주류와는 다른 경험을 했거나 혹은 기분이 좋지 않은 날 검사를 치른 아동의 재능을 파악하지 못할 수도 있다.

지능에 관한 질적 관점

하버드 대학교의 하워드 가드너(Howard Gardner)의 연구는 지능의 의미를 확장시키고 교사의 교수법을 변화시켰다. 그는 일회성의 IQ 검사로는 두뇌에 있는 많은 능력을 측정할 수 없다고 주장하였다. 그에 따르면 우리의 두뇌는 언어 지능, 논리-수리 지능, 시공간 지능, 신체운동 지능, 음악 지능, 대인관계 지능, 개인이해 지능, 자연친화적 지능과 같이 8개의 각기 다른 지능으로 구성되어 있다.

가드너의 아이디어가 모든 아동들에게 적용되지만 논란의 여지는 많다. 일부 교육자들은 그의 이론을 많은 사람들이 가지고 있는 다양한 재능에 대한 단순한 묘사로 간주한다. 가드너의 이론을 적용하는 방법이 특히 관심사다. 일부 교육청과 학교는 그의 연구를 '모든 아동들은 어떤 영역에서 영재성이 있다.'라고 해석하고, 만일 교사가 다중지능을 가르치면 영재의 요구가 자동적으로 충족되기 때문에 영재 프로그램이 필요 없다는 논리로 사용한다. 가드너의 주장은 능력이 높은 아동들이 정보를 어떻게 처리하고 사용하는지를 이해할 수 있도록 도와준다는 측면에서 영재성을 정의하는 데 유용하다.

스턴버그의 지능에 대한 차원

예일 대학교 교수인 로버트 스턴버그(Robert Sternberg)는 지능을 맥락적 지능(환경을 선택하고, 환경에 적응하며, 자신에게 맞도록 조성하는 지능), 경험적 지능(새로운 상황에서 문제를 해결할 때 사용하는 경험), 분석적 지능(문제에 접근한 다음 접근 방법을 변경 여부를 결정하기 위하여 피드백 평가 시 사용)과 같이 세 가지 유형으로 구분하였다. 이러한 정보는 아동마다 강점이 있는 차원이 있기 때문에 유용하다. 한두 영역에서 뛰어난 강점을 가진 영재를 파악할 때 특히 도움이 된다.

창의성과 영재성

교육자들은 오랫동안 창의성은 영재성의 증표라고 생각했지만 측정하는 것이 어렵기 때문에 창의성으로 영재를 판별하는 것은 쉽지 않다. 폴 토런스(Paul Torrance)와 메리 미커(Mary Meeker)는 네 가지 측면, 즉 유창성(아이디어와 표현 방법의 다양함), 융통성(상황에 접근하거나 문제해결 방법의 다양함), 독창성(발명), 정교성(아이디어의 수행, 확장, 분석)으로 구성된 확산적 사고에 초점을 둔 창의성을 제안하였다.

정서적 영역

정서지능은 하버드 대학교의 다니엘 골만(Daniel Goleman)이 1995년에 출판한 책을 통해서 관심의 대상이 되었다. 그는 자기 인식, 충동 통제, 인내,

열정, 자기 동기화, 감정이입, 능숙한 사회성 등으로 구성된 정서지능을 제안하였다.

위스콘신 주의 애쉬랜드에 있는 노슬랜드 칼리지(Northland College)의 명예교수인 마이클 피초프스키(Michael Piechowski)는 정서적 영재성이라는 개념을 제안했다. 그는 폴란드의 정신과 의사 카지미에시 다브로프스키(Kazimierz Dabrowski, 1902~1980)의 이론을 연구하고 소개하였다. 다브로프스키는 영재 집단을 연구한 결과 영재들이 소위 '과흥분성'을 보인다는 것을 발견하였다. 영재들은 또래들에 비해 사물을 더 강력하게 지각하고 더 깊게 생각한다. 또한 영재들은 극단적인 정서를 경험하며 자신들의 주변에 대해 극히 예민하다. 오늘날 과흥분성은 영재성의 증표 중의 하나가 되었고 교사들은 이것에 대하여 잘 알고 있어야 한다.

우리는 영재의 언어적 지능, 적응 가능성, 혹은 창의성을 주목하지 않는다. 대신에 우리는 영재가 다른 아동들과 달리 이러한 영역에서 보여 주는 수준이나 강력함을 주목한다.

지금까지 살펴본 모든 것들을 고려했다면, 영재성에 대한 정의에 무엇을 포함시킬 것인가? 'Eric Clearinghouse on Disabilities and Gifted Education'에서는 프로그램 개발 시 고려해야 할 영재성에 대한 정의를 다음과 같이 제안하고 있다.[5)]

- 정의는 판별 절차와 프로그램 준비의 결정 근거가 되어야 한다.
- 영재성 개념이 고도의 지적 능력에 한정될 필요는 없다. 영재성 개념에는 창의성, 특정한 학업 영역에서의 능력, 뛰어난 사회성, 신체적 재능

---

5) Eliazbeth McClellan, "Defining Giftedness"(Reston, VA: Eric Clearinghouse on Disabilities and Gifted Education, 1985)(ERIC Digest ED 262519).

등을 포함할 수 있다(그러나 설정하고자 하는 정의는 제공하려는 프로그램의 성격에 달려 있을 것이다).

- 영재성에 대한 정의는 사회적 · 정치적 · 경제적 · 문화적 요인에 의하여 영향을 받는다.
- 영재성은 여학생, 소수인종, 장애인, 영어 구사력이 미숙한 사람, 이민자 등을 포함하여 모든 집단에서 찾아볼 수 있다.

또한 메리 프레이저와 그의 동료들은 모든 사회적 혹은 경제적 집단에 있는 아동들 중에서 영재를 판별할 수 있는 열 가지 핵심적 특성을 다음과 같이 제안하였다.[6)]

- 의사소통 기술
- 유머
- 상상력/창의성
- 탐구
- 통찰
- 흥미
- 기억력
- 동기
- 문제해결
- 추론

---

6) Mary M. Frasier, et al., "Core Attributes of Giftedness: A Foundation for Recognizing the Gifted Potential of Economically Disadvantaged Students"(Storrs, CT: NCR/GT, 1995)(RBRD 95210).

판별: 첫 단계, 그리고 잘못된 단계

영재성에 대한 정의가 내려지면 프로그램에 참여할 학생을 판별할 준비가 된 것이다. 어디에서 시작할 것인가? 영재를 찾기란 쉽지 않다. 그들의 이마에 '영재'라고 쓰여 있지 않다. 판별은 특성상 물건 찾기 게임과 유사하다. 영재성을 정의하는 일에서 판별 과정으로 나아가는 과정에는 몇 가지 함정이 있다.

❖ 함정 3: 판별을 과정이 아니라 하나의 이벤트로 취급하기

대부분의 교육청은 겨울에 다음 학기 영재교육 대상자를 선발하기 시작하는데, 이것 역시 괜찮은 방법이다. 관련된 모든 사람들이 이 절차에 참여할 수 있도록 일정표와 일관성이 필요하다. 영재 판별이 겨울 한철에 이루어지지만 판별은 계속적인 과정이라고 염두에 두는 것이 중요하다. 이렇게 해야만이 연중 어느 때라도 영재를 프로그램에 배치할 수 있다. 판별이 일회성으로 끝나게 되면 영재 프로그램의 대상자가 될 영재가 누락될 경우가 발생한다. 예를 들어, 지적 혹은 창의적 재능을 보인 아동을 학기 중에 발견한 교사가 이를 영재 담당자에게 통보를 하지 않는다면 어떻게 되겠는가? 그 아동은 다음 학년까지 프로그램에 들어가기 위해서 대기해야 한단 말인가?

"현장 근무자나 중앙 행정가들은 모든 아동들을 고려해서
영재 선발 준거가 결정되었는지 혹은 배제 원칙을 유지하고 있는지를
파악하기 위하여 영재 프로그램을 다시 평가할 필요가 있다. 영재 프로그램은
모든 학교 관계자들이 동의할 수 있어야 한다."

– 하이메 A. 카스텔란노(Jaime A. Castellano)

다른 학교로 전학가는 학생들 역시 고려해야 한다. 영재들이 다른 학교 혹은 교육청으로 전학했는데, 학년이 바뀌기 전까지는 영재 프로그램에 들어갈 수 없거나 새로운 판별 절차에 의해 영재로 선발되지 않는 경우가 많다. 선별과 판별 절차가 지역마다 다르기 때문에 영재와 학부모들이 혼란스러워 한다. 다음은 이런 상황이 발생한 10학년 여학생의 이야기다.

> 나는 군인 가정이기 때문에 이사를 자주 한다. 독일에서 처음으로 영재로 판별되었지만 미국으로 돌아왔을 때는 더 이상 영재가 아니었다. 그러나 미주리 주로 이사를 했을 때 다시 영재가 되었다. 독일로 다시 돌아갔을 때는 또 다시 영재가 아니었다. 지금은 5년 전부터 텍사스에 살고 있는데 매년 계속해서 영재로 선발되었다. 나는 '영재'가 어떻게 결정되는지 이해하기 어렵다.

위의 사례는 해당 학생에게 스트레스를 많이 주고 교육자들을 당혹스럽게 만든다. 상식적인 수준에서 볼 때 이전 학년에서 영재 프로그램에 참여했던 학생이 새로운 학교로 전입했을 경우, 운영되고 있는 프로그램이 학생의 능력에 적절하다면 자동적으로 프로그램에 참여할 수 있도록 보장해 주는 기준을 마련해 놓을 필요가 있다. 새로 전입한 영재학생에게 프로그램과 관련된 모든 정보를 제공해야 한다. 몇 주 동안 교사, 학생, 학부모 등의 의견을 청취하면, 해당 학생에게 가장 적합한 프로그램이 무엇인지를 정확하게 평가할 수 있을 것이다. 학생 역시 새로운 영재 프로그램이 자신에게 적절한지를 파악할 수 있을 것이다.

물론 프로그램을 성공적으로 이수하는 데 한계가 있는 학생을 참여시키기를 원하지 않을 것이다. 예전 학교에서는 창의적 쓰기 프로그램에 참여했던 학생이 전입했는데, 여러분의 학교에서는 수학 프로그램을 운영하고 있을 수도 있다. 이런 경우 새로운 프로그램에 참여하기 어려운 이유에 대해 학생에게 설명해 주어야 한다. 이것은 학생이 더 이상 영재가 아니라는 의미가 아니라, 현재 학교에서 운영하고 있는 프로그램이 학생의 독특한 학습욕구를 충족시켜 줄 수 없다는 것을 의미한다. 영재 프로그램으로 그의 요구를 충족시켜 줄 수 없다면 일반학생들을 대상으로 운영되고 있는 관련 프로그램에 참여할 수 있도록 도움을 주라.

함정 4: 한번 개설한 프로그램을 결코 바꾸지 않기

영재교육을 받을 만한 자질을 갖추고 있음에도 불구하고 예전에 영재교육 대상자가 아니었기 때문에 프로그램에 참여할 기회를 주지 않는 것과 더 이상 영재교육을 받을 만한 자격이 없음에도 계속해서 교육을 받도록 허락하는 것 중에서 어느 것이 더 무의미하고 실망스러운 일인지 확신할 수 없다. 영재 판별의 최종적인 목적은 아동의 현재 요구를 최대한 충족시켜 줄 수 있는 기회를 제공하는 것이다. 따라서 연중 계속해서 ① 영재교육 대상자로 선발된 학생 ② 근소한 차이로 선발되지 못한 학생 ③ 다른 학교에서 전입한 학생들에게 관심을 가질 필요가 있다.

학생이 만약 현재 운영하는 프로그램을 통하여 적절한 요구를 더 이상 충족하지 못한다면 어떻게 해야 할 것인가? 학생이 이 문제에 대한 의사결정에 관심을 갖도록 유도하라. 어떤 경우든지 간에 프로그램에 더 이상 참여하지 않는 것이 곧 '더 이상 영재가 아니다.'라는 의미가 아니라는 것을 학생과 학부모가 이해하도록 하라. 즉, 해당 학생의 요구를 효과적으로 충족시켜 줄 수 있는 다른 기회가 있다는 것을 강조해야 한다.

학생이나 학부모가 더 이상 프로그램에 참여하지 않는 것에 대해 좋아할까? 그렇지 않을 것이다. 그러나 학교에 개설된 모든 프로그램에는 참여 인원이 제한되어 있고, 만약 그 인원이 항상 초과된다면, 한번 참여했으니 계속해서 참여해야 한다는 논리는 정당화될 수 없다.

함정 5: 한정된 판별법 사용하기

최선의 영재 판별 방법에 대한 논의가 계속해서 진행되고 있다. 그러나 최선의 답은 '다양한 준거'와 '신뢰롭고 타당한 측정'인 것처럼 보인다. 그러나 이러한 생각은 다양한 준거에 무엇을 포함시킬 것인가에 대한 논란이 많고, 영재를 판별할 수 있는 신뢰롭고 타당한 도구가 극히 드물다는 문제점이 있다.

물론 비용의 문제도 있다. 가장 신뢰할 만한 평가는 개인별 평가지만 영재 프로그램 대상자를 선발하기 위하여 개인용 지능검사나 성취도 검사를 감당할 만한 비용이 거의 모든 학교에 없다. 교사의 추천 역시 주관적이기 때문에 문제를 일으킬 수 있다.

그래서 대부분의 교육청에서는 가능한 한 많은 영재를 판별하기 위하여 객관적 자료(검사 점수)와 주관적 자료(교사와 학부모의 추천서, 포트폴리오)를 모두 사용하고 있다. 이것 역시 괜찮은 방법이고 현실적이다. 그러나 영재 판별을 위한 검사를 실시할 때는 다음 사항을 주의해야 한다.

- 대부분의 표준화 검사는 영재를 염두에 두고 표준화되지 않았기 때문에 학생이 획득한 높은 점수는 학생의 능력에 비하면 실제로는 낮은 점수가 될 것이다. 지역 교육청에 소속된 교사들을 생각해 보자. 아마 모든 교사들은 알파벳을 순서에 맞게 쓰는 검사에서 100점을 줄 수 있을 것이다. 그럼에도 불구하고 이러한 검사는 학생들 중에서 에세이를 잘 쓰고 일관성 있는 단락을 누가 잘 구성하는가에 대해서는 변별할 수 없을 것이다. 검사의 최대 점수가 너무 낮으면 그 점수 이상의 능력을 가진 영재들을 판별할 수 없다.
- 최선의 방법이라고 해도 편향이 있는지를 면밀히 조사할 필요가 있다. 이를 위해서는 어떤 판별 방법을 사용했더라도 영재교육을 받을 만한 자격

이 있는 모든 학생들의 리스트를 정리해야 한다. 그런 다음 이 리스트를 학생을 알고 있는 교사에게 제공하여 더 면밀하게 관찰할 필요가 있는 추가적인 학생이 있는가를 질문해야 한다. 만일 교사가 이전에 고려하지 않았던 학생을 한 명이라도 더 추천한다면 해당 학생의 기록을 재검토해야 한다. 필자들의 경험에 의하면 여러 교사들이 동시에 추천하는 학생들이 종종 있다. 수집한 정보와 불일치하거나 모순이 있다면, 즉 교사는 강력하게 추천하지만 검사 점수가 낮다면 개별 검사를 실시할 필요가 있다.

판별 절차를 얼마나 포괄적으로 적용했는지와 상관없이 항상 누락되는 학생이 있다. 이것은 인간의 특성을 고려한다면 불가피한 일이다. 그러나 학생들을 재검토한다면 이러한 문제를 어느 정도 최소화시킬 수 있을 것이다.

❖ 함정 6: 판별 준거와 프로그램의 불일치

믿기 어렵지만 판별 준거와 프로그램 간에 일치하지 않는 경우가 있다. 이러한 불일치는 판별이나 프로그램의 주안점을 영재교육 미션이나 목적과 연결시키지 않을 때 일어난다. 판별과 프로그램이 일치하지 않는다면 어떤 일이 발생하는가?

첫째, 판별 계획이 모든 영역에서의 우수한 수행에 근거한다면 프로그램의 선택 폭이 다양하고 구체적으로 진술되어 있다고 해도 많은 영재들이 자격에 부합되지 않아 프로그램에서 배제되어 그들의 구체적인 학습욕구를 충족시켜 줄 수 있는 교육 기회를 얻지 못할 것이다. 영재아동이 먼저 모든 영역에서 우수한 능력을 갖고 있지 못하다고 말할 것이다. 필자들은 언어와 수학 표준화 검사 모두에서 상위 5% 이내에 속해야 한다는 영재 프로그램의 준거를 충족시키지 못해서 6학년 수준의 고급 언어 수업을 받지 못한 학생을 알고 있다. 수학의 이항식 문제 해결력과 문학 작품 분석 간에는 거의 관계가 없다. 제공될 교육과정과 거의 관계가 없는 판별 도구를 사용해서 프로그램에 참여할 수 있는 영재를 배제시킨다는 것은 어리석은 일이다.

판별과 프로그램 간의 불일치는 물리학과 같이 특정 영역에 강점과 흥미가 있는 학생이 미술과 관련된 프로그램에 등록하게 되는 결과를 낳을 수 있다. 수학에 재능이 있는 매트(Matt)라는 학생은 고도의 언어 능력을 요구하는 미래문제 해결 프로그램에 참여하지 않았다. 그는 4~6학년을 대상으로 하는 영재 프로그램에 참여할 필요를 느끼지 못했던 것이다.

영재에게 유리하도록 판별 계획을 세워야 한다. 구체적인 판별 계획을 수립하여 운영하고자 하는 프로그램과 최대한 일치하도록 해야 한다. 실제로 상급학년의 경우 프로그램의 내용에 따라 매우 구체적인 준거를 사용하여 대상자를 선발해야 할 것이다.

새롭게 시작하기

영재 판별 방법은 매우 다양하고, 일부는 다른 것보다 더 바람직하고 또 어떤 것은 단일한 검사 점수보다 훨씬 적절하다. 다음은 가장 효과적으로 판별할 수 있는 방법들이다.

가능한 판별 도구와 절차를 조사하기 위하여 영재교육 위원회를 구성하라

영재 프로그램과 관련된 의사결정자들이 곤란하고 어색한 입장에 처하지 않도록 주의해야 한다. 특정한 인물이 외부의 항의에 전적으로 책임지고 답변하도록 해서는 안 된다. 대신에 전 학년에 걸친 교사, 자녀가 학교를 졸업하거나 입학하지 않아서 이해 당사자가 아닌 학부모, 영재의 요구에 대해서 잘 알고 있는 학교 상담가, 운영을 담당할 학교 행정가 등으로 구성된 위원회를 조직해야 한다.

위원회에서 다루어야 할 문제는 다음과 같다.

- 교육청이나 학교의 정책(영재성에 대한 정의 포함)은 물론 영재성 판별에 관한 정부 차원의 정책 검토
- 형식적(검사), 비형식적(교사 추천, 학부모 추천, 학생의 포트폴리오, 기타 증거) 검사의 반영 비중
- 문화적으로 공평하고 장애나 학습에서 차이를 보이는 학생들을 포함시킬 수 있는 판별 방법
- 검사 점수가 검사 시행 시기에 따라 큰 차이를 보이는 것과 같은 불일치 자료를 보이는 학생들의 처리 절차
- 판별 절차와 프로그램 간의 연계

위에서 제안한 문제 외에 더 많은 문제들을 다룰 수 있겠지만, 한 달에 한 번 정도 만난다고 가정했을 때 이 정도면 충분할 것이다. 위원회를 운영하는 최종적인 목적은 일련의 판별 가이드라인을 정확하게 하는 것이지만 이것 역시 융통성이 있어야 한다. "왜 어떤 학생들은 배제되어야 하는가"와 같은 위원들의 질문을 타당하게 설명하고 높은 능력을 보이는 영재들을 수용하기에 충분할 정도로 융통성이 있는 계획을 준비해야 한다.

영재 판별에 사용되는 검사 도구에 익숙해지라

모든 검사 도구를 사용하지 않을지라도 프로그램과 정의에 적합한 도구가 무엇인지에 대해 잘 알고 있어야 한다. 도구에 대해서는 다음 절을 참고하기 바란다.

그물을 넓게 펼치라

영재교육자 조앤 플랭클린 스머트니(Joan Franklin Smutny)는 그물을 넓게 펼칠 것을 제안하였다. 영재를 학교 운동장이나 학생회 단체 등 여기저기에서 발견한다면, 이것은 포괄적인 방법으로 영재를 판별하고 있는 것이다.

이러한 방법은 다양한 영재를 판별할 수 있다는 장점이 있으며, 다음과 같은 의미를 내포하고 있다.

- 영재성은 다양한 방법이나 맥락에서 표현될 수 있는 다측면적 현상이다.
- 일련의 관찰 가능한 자원으로부터 자료를 수집할 것을 강조한다.
- 영재성은 학교가 아니라 가정에서도 발견할 수 있다는 것을 인정한다.
- 특정한 날이나 한 번의 시험이 아니라 연중 계속해서 높은 능력의 증거를 찾는다.

"교육자들이 소수 집단 학생들의 영재성이나 재능 파악에 진정으로 관심이 있다면 소수 집단에서 가치를 부여하고 있는 특징들을 찾아야 할 것이다."

– 폴 토랜스(Paul Torrance)

다양한 판별법 사용

판별 과정에서 일어날 수 있는 혼란을 피하기 위하여 다양한 선별과 판별 도구를 사용할 수 있다. 올바른 도구를 사용한다면 계획하는 프로그램에 적합한 영재를 판별할 수 있다. 이 장에서는 다음과 같은 몇 가지 중요한 도구에 대해서 살펴볼 것이다.

- 표준화된 지능 검사와 성취도 검사
- 교사, 학부모, 학생의 일화적 정보를 얻을 수 있는 체크리스트와 추천서
- 학생의 포트폴리오와 과제 샘플
- 개인별로 실행되는 능력 검사와 창의성 및 문제해결력을 측정하는 도구
- 학생과의 면담

❖ 표준화된 지능 검사와 성취도 검사[7)]

표준화된 검사는 영재를 대상으로 표준화되지 않았고 영재 판별을 위한 가장 이상적인 도구는 아니지만 영재 프로그램 대상자를 판별하기 위해 가장 널리 사용되는 도구다. 일부 검사는 다른 것보다 더 유용할 것이다.

아이오와(Iowa) 기초 학력 검사, 스탠퍼드 성취도 검사(SAT), 오티스-레논(Otis-Lennon) 스쿨 능력 검사, 인지능력 검사(CogAT)와 같은 대부분의 검사 도구는 집단용이다. 이용할 수 없는 도구를 찾는 것은 시간 낭비다.

다른 검사 도구를 살펴볼 기회가 있다면 일반 아동을 대상으로 하는 검사 전문가, 특히 영재 판별을 위한 검사 전문가의 의견을 참고하는 것이 좋다. 전문가들은 사용하고자 하는 도구의 장단점을 파악해 줄 것이다. 표준화되고 집단으로 실시되는 능력과 성취 검사 이외에 다른 검사 문항을 보충해서 사용할 수 있는데, 이러한 문항들은 자료의 불일치나 비주류 영재 판별에 보조 자료로 활용할 수 있을 것이다.

❖ 교사 추천

어떤 교사 추천서 양식을 사용할 것인가를 결정하는 것은 어려운 일이다. 일부는 구매가 가능하지만 대부분 지역 수준에서 개발된 것이다. 정의와 프로그램 계획에 따라 이 장 부록에 제시된 '교사용 영재학생 추천 양식'과 유사한 형식을 사용할 수 있을 것이다. 이 장에서 제공한 추천서는 일반적인 학업 영재 프로그램용이다. 따라서 구체적인 정의와 프로그램에 따라 이 양식을 수정 · 보완하여 사용할 수 있을 것이다. 교사용 추천 양식을 사용하여 학생들의 점수를 계산한 다음 프로그램의 규모를 고려하여 하한 점수를 결

---

7) 더 자세한 정보는 이 장의 뒷부분에 제시된 참고 자료를 참고하기 바란다.

정하면 된다.

교사로부터 관련 자료를 얻는 좋은 방법은 영재교육 위원회에서 프로그램에 적절한 학생이라고 생각하는 영재 특성을 파악하는 것인데, 이때 '교사용 영재 추천 양식'이 유용하다. 양식에 기재된 각각의 특성에 대해 가능한 사례를 사용하여 기술하고(예: "이 학생은 다른 학생들과 다른 독특한 질문을 한다.") 교사들에게 학급에서 생각나는 학생 세 명의 이름을 적도록 한다. 이 활동은 동 학년이나 팀별로 교사들이 모여 학급 학생들의 명단을 보고 실시하는 것이 가장 좋다.

교사가 영재성을 발견하도록 돕는 또 다른 방법은 일반학급에서 영재 담당교사가 수업을 진행하고 담임 교사는 뒷자리에 앉아 수업을 관찰하도록 하는 것이다. 즉, 영재 담당교사가 고차원적인 사고나 추상적 사고를 요하는 수업을 진행하는 동안 관찰하는 교사는 이 장 부록에 있는 '교사용 영재 관찰 양식'을 사용해서 영재성에 대한 일부 증거를 현장에서 수집할 수 있을 것이다. 또한 이것은 교사가 수업 중에 학생들을 관찰할 수 있는 기회를 제공하기도 한다.

학부모 체크리스트

학부모로부터 정보를 얻는 효율적인 방법은 체크리스트 양식을 사용하는 것이다. 이 장 부록에 제시된 '아동 특성에 대한 학부모용 체크리스트'를 프로그램의 정의나 영재교육 특성에 따라 수정하여 사용할 수 있다.

자녀를 영재 프로그램에 참여시킬 것인가를 고려하고 있는 학부모들에게 체크리스트를 활용하도록 알려 주어야 한다. 학부모들에게 광고를 할 때에는 학부모 추천 마감일과 대상자 선발 결과를 언제 발표할 것인지에 대해서도 고지해야 한다. 선발되지 않은 학생의 학부모에게는 그 사실을 알리지 않겠다는 것도 알려 주어야 한다. 정해진 날짜까지 연락이 오지 않으면 자녀가 선발되지 않았다는 것을 알게 될 것이다. 또한 선발 대상자를 발표하는 날부터 보통 2주 동안 이루어지는 이의 신청기간이 있다는 것도 알려 주어야 한다. 이의 신청 처리에 대해서는 이 장 부록에 있는 부록을 참고하기 바란다.

체크리스트를 반송하지 않은 학부모들이 자녀가 영재 프로그램에 참여하는 것에 대해 관심이 없다고 가정하지 말아야 한다. 검사 결과나 교사 추천을 받은 아동의 학부모가 체크리스트를 반송하지 않을지라도 학부모로부터 정보를 얻을 수 있도록 노력해야 한다. 학부모에게 개인적으로 전화를 걸어 관심을 가질 것을 요구할 수도 있다. 또는 전화상으로 체크리스트 양식을 완성하거나 면담 일을 잡거나 자원봉사활동과 같이 학교 방문 일에 맞추어 학부모와 약속을 잡을 수도 있을 것이다.

학생 추천

누구든지 영재 프로그램에 참여할 대상자를 추천할 수 있기 때문에 학생 스스로가 자신을 추천하도록 하는 것도 가능하다. 이러한 사실을 학급 조례, 종례시간이나 학생들이 구독하는 신문을 통해 고지할 수 있다. 학생들에게 영재 프로그램에 자신이 적절하다고 생각하는 이유나 영재 프로그램 담당자와 면담 일을 기록하도록 한다. 학생들은 다음 사항 중 일부 혹은 전부를 진술할 수 있다.

- 영재 프로그램에 자신이 적합한 자신만의 강점(성적, 수상실적, 관심사, 재능, 경험 등)
- 학생이 현재 참여하고 있는 프로그램이 적절하지 않은 합리적인 이유
- 학생에 대한 정보를 제공해 줄 수 있는 교사
- 영재 프로그램 입학 조건에 명시된 구체적인 학습 및 수행 목표

학생 자신이 자기 추천을 하는 경우는 드물지만, 만일 있다면 높은 관심과 높은 능력의 증거로 해석할 수 있다. 학생들이 이러한 절차에 따라 자신을 추천했다면 영재 판별을 위한 중요한 자료로 취급해야 한다.

❖ 기타 방법

영재 프로그램에 적절한 학생을 판별하기 위한 방법들이 많다.

포트폴리오 평가

학생의 포트폴리오는 선발 위원들이 높은 능력이나 재능을 보여 주는 일련의 작품을 살펴보게 해 준다. 메리 프레이저는 학생의 포트폴리오를 '증거 패키지'라고 불렀다.[8] 스토리, 에세이, 시, 수학문제, 과학 실험, 보고서, 발명품, 그림, 프로젝트 사진 등과 같은 학생의 산출물 샘플은 교사가 수집해 놓을 수 있지만 학생이나 학부모가 갖고 있는 경우도 있다. 학교보다는 가정에 더 많은 샘플을 갖고 있을 수 있는 어린 학생들을 판별할 때는 이 과정에서 학부모를 참여시키는 것이 좋다.

일화적 증거

아동의 능력을 입증해 줄 수 있는 일화적 증거가 있는가를 교사에게 질문할 수 있다. 예를 들면, 특이하거나 날카로운 질문 혹은 또래의 대답에 대한 코멘트, 주목할 만한 관심사, 특별한 기억력, 발명품 등이다. 프로그램이 연중 계속 운영되기 때문에 교사가 쉽게 파악할 수 있도록 메모를 해 준다면

---

8) Mary M. Frasier, "Issues, Problems, and Programs in Nurturing the Disadvantaged and Culturally Different Talented." In K. A. Heller, F. J. Monks, and A. H. Passow, *International Handbook of Research and Development of Giftedness and Talent*(New York: Pergamon, 1993), pp. 685-692.

일부 학생들과 관련된 증거들을 수집하는 데 도움이 될 것이다. 검사를 통해서 쉽게 파악하기 어려운 영재의 특성들, 예를 들면 동년배들과는 다른 호기심, 직관력, 주의집중력, 추상적 사고력, 강한 정의감, 탐구력 등과 같은 증거를 찾을 수 있을 것이다.

"호기심은 열정적인 정신의 항구적이고 분명한 특징 중의 하나다."

– 사무엘 존슨(Samuel Johnson)

면담

개별 학생들과의 면담은 시간이 많이 소요되기 때문에 자주 사용할 수 있는 방법은 아니다. 그러나 면담은 제외될 수도 있는 학생들을 파악하는 데 매우 유용하다. 면담은 다음과 같은 경우에 특히 도움이 된다.

- 영재 프로그램에 참여시킬 것인가에 대한 행정가, 학부모, 교사의 고민 해결
- 검사 결과가 일관적이지 못하고 영재의 특성을 일부 보이지만 다른 특성을 보이지 않는 학생에 대한 의사결정
- 언어가 미숙한 학생에 대해 더 많은 정보 파악(통역자의 도움이 필요함)
- 시험 불안이 높은 학생에게 또 다른 기회 제공
- 프로그램 참여 기회를 달라고 주장하는 학생에 대한 의사 결정

개인별로 시행하는 능력 검사

지능을 측정할 때 개인용 지능 검사는 일반적으로 집단 검사보다 더 정확한데, 특히 주류 문화가 내린 지능을 바탕으로 제작된 검사의 경우에 그렇다. 일반적으로 훈련된 심리학자가 개인용 능력 검사를 실시하고, 검사 점수는 학년 수준이 아니라 연령 수준에 근거하여 계산된다. 난이도는 집단 검사

보다 높다. 개인용 검사에는 포괄적인 정보는 물론 구체적인 하위 검사에 대한 정보를 제공해 주기 때문에 학생의 장단점을 파악하는 데 유용하다. 개인 검사는 비용과 시간이 많이 들기 때문에 학교 관계자들이 선호하지 않는 경우도 있다. 이런 경우에는 학교 심리학자에게 외부 검사 기관이나 심리학자에게 검사를 의뢰해 달라고 요구할 수 있다. 심리학과나 교육학과가 있는 대학교, 혹은 개인 검사를 해 주는 정부의 영재교육 관련 협회에 의뢰하면 개인 검사를 받을 수 있을 것이다.

창의성 검사

창의성 검사는 학생들이 좋아하고 창의적으로 사고하고 문제를 독창적으로 해결하려는 학생들을 파악하는 데 유용한 도구다. 출간된 많은 창의성 검사들은 토랜스의 연구를 바탕으로 유창성, 융통성, 독창성, 정교성을 측정한다.

공동체 구성원들로부터의 추천

공동체 구성원들에게 영재 프로그램에 참여할 학생을 추천해 달라고 할 수도 있다. 청소년 지도자, 코치, 조부모, 그리고 기타 성인들은 학교 밖에서 아동이 보여 주는 특별한 재능, 능력, 수행, 흥미, 리더십을 잘 파악하는 경우가 종종 있다. 이러한 아동들에 대한 정보를 파악하는 좋은 방법은 지역 신문에 광고를 하는 것이다. 즉, 학생을 추천할 때 사용할 수 있는 양식을 구할 수 있는 장소(학교 행정실이나 웹사이트)나 추천 일을 공고하면 된다. 공고문에는 아동이 선발되면 추천인에게 개인적으로 통보하지는 않지만 선발 여부를 파악하기 위해 학교나 교육청에 연락을 할 수 있다는 것을 알려 주어야 한다. 이 장의 부록에 있는 '영재 추천 양식'을 활용하거나 다음과 같은 정보가 담긴 간단한 추천서를 부탁할 수 있을 것이다.

- 추천인 성명 및 연락처

- 추천하고자 하는 학생의 성명
- 추천 이유

다음 단계

모든 자료가 수집되면 선발 위원회는 어떤 학생을 선발할 것인지를 결정하기 위하여 모임을 가져야 한다.

선발하기

선발 절차가 어떻든지 간에 선발의 준거는 정부, 교육청, 그리고 프로그램 자체의 결정에 따른다. 이 과정에서 고려해야 할 주요 문제는 다음과 같다.

- 정부 혹은 교육청 정책에 지능검사와 성취도 혹은 구체적 도구와 좀 더 비형식적인 지지 증거(예: 교사 추천 혹은 학생의 산출물) 등과 같이 특별한 측정치에 가중치를 주고 있는가? 혹은 위원회에서 이러한 결정을 하도록 되어 있는가?
- 이러한 선택을 위원회에서 해야 한다면 숫자(검사 점수와 하한 점수)를 엄격히 적용할 것인가? 검사 점수가 비교적 낮다면 비형식적으로 수집한 다른 정보(예: 교사, 학부모, 자기 추천)에 가중치를 줄 것인가?
- 해마다 특정한 수의 학생(예: 학년당 15명)을 받아들일 것인가? 아니면 해마다 판별 자료를 통해 학생의 숫자를 다르게 할 것인가? 후자가 학생들에게는 더 매력적으로 보이지만 해마다 학생 수가 달라질 가능성이 있다.
- 자료 준비를 위한 예산, 교사 연수 기회 등과 같은 문제가 프로그램에 참여하는 학생들의 숫자에 어떠한 영향을 줄 것인가?

- 자격 규정을 다양한 준거를 사용하여 결정하려고 할 경우, 학생 자료를 어떻게 효율적으로 평가하고 비교할 것인가?

이러한 문제들을 선발 위원회에 상정하여 어떤 방법이 학교 혹은 교육청에 가장 적합한지를 결정해야 한다. 일부 프로그램에서는 성취결과와 상관없이 지능지수가 매우 높은 학생들(예: 지능지수 140 이상)을 자동적으로 포함시킨다. 또 어떤 프로그램에서는 높은 지능지수와 성취도(흔히 지능지수 130 이상과 수학과(혹은) 읽기 점수가 상위 5% 이내)를 모두 요구한다. 어떤 경우는 위원회에서 모든 학생들의 추천서를 검토하고, 각 아동에 대한 이용 가능한 총체적인 정보를 바탕으로 교육 대상자를 선발한다.

비록 드물기는 하지만 이러한 포괄적인 접근이 이상적이다. 운영하고자 하는 프로그램과 일치하는 서너 가지 형태의 측정 도구를 사용하는 것이 더 현실적일 것이다. 이러한 접근이 객관성과 공정성을 보장해 준다. 예를 들면, 다음과 같은 사항을 바탕으로 학생의 자료를 살펴볼 수 있을 것이다.

- 비언어성 능력 검사(선별과정에서 소외학생들이 나오는 것을 방지하기 위함)
- 성취도 검사(예: 학업능력 검사)
- 교사들로부터의 추천서
- 포트폴리오, 과제 샘플, 프로젝트, 에세이 등과 같은 산출물

다양한 준거를 살펴볼 때 시각적 도구는 선발을 효율적이고 공정하게 하는 데 도움이 된다. [글 2-1]과 같은 양식을 사용하면 학생의 자질을 살펴보고 장점을 비교해 볼 수 있다.

모든 학생들에게 이러한 포괄적인 절차를 사용할 수 없을지라도 낮은 검사 점수와 교사의 강력한 추천(혹은 그 반대)과 같이 자료가 서로 불일치한 아동의 자료를 검토하는 것은 좋은 방법이다. 자료가 불일치할 경우에 대비

하여 관찰이나 일대일 면담과 같은 자료를 수집해 두어야 한다.

[글 2-1] 다음의 양식은 학업적으로 재능 있는 학생 선발에 도움이 된다.

학생 성명	비언어성 검사 점수	읽기 점수	수학 점수	성취도 검사 점수	교사 추천서	점수	기타

만일 정부나 교육청의 지침이 다양한 정보를 근거로 학생을 선발하는 것을 금지하고 있다면 검사 점수를 엄격히 적용해야 하기 때문에 위원회의 역할이 매우 중요하게 된다. 이러한 경우 출신이 다양한 영재들의 학업적 요구에 부응하기 위하여 포괄적이고 좀 더 광범위한 판별과 선발 방법을 사용해서 가능한 한 공정한 결정을 내리도록 해야 한다(프로그램 계획하기는 3장에 진술되어 있다).

위원들과 사례를 면밀히 검토하기

모든 사례들을 검토할 필요는 없다. 그러나 특정 아동에 대한 자료가 불일치한다면 위원회는 다음과 같은 세 가지 결정 중 하나를 선택해야 한다.

- 학생을 선발한다.
- 학생의 참여를 허락하지 않는다.
- 더 많은 증거들을 수집한다(예: 개인용 지능검사 점수, 면담, 교사나 학부모로부터 획득한 추가적 정보).

위원회 수준에서 면밀하게 사례를 논의하지 않는다면 나중에 후회하게 될 것이다. 학부모는 자신의 자녀가 영재 프로그램에 참여하지 못한 이유를 구체적으로 설명해 줄 것을 기대할 것이다. 이럴 경우 준비된 자료를 바탕으로 '영재교육 위원회에서 귀 자녀의 교육적 요구를 충족시켜 줄 수 있는지를 판단하기 위하여 다양한 검토를 하였으며, 그 결정 과정에 대해 알려 주겠다.'라고 말할 수 있어야 한다. 준비를 철저히 해 두면 불행한 일을 최소화시킬 수 있다.

❖ 결과 공유하기

다음과 같은 사항이 고려되지 않는다면 가장 철저하고 포괄적인 선발 과정이 완료되었다고 할 수 없다. 우선 영재 판별을 위한 정보 수집에 도움을 준 교사, 학부모, 행정가, 학생, 면담 참여자, 정보 수집자, 학생 추천자 등에게 선발 결과를 통보하지 않는다면 이들에게 무례를 범하게 될 것이다. 그 결과 이들은 영재교육에 대한 부정적인 시각을 갖게 될 것이다. 결과를 공유하지 않게 되면 많은 사람들의 기분을 언짢게 할 뿐 아니라, 영재 프로그램에 기여할 수 있는 많은 사람들의 헌신을 잃게 될 것이다.

영재 프로그램에 참여할 대상자가 확정되면 그 명단을 장학사나 교장 혹은 담당자에게 알려 주어야 한다. 이렇게 함으로써 선발 과정에 문제를 제기할 수도 있는 학부모나 교사들의 반응에 대응할 수 있다. 행정가들이 선발 과정에 의문을 제기하거나 선발되지 않은 아동을 선발시킬 것을 요구할 수도 있다. 이런 경우에 해당 학생이 선발될 수 없는 이유를 분명히 밝혀야 한다. 장학사나 교장이 특정 학생을 선발하도록 계속 요구한다면, 위원회에서 해당 학생에 대한 자료를 재검토하도록 해야 한다.

행정적인 절차가 끝난 다음에는 선발된 학생의 학부모들에게 개별 통지하고 교사에게 최종 선발된 학생 명단을 알려 주어야 한다. [글 2-2]와 같은 편지를 학부모에게 보낼 수 있을 것이다.

[글 2-2] 선발 및 모임 안내 편지

친애하는 ○○○ 부모님께

우리 교육청에서는 3~6학년에 재학 중인 지적으로 뛰어난 영재학생들을 위한 영재교육 프로그램을 개설하였고, 교사, 행정가, 지역사회위원으로 구성된 선발 위원회에서는 다음 학기에 운영될 영재교육 프로그램에 참여할 대상자를 결정하였습니다. 검사 점수, 학생의 산출물, 교사, 학생, 그리고 귀 자녀의 추천서 등과 같은 다양한 자료를 바탕으로 ○○○학생이 □□ 초등학교에서 운영되는 영재 프로그램의 참가 대상자로 선정되었습니다.

학부모님께 프로그램에 대해 소개하고자 하오니 4월 30일(화) 오후 7시까지 □□ 초등학교 강당으로 오시기 바랍니다. 영재 담당교사들이 프로그램을 소개하고, 그에 따른 질문에 응답해 줄 것입니다. 또한 프로그램 참여에 대한 학부모 동의서를 받을 예정입니다.

영재 프로그램에 참여를 원하는 아동은 보호자의 동의서가 필요하며, 동의서를 해당 학교에 2013년 5월 15일까지 제출하셔야 합니다. 만일 모임에 오실 수 없다면 제게 연락 주시면 안내해 드리겠습니다.

감사합니다.

영재교육 담당자 △△△ 드림

연락처: (02) 555-1234

△△△@gifted.com

영재 프로그램에 참여할 대상자를 추천해 달라는 공지를 할 때, 선발된 아동에게만 통지할 것이라는 내용도 공지했다면 선발되지 않은 학생의 학부모에게 편지를 보내는 것은 바람직하지 않다. 그러나 위원회의 결정에 이의가 있어 담당자를 사적으로 만나기를 원하는 학부모가 있다면 만나 주어야 한다. 5~15분 정도의 면담이면 충분하다. 학부모에게 선발 준거와 해당 학생의 순위를 보여 주라(다른 학생들의 순위를 보여 주는 것은 프라이버시 침해다. 해당 학생의 순위만 보여 주라). 선발 과정이 공정하고 자녀와 프로그램이 어울리지 않는다는 것을 알게 되면 대부분의 학부모는 위원회의 결정에 동의한다. 이러한 일은 영재 담당자에게 어려운 일이 아니다.

만일 어떤 교사가 학생을 적극적으로 추천한 것으로 보이면, 결과가 나오자마자 그 교사에게 결과를 알려 주라. 이것은 해당 학생이 선발되지 않았어도 교사의 추천을 매우 심각하게 고려했다는 것을 보여 주는 것이다. 교사가 사적인 방법으로 특정 학생이 선발되도록 로비를 했음에도 불구하고 그 학생이 선발되지 않았다면 "모든 사람들이 ○○○ 학생을 추천하려는 여러분의 노력에 감사한다. ○○○ 학생이 탈락된 이유를 함께 이야기할 수 있을까요?"라고 말하라. 대부분의 교사들은 정당한 근거를 듣게 되면 영재교육 위원회의 결정을 받아들일 것이다.

선발 결과를 수용하지 않는 사람들에게 정당한 근거를 사용하여 이해시키는 것이 중요하다. 그러나 그들이 판별 결과에 여전히 동의하지 않는다면 이의신청 절차에 대해 설명해 주라(흔히 장학사나 핵심 관계자를 면담하는 것인데, 이를 위해 결정 과정에 사용된 모든 정보들을 준비하라). 이의신청 모임에 참석해 달라는 통보를 받으면 참석해야 한다. 참석해서 특정한 학생에게 유리하도록 결정된 것이 아니라 학생의 요구에 근거하여 공정하게 결정되었다는 것을 설명하라.

학부모, 행정관, 혹은 교사가 학생이 프로그램에 참여해야 한다는 것을 보여 주는 매우 가치 있는 증거를 제시할 경우도 있다. 이러한 경우 아동을 다시 살펴볼 수 있는 신뢰할 만한 정보나 개인용 능력 검사와 같은 추가적인 검사가 필요하다. 필자들의 경험에 따르면, 이러한 과정을 통해서 다시 선발되는 학생들도 있다. 그러나 제시된 추가적 증거가 이미 설정된 준거를 충족해야 한다. 이런 경우 개인용 능력 검사를 실시할 수 있는 학교 심리학자를 활용하는 것이 바람직하다.

모든 과정이 끝나게 되면 선발된 학생들에게 선발된 사실을 고지하라. 학생들에게 알리기 전에 프로그램 참여에 대한 학부모의 동의서를 받아 두어야 한다. 학생들에게 고지하는 방법은 개별적인 서신이나 학부모와 학생이 함께 모인 자리에서 이루어질 수 있다. 프로그램에 대한 학생들의 질문에 답변할 준비를 하라. 마지막으로 프로그램이 자신과 맞지 않을 것이라고 생각하는 학생들이 있다면 개인적으로 알려 주라고 말하라. 학생들의 독특한 학습욕구를 충족시키면서 모든 학생들의 관심사를 충족시킨다는 것은 매우 어려운 일이다. 또한 선발 과정에 동의하지 않아 법적 소송을 제기하는 상황이 있을 수 있다는 것을 염두에 두어야 한다.

중도 탈락 정책 계획하기

영재 담당자의 노력에도 불구하고 일부 영재 프로그램에 맞지 않는 영재가 있기 마련이다. 학생의 능력과 완벽하게 일치하는 프로그램은 없다. 따라서 영재 프로그램의 참석 요건을 개발할 때 중도 탈락과 관련된 절차를 마련할 필요가 있다.

학생이 중도 포기하려고 해도 권하지 않아야 할 이유가 있다. 교사나 학부모로부터 다음과 같은 요구를 처리해야 할 경우가 있을 것이다.

- 아동이 미숙한 수행을 보이거나 태도가 불량하여 탈락시키기를 원하는 교사들이 있을 것이다. 미숙한 수행을 보이거나 태도가 불량한 학생을

탈락시킨다고 해서 그 문제가 해결되는 경우는 드물다.

- 영재학급 내에서 문제 행동을 보이는 학생이 있을 수 있다. 부정적인 반응을 보이는 학생이 있으면 교사는 불쾌하지만 그럴 만한 이유가 있을 것이다. 근원적인 문제를 파악하여 그 문제를 해결할 절차를 마련해야 한다. 그렇지 않을 경우 영재 프로그램은 행실이 좋은 학생들에게만 개방되어 있는 것으로 간주되기 쉽다.
- 영재 프로그램 참여 이후에 일반학급에서 성적이 떨어지는 학생이 있다면 그 부모는 좋아하지 않을 것이다. 이러한 일이 자주 일어나는 것은 아니지만 종종 있다. 이것은 영재 프로그램에 참여하는 동안 일반학급에서 요구한 과제나 숙제를 제출하지 않았기 때문일 수도 있다. 이것은 학생의 할 일이 너무 많아서가 아니라 조직적인 일처리를 배울 필요가 있다는 것을 보여 주는 증상이다. 만일 어떤 학생이 다른 영재들과 함께 고급 미적분을 배운다면 학업적 경쟁이 더 심화되기 때문에 성적이 (일시적으로) 떨어질 수 있다. 수업 내용이 학생의 요구를 충족시켜 주기 위하여 다소 어렵다면 성적 하락은 학부모(혹은 교사, 학생)가 염려하는 것만큼 큰 문제가 아닐 것이다. 프로그램에 계속 참여할 것인가에 대한 최종 결정은 학부모이지만 성적 하락은 특이한 일이 아니며 일시적이라는 것을 설명해 줄 필요가 있다. 학부모에게 좀 더 기다려 달라고 하라.

어떤 학생에게 프로그램이 적절하지 않다는 것을 어떻게 알 수 있는가? 이런 학생들은 일반적으로 다음과 같은 증상을 보인다.

- 수업 중에 불안해한다.
- 결석을 자주 한다.
- 할 수 있는 과제를 완수하지 않는 일이 많다.
- 영재교육과 관련된 모든 일에 대해 불만을 토로한다. 예를 들면, “프로그

램이 재미없어!"라고 말한다.

- 수업 내용이 너무 어려워서 따라갈 수 없다.

위에서 언급한 여러 가지 요인들이 결합되어 나타난다면 프로그램 운영자, 영재교사, 담임 교사, 아동, 학부모, 학교 상담가들이 모여야 할 때다.

이 모임에서 프로그램 운영자는 아동의 요구를 충족시켜 주기 위해서 최선을 다했다는 것을 분명히 하는 것이 중요하다. 영재 프로그램 안에서 바로잡거나 개선할 수 있는 일이라면 괜찮다. 그렇지 않다면 다른 선택을 고려할 필요가 있다.

다양한 관계자들로부터 특정 상황에 대한 구체적인 정보를 수집하기 위해 이 장의 부록에 제시된 '영재교육 프로그램 실행 계획' 양식이 유용할 것이다. 이 양식을 가능한 해결책에 대한 토론의 근거로 사용하라.

첫 번째 모임으로부터 최소한 3주 후에 두 번째 모임을 갖는 것이 좋다. 두 번째 모임에서는 아동이 프로그램에 계속 참여하도록 할 것인가를 결정해야 할 것이다. 아동이 계속 참여하기로 결정을 한다면 해당 아동이 충족시켜야 할 기준을 설정해야 한다. 만일 아동이 프로그램에 참여하기를 원하지 않는다면 그 결정을 일정 기간 동안 변경할 수 없다는 것을 알려 주라. 일반적으로 다음 학기가 시작되기 전까지는 재입학이 안 된다고 알려 주지만 융통성이 필요할 경우도 있다.

이런 상황은 자주 발생하지 않는다. 발생한다면 개별 학생의 성공에 필요한 모든 가능성을 탐색하는 것이 중요하다. 이런 일을 하지 않는다면 학부모나 학생에게 어떤 메시지를 전달할 것인가?

프로그램의 성공적인 운영을 원한다면 학생이 중도 포기한 몇 주 후에 학생과 학부모를 만나라. 그리고 학생에게 다음과 같은 질문을 하라.

- 영재 프로그램을 포기한 결정에 만족하는가?

- 자신의 생각이 존중받았다고 느끼는가?
- 이 문제를 해결할 수 있는 다른 방법이 있는가?
- 영재 프로그램에 참여하지 않고 있는 지금의 학교생활은 어떠한가?
- 우리의 영재 프로그램을 더 좋게 하기 위해 제안하고 싶은 일은 무엇인가?

학부모에게도 유사한 질문을 하라.

- 자녀가 영재 프로그램을 포기한 결정에 만족해하는가요?
- 학부모님의 생각이 존중받았다고 생각하십니까?
- 이 문제를 해결할 수 있는 다른 방법이 있습니까?
- 영재 프로그램에 참여하지 않고 있는 자녀의 학교생활은 어떻습니까?
- 우리의 영재 프로그램을 더 좋게 하기 위해 제안하고 싶은 일은 무엇입니까?

일부 학생들에게 프로그램이 적합하지 않은 이유를 파악할 때 프로그램은 개선될 수 있다는 것을 명심하라.

관점 유지하기

학교나 교육청의 판별 결정에 참여하게 되면 영재교육 담당자는 특정한 학생들에게 안타까운 마음을 가질 때가 있다. 심화 학업 프로그램에 참여하는 학습장애를 가진 영재를 담당하는 교사들이 그의 장애를 볼 것이 아니라 숨겨진 재능을 파악할 것을 기대하면서도, 학습장애 영재가 심화반에 배치되는 것을 염려할 수도 있다. 1학년이지만 5학년 수준의 수학 문제를 해결할 수 있지만 언어 구사력이 미숙해서 대답을 잘 못하는 학생을 어떻게 참여시킬지 고민할 수도 있다. 학부모의 전화를 받기 전에는 여러 가지 문제를 대처할 수 있는 대답을 충분히 갖고 있었지만 전화상으로는 제대로 대처하지 못하고 전화를 끊고 나서야 생각날 때도 있을 것이다.

활용할 수 있는 정보가 양적이든, 질적이든지 간에 그것을 최대한으로 사용하라. 우리 모두는 항상 실수할 수 있다는 것을 기억하라. 우리는 인간이기 때문에 실수는 불가피하다.

참고자료

다음은 이 장과 관련된 참고자료들이다.

- 판별에 관한 힌트는 Donna Y. Ford의 “How Can My School Better Serve Diverse Gifted Students? Frequently Asked Questions”(Washington, DC: NAGC, 1977)를 참고하라.

- 영재 평가를 위한 다섯 가지 주요 지침에 대해서는 “National Association for Gifted Children Pre-K-Grade 12 Gifted Program Standards”(www.nagc.org/webprek12.html)를 참고하라.

- 판별 정보를 단계적으로 수집하는 방법과 속진 및 심화에 대한 논의는 Jeanne H. Purcell과 Joseph S. Renzulli의 *Total Talent Portfollo: A Systematic Plan to Identify and Nurture Gifts and Talents*”(Mansfield Center, CT: Creative Learning Press, 1998)를 참고하라.

- **National Research Center on Gifted and Talented (NRC/GT)**
  http://www.gifted.uconn.edu/nrcgt.html

NRC/GT는 취학 전 단계부터 성인기까지의 잠재성 계발에 관심이 있는 연구자, 실무자, 정책 입안가, 단체 등이 참여하는 전국 단위의 연구소다. 웹사이트를 통해 다음과 같은 자료를 얻을 수 있다.

- B. Cramond의 "The Coincidence of Attention Deficit Hyperactivity Disorder and Creativity", research monograph 9508.
- M. M. Frasier 등의 "Educators' Perceptions of Barriers to the Identification of Gifted Children From Economically Disadvantaged and Limited English Proficient Backgrounds", research monograph 95216.
- C. M. Callahan 등의 "Instruments Used in Identification of Gifted and Talented Students", research monograph 95130.
- C. M. Callahan 등의 "Project START: Using a Multiple Intelligences Model in Identifying and Promoting Talent in High-Risk Students", research monograph 95136.
- D. Y. Ford의 "The Recruitment and Retention of Black Students in Gifted Education Programs: Implications and Recommendations" research monograph 9406.
- B. D. Reid와 M. D. McGuire의 "Suare Pegs in Round Holes-These Kids Don't Fit: High-Ability Students with Behavioral Problems", research monograph 9512.
- S. M. Reis, T. W. New, 그리고 M. D. McGuire의 "Talents in Two Places: Case Studies of High-Ability Students with Learning Disabilities Who Have Achieved", research monograph 95114.

영재 판별 검사

영재 선별과 판별 과정에 사용할 수 있는 평가 도구는 매우 많다. 일반적으로 많이 사용되는 도구는 다음과 같다.

- **집단 및 개인용 지능 검사**

- *Cognitive Abilities Test(CogAT)*, Riverside Publishing (www.riverpub.com)
- *Slosson Intelligence Tests*, Slosson Educational Publications (www.slosson.com)
- *Stanford-Binet Intelligence Scales*, Riverside Publishing (www.riverpub.com)

- **집단 및 개인용 성취도 검사**

- *California Achievement Tests(CAT)*, CTB McGraw-Hill(www.ctb.com)
- *Iowa Tests of Basic Skills(ITBS)*, Riverside Publishing (www.riverpub.com)
- *Metropolitan Abilities Tests(MAT)*, Harcourt Educational Measurement (www.hemweb.com)
- *Stanford Abilities Tests(SAT)*, Harcourt Educational Measurement (www.hemweb.com)

- **경제적 · 문화적 공평 검사**

- *Culture Fair Test,* Institute for Personality and Ability Testing (www.ipat.com)
- *Discovering Intellectual Strengths and Capabilities while Observing Varied Ethnic Responses*(DISCOVER), University of Arizona (www.discover.arizona.edu)
- *Kinore Observation Inventory(KOI)*, Professional Associates (www.professionalassociatespublishing.com)

- *Naglieri Nonverbal Abilities Tests*, Harcourt Educational Measurement (www.hemweb.com)
- *Otis-Lennon School Abilities Tests*, Harcourt Educational Measurement (www.hemweb.com)
- *Peabody Picture Vocabulary Tests*, American Guidance Service, (www.agsnet.com)
- *Raven's Progressive Matrices*, Psychological Corporation, (www.psychorp.com)

• **창의성 검사 도구**
- *Group Inventory for Finding Talent(GIFT)*, Educational Assessment Service(www.sylviarimm.com/creativity.htm)
- *Khatena-Torrance Creative Perception Inventory(KTCPI)*, Scholastic Testing Service(www.ststesting.com)
- *Screening Assessment for Gifted Elementary Students(SAGES)*, Riverside Publishing(www.riverpub.com)
- *Torrance Tests of Creative Thinking*, Scholastic Testing Service (www.ststesting.com)

검사에 관한 기타 정보

• *Talented Children and Adults*(Piirto)에는 표준화 검사에 대한 구체적인 비교가 부록으로 제시되어 있다. 감사에 관한 좋은 정보는 *Being Gifted in School*(Coleman and Cross)과 *Reaching New Horizons*(Castellano and Diaz)에 있다.

- **Buros Institute of Mental Measurements**

  www.unl.edu/buros

사용하려는 검사의 전문가와 연락이 되지 않을 경우에 이러한 사이트가 도움이 될 것이다. *Mental Measurements Yearbook*과 *Tests in Print* 시리즈에는 표준화 지능검사와 성취도 검사를 포함하여 1만 개 이상의 검사에 대한 정보를 체계적으로 제공해 준다.

부 록

☆ 교사용 영재 추천 양식 ☆

학생 성명: __________ 학교: __________ 학년: __________

교사: __________ 날짜: __________

특성

선생님이 가르치는 학생들 중에서 상기 학생은 어디에 속한다고 생각하십니까? 각 질문에 해당되는 번호를 적어 주시기 바랍니다.

1. 평균 이하(학생들 중 __________)
2. 평균(대부분 학생들과 유사함)
3. 평균 이상(상위 20% 이내)
4. 우수함(상위 5% 이내)
5. 매우 우수함(상위 1% 이내)

- 새로운 자료를 빨리 학습한다. ( )
- 핵심을 파악한다. ( )
- 과제를 효율적으로 완수한다. ( )
- 학습활동을 스스로 세우고 과제에 몰두한다. ( )
- 핵심을 찌르는 질문을 한다. ( )
- 다른 영역이나 상황들과 연결하는 것에 흥미가 있다. ( )
- 독자적인 생각을 자주 표현한다. ( )

종합

상기 학생의 학업적 장점(지능, 능력, 동기, 학교 수행)에 대해 알고 있는 모든 것을 고려하고 선생님 학급의 다른 학생들과 비교할 때, 상기 학생을 우리 학교 영재교육 대상자로 추천하시겠습니까? 다음 진술문 중 해당되는 번호를 선택해 주시기 바랍니다.

1. 상기 학생이 학업적으로 재능이 있다고 생각하지 않기 때문에 영재교육 대상자로 추천하지 않는다.
2. 상기 학생의 학업적 재능 수준을 잘 모르기 때문에 영재교육 대상자로 추천할 수 없다.
3. 상기 학생이 학업적으로 재능이 있다고 생각하기 때문에 영재교육 대상자가 될 수 있을 것이다.
4. 상기 학생은 1~2개 영역에서 학업적으로 매우 우수한 재능을 갖고 있기 때문에 영재교육 대상자로 강력하게 추천한다.
5. 상기 학생은 대부분의 영역에서 학업적으로 매우 우수한 재능을 갖고 있기 때문에 영재교육 대상자로 매우 강력하게 추천한다.

기타

상기 학생에 대해 첨언할 말이 있으면 본 양식의 뒷면에 적어 주시기 바랍니다.

☆ 교사용 영재 지명 양식 ☆

교사: __________ 학교: __________ 학년: __________ 날짜: __________

이 양식을 사용해서 학교 (혹은 교육청) 단위의 영재교육 프로그램에 참여할 대상자를 추천해 주시기 바랍니다. 각 진술문에 적합하다고 생각하는 학생 3명의 이름을 떠오르는 순서대로 적어 주시기 바랍니다. 동일한 학생을 여러 진술문에 기입해도 됩니다. 모든 진술문에 반드시 3명의 학생을 기입할 필요는 없습니다. 감사합니다.

1. 빠르고 쉽게 배운다.

__________ __________ __________

2. 독창적이고 상상력이 풍부한 반응을 한다.

__________ __________ __________

3. 여러 가지 주제에 대한 지식이 풍부하다.

__________ __________ __________

4. 자기 주도적이고 주의 집중력이 강하다.

__________ __________ __________

5. 탐구심이 많아 꼬치꼬치 캐묻는다.

__________ __________ __________

6. 어휘력이 풍부하다.

__________ __________ __________

7. 질문을 끊임없이 한다.

__________ __________ __________

8. 도전적인 과제를 찾는다.

__________ __________ __________

9. 똑똑한 다른 친구들과 연합한다.

__________ __________ __________

10. 유머 감각이 풍부하다.

__________ __________ __________

11. 쉽게 따분해한다.

__________ __________ __________

12. 감정이 격렬하다.

__________ __________ __________

13. 개념을 쉽게 이해한다.

__________ __________ __________

14. 교사의 지식 폭을 확장시킨다.

__________ __________ __________

15. 사물을 있는 그대로 수용하지 않는다.

__________ __________ __________

16. 자의적인 결정을 싫어한다.

__________ __________ __________

17. 다른 학생들이 똑똑하다고 생각한다.

__________ __________ __________

18. 독창적인 아이디어와 프로젝트를 제안한다.

__________ __________ __________

19. 논리적으로 문제를 해결한다.

__________ __________ __________

20. 추상적인 아이디어에 관심이 많다.

__________ __________ __________

☆ 교사용 영재 관찰 양식 ☆

교사: __________ 학교: __________ 학년, 반: __________ 날짜: __________

오늘 수업한 학급에서 다음 진술문에 가장 적합하다고 생각되는 학생 3명의 이름을 적어 주시기 바랍니다. 동일한 학생을 여러 진술문에 기입해도 됩니다.

1. 오늘 수업에 가장 흥미를 보이고 적극적으로 참여한 학생

__________ __________ __________

2. 가장 특이한 아이디어를 제안하거나 반응을 보인 학생

__________ __________ __________

3. 수업과 관련된 반응을 가장 많이 한 학생

__________ __________ __________

4. 리더십을 보인 학생

__________ __________ __________

5. 추상적인 개념을 가장 잘 이해한 것처럼 보인 학생

__________ __________ __________

6. 완벽하게 과제를 처리할 필요가 있는 학생

__________ __________ __________

* 추가적인 관찰이나 코멘트

☆ 자녀 특성에 관한 학부모용 체크리스트 ☆

학생 성명: ________ 학교: ________ 학년, 반: ________ 담임교사: ________

➲ 다음 질문에 대해 "예." "아니요."로 대답해 주시기 바랍니다.

나의 아이는 영재이거나 영재일 가능성이 있기 때문에 학교(혹은 교육청) 단위의 영재 프로그램에 참여시킬 것을 고려하고 있다. 예_____ 아니요_____

➲ "예."라고 응답하셨다면 다음 진술문 중에서 귀 자녀의 특성과 가장 어울리고 자주 볼 수 있는 특성 10개를 선택하여 √표 해 주시기 바랍니다.

1. 호기심이 많아서 다양한 영역에 대해 질문을 많이 한다. (　　)
2. 규칙에 의문을 제기한다. (　　)
3. 가상놀이를 좋아하고 상상력이 풍부하다. (　　)
4. 이야기를 만들고 생각이 독특하다. (　　)
5. 게임이나 장난감 혹은 기타 도구를 개발한다. (　　)
6. 다양한 방법을 사용해서 문제를 해결한다. (　　)
7. 특이한 방법으로 문제를 해결한다. (　　)
8. 어떤 영역은 또래들에 비해 매우 우수한 반면, 어떤 영역은 또래와 유사하거나 오히려 낮다. 예를 들면, 8세 된 아이가 광합성 과정에서 엽록소의 역할에 대해 잘 이해하고 설명할 수도 있지만, 그림책에 나오는 어휘를 이해하는 데 어려움이 있다. (　　)
9. 예민해서 소음, 고통, 좌절 등에 대한 반응이 강렬하다. (　　)
10. 감정이입을 잘하고 타인의 문제에 걱정을 한다. (　　)
11. 멸종위기에 처한 동물, 인종차별, 환경 등과 같이 세계적인 문제에 관심이 많다. (　　)

12. 순서가 정해져 있거나 예측 가능한 일을 싫어하는 경향이 있다. (　　)
13. 쉽게 따분해한다. (　　)
14. 관심 분야가 다양하다. (　　)
15. 단순한 것보다는 어려운 문제를 선택한다. (　　)
16. 특이한 취미나 관심사가 많다. (　　)
17. 다양한 영역에 대해 아는 것이 많다. (　　)
18. 한번 시작한 일에 집착한다. (　　)
19. 자신에게 관심이 있는 일에 대한 주의 집중력이 강하다. (　　)
20. 자신에게 관심이 있는 일에 방해를 받으면 분개한다. (　　)
21. 유머 감각이 있다. (　　)
22. 기억력이 매우 우수하다. (　　)
23. 빨리 배우고 쉽게 적용한다. (　　)
24. 다른 사람들이 볼 수 없는 형태를 볼 수 있고 관련이 없는 것들을 관련시킨다. (　　)
25. 다른 사람들이 볼 수 없는 문제를 파악한다. (　　)
26. 매우 활기차다. (　　)
27. 집중력이 매우 강하다. (　　)
28. 말문이 일찍 트였고 복잡한 방법으로 말한다. (　　)
29. 어휘력이 매우 풍부하다. (　　)
30. 어른처럼 말하고 생각한다. (　　)
31. 생각을 복잡하고 특이한 방법으로 토론하고 정교화시킨다. (　　)
32. 신, 사랑, 정의, 평등과 같이 추상적인 아이디어에 대해 토론하기를 좋아한다. (　　)
33. 영적 가치와 신념과 같이 철학적 문제를 좋아한다. (　　)
34. 다른 아이들이 하고 싶어 하는 일을 하게 한다. (　　)
35. 자신에 대해 높은 기준을 설정한다. (　　)

36. 의지가 강하다. (　　)
37. 게임이나 활동을 조직하고 갈등이 있는 문제를 해결하는 데 리더십을 보인다. (　　)
38. 타인이나 자기 자신이 완벽하지 못한 것에 실망한다. (　　)

➡ 기타 귀 자녀가 갖고 있는 특별한 재능이나 기술, 혹은 자녀의 능력을 이해하는 데 중요하다고 생각하는 사항을 적어 주시기 바랍니다.

____

____

____

____

학부모 서명: ____________

날짜: ____________ 연락처: ____________

☆ 영재학생 추천 양식 ☆

작성자 성명: ______________

주소: ________________________________

연락처: ______________ e-메일: ______________

➲ 영재교육 프로그램 참여를 추천하고자 하는 학생의 이름을 적어 주시기 바랍니다.

____

➲ 위 학생을 추천한 이유는 무엇입니까? 학생에 대해 관찰한 내용(학업 능력, 재능, 사회성, 예민성, 기타 개인적 특성)이나 학생의 우수성을 입증할 수 있는 정보를 상세하게 적어 주시기 바랍니다.

____

____

____

____

____

____

____

____

____

____

____

____

____

☆ 영재교육 프로그램 실행 계획 ☆

학생 성명: __________ 학년: __________ 날짜: __________

개인적으로 완성할 양식

- 영재 담당교사(모임을 갖기 전에 1, 2, 3, 7번 문항 작성)
- 학부모(모임을 갖기 전에 1, 2, 4, 7번 문항 작성)
- 학생(모임을 갖기 전에 1, 2, 5, 7번 문항 작성)
- 기타: 작성자 성명__________ (모임을 갖기 전에 1, 2, 6, 7번 문항 작성)

모임을 갖기 전에 완성해야 할 문항(1~7)

1. 상황 혹은 문제점

____

____

____

____

____

2. 상황 혹은 문제점과 관련해서 지금까지 취한 조치

____

____

____

____

____

3. 교사 코멘트

4. 학부모 코멘트

5. 학생 코멘트

6. ________의 코멘트

7. 서명

교사 __________

학부모 __________

학생 __________

기타 __________

모임 중에 작성되어야 할 문항(8~12)

8. 문제를 해결하기 위하여 교사가 취해야 할 조치

9. 문제를 해결하기 위하여 학생이 취해야 할 조치

10. 문제를 해결하기 위하여 ________가 취해야 할 조치

11. 다음 모임 일시: ______________________________

12. 서명

교사 __________

학부모 __________

학생 __________

기타 __________

3장 잘 구조화된 프로그램의 기초를 놓으라

베울라 통합학교(Beulah Consolidated Schools)의 영재교육 운영위원회는 유치원에서 고등학교까지 학생들을 대상으로 한 새로운 영재 프로그램을 실시하기 전에 영재아동에게 적합한 기회를 체계적으로 검토하기로 결정하였다. 초등학교 수준에서 강의과목은 작가와 함께 하기, 읽기와 수학을 위한 군집집단, 학생들에 의해 만들어지는 학교 소식지, 수필 경연, 그리고 월례 철자시합 등을 포함한다. 또한 교육청 내의 2개 초등학교는 모든 교사를 대상으로 연수를 실시하기 시작하였다. 중학교 학생들은 저자와 함께 하는 작문 프로그램이 있고, 매년 학생들이 쓴 단막 각본을 출판한다. 고등학교 학생들은 우등 영어 수업과 인문학 수업뿐만 아니라 주립 대학의 협조하에 미적분과 삼각법을 비디오를 통해 수강할 수 있다. 또한 B학점 이상의 중고등학생들은 일 년에 세 번 건축학, 웹설계, 정치 구조 등과 관련된 전일제 세미나에 참가하도록 초청받는다.

영재교육 위원회와 학교 운영위원회는 교육청이 학생들에게 제공하는 여러 독특한 프로그램에 대단한 자부심을 가지고 있다. 동시에 그들은 학습과제의 차이와 모순을 발견하였다. 모든 영재학생의 다양한 학문적 · 사회적 · 정서적 요구를 만족시킬 것을 요구하고 있는 영재교육의 사명과 철학을 고찰해 보면, 영재교육이 균형을 잃고 어떤 요구는 만족시키지 못한다는 것을 알게 되었다. 요구분석에 따르면 차이의 존재, 특별히 초등학교와 중학교 수준의 수학과 과학에서 개별화 서비스가 부족한 것으로 나타났다. 또한 영재 프로그램에서 다루어지지 않았던 인구 통계학적 변화도 나타났다. 즉, 지난 5년에 걸쳐, 많은 이민 가족들이 베울라 교육청 내에 정착해서 살고 있다. 새로 전입해 온 많은 아동들은 아직도 영어를 공부하고 있고, 현재 시행 중인 영재교육 프로그램의 도움을 받지 못하고 있는 실정이다.

위원회는 모든 학년 수준의 모든 영재아동을 종합적 · 지속적으로 지원하는 방안을 수립하는 데 도움이 되는 폭넓은 구조 모형과 함께 일련의 특수한 목적이 필요하다는 데 의견일치를 보았다.

영재아동이 도움을 받는 방식으로는 영재들에게만 제공되는 특수 프로그램이나 교육청에서 제공하는 추가적 서비스가 있다. 영재교육을 위해 수립하는 계획에는 다양한 영재학생의 요구를 만족시킬 수 있는 학습과제의 범위와 폭이 포함되는 것이 이상적일 것이다. 여기에서 핵심적 개념은 구조와 연속체다. 프로그램을 계획하고 그것의 요소를 선택할 때 다음과 같은 여러 요인을 고려해야 한다.

- 영재 프로그램의 철학과 사명
- 학교 또는 교육청의 영재에 대한 정의
- 프로그램과 참여자를 위해 설정한 목적
- 학교 또는 교육청이 영재학생에게 이미 제공하고 있는 학습기회
- 요구분석 과정에서 얻은 핵심 정보
- 현재와 미래의 직원배치와 자금조달 수준

이 책은 판별에 관한 정보를 제시한 후 프로그램 계획에 대하여 논의하고 있다. 하지만 실제로 이 과제들은 상당히 중첩된다. 최소한 일부 계획은 판별이나 선발 과정 이전에 또는 판별이나 선발 과정과 관련하여 수립될 필요

가 있다. 학생이 영재로 판별되는 모든 방법을 이해하고 영재학생의 수와 유형을 이해하는 것은 프로그램 계획의 길잡이가 될 것이다. 동시에 2장에서 지적된 바와 같이, 지명, 추천, 그리고 선발은 프로그램의 특성과 일치되어야 한다. 따라서 대안적 프로그램을 결정하려면 판별 과정과 기준을 재검토할 필요가 있다. 프로그램과 판별의 이슈는 선형적이라기보다 순환적이다.

프로그램을 계획할 때 준수해야 할 구체적인 단계가 있다. 먼저 영재교육 운영위원회는 연구와 준비를 수행할 필요가 있다. 다른 교육청, 이상적으로 여러분의 교육청과 유사한 인구통계학적 배경을 가진 교육청에 소속된 영재 코디네이터들을 초청하여 그들의 프로그램을 위원회에서 발표하도록 하라. 제시되는 프로그램의 내용과 운영 과정에 관하여 가능한 한 많은 것을 배울 수 있도록 노력하라. 또한 내용 영역과 학년 수준에 따라 소위원회를 구성하기를 바랄 것이다. 이들 소위원회는 학교 안팎의 전문가들로부터 추가적인 정보를 수집하고 전체 위원회에게 건의 사항을 제시할 의무가 있다.

다음 단계는 위원회와 소위원회가 취해야 할 가장 중요한 단계들이다.

단계 1: 수월성 목록 작성

교육청에서 영재아동을 위한 서비스를 시작하거나 혹은 확대하려고 한다면, 영재아동의 학습에 도움이 될 만한 몇 가지 고려해야 할 가정이 있다. 예를 들어, 유치원생부터 초등학교 3학년 학생들을 위한 서비스의 존재에 대해 질문을 하면, 많은 사람들은 "풀 아웃 프로그램은 4학년이 되어서야 시작된다."고 응답한다. 그러나 이러한 답변은 적절하지 않다. 교육청이 수월성 계발을 위한 학습 기회를 학생들에게 제공하기 위해서는 기본적으로 다음과 같은 질문들을 고려할 필요가 있다.

- 학교는 입주 작가(artist-in-residence) 프로그램에 참여하고 있는가?
- 아동의 성취수준이 결정되면, 아동은 기본 교과에서 능력별 학습집단으로 구성되는가?
- 학급에는 개방형 프로젝트를 수행할 수 있는 체험형 학습센터가 있는가?
- 학생들은 공동 프로젝트를 수행하기 위해 학년 혹은 연령 수준이 아닌 능력이나 흥미에 기초하여 학습집단이 구성될 수 있는가?
- 교사나 학부모 자원인사는 미래문제 해결 혹은 주니어 고전 읽기 프로그램을 운영할 수 있는가? 우수한 초등학생이 참여할 수 있는가?
- 특별 워크숍(예: 작가, 과학 탐정)과 같은 심화학습 기회가 제공되는가?
- 학생들이 자신들의 수준에 적합한 책을 읽을 수 있는 기회가 제공되는가?
- 다양한 연령의 학습집단이 구성되는가?

위에서 나열한 학습기회의 절반 정도만이라도 초등학교에 존재한다면, 이미 영재학생에게 적합한 능력별 프로그램을 수행할 준비가 된 것이다. 지방 고등학교에서 또 하나 고려해야 할 사례가 있다. "영재 중등학생을 위하여 어떤 종류의 영재 프로그램을 운영하고 있는가?"라고 질문하면, 대부분은 "우리의 영재 프로그램은 단지 8학년까지의 학생들에게만 제공하고 있다." 일 것이다. 그러나 초등학교 프로그램에 관한 답변에서처럼, 이 답변은 불완전한 것이다. 중등학교 영재를 위한 프로그램들은 다음과 같다.

- AP 혹은 우등학급
- 지방 대학에 시간제로 이중 등록하기
- 인터넷 기반 강좌
- 멘토십 프로그램
- 흥미 클럽(예: 수학, 체스, 드라마, 공학)
- 신문 및 연보위원회

- 대회개최(토론, 물리학 올림픽, 재능 보이기)
- 독립연구 강좌
- 지역사회 봉사 프로젝트
- 우등 외국어 수업
- 해외 또는 지역대학에서의 여름 프로그램 기회

영재학생이 이러한 프로그램에 참여하는 데 제한을 두어야 한다고 주장하는 사람들은 거의 없다. 그러나 분명한 사실은 영재학생들이 서비스를 받고 도전을 받을 수 있는 기회가 있어야 한다는 것이다.

학교 혹은 교육청이 영재아동의 요구에 대처하는 방식을 고찰하고자 할 때, 영재교육의 이름이 무엇이든지 간에 '수월성 목록'을 분석해야 한다. 이 목록을 분석하기 위해서 여러 명의 학교 구성원과 자리를 함께 해야 한다. 이제는 학생의 학습기회를 지원하고 촉진하기 위해서 교육청이 수행한 모든 것(예: 교육과정, 클럽, 다른 과외 활동)을 기록한 많은 선택 목록들(유치원에서 12학년까지 존재하는 선택 목록)을 자랑해야 하는 때다. 많은 선택 목록들이 흥미, 열정, 창의적 수단을 가진 영재학생들에게 도움을 주고 있다는 것을 발견해야 한다.

영재아동을 위한 서비스 또는 영재 프로그램과 같은 용어를 학습자료실, 풀 아웃 프로그램, 영재학급과 동일시하는 것은 영재교육의 비전을 제한하는 것이다. 그 대신 영재 프로그램과 영재를 위한 서비스를 영재아동과 다른 일반 아동에게 제공되는 폭넓은 선택을 제공하는 '우산'으로 간주해야 한다.

단계 2: 영재들 간의 차이 고려

수월성 목록을 작성한 후, "현재 노력에도 불구하고, 영재학생을 위한 교육 선택에 어떤 차이가 존재하는가?"라는 질문을 제기해야 한다. 여러분이 처한 상황에 근거하여 다음과 같은 차이를 발견하게 될 것이다.

- 학문적 프로그램을 위한 내용 영역(예: 언어보다 수학과 과학을 강조한 프로그램)
- 학문적 프로그램 밖의 기회들(예: 창의성 또는 예술)
- 현재의 필수 교육과정 내에서 영재학생의 학습을 확장시키는 방법
- 지각된 점수 부여 법칙(예: 기초 영어의 A와 우등 영어의 A를 같은 등급으로 취급하기)
- 우수한 아동을 포함하는 소수 집단(예: 영어를 외국어로 사용하는 학습자, 학습장애를 가진 학습자 등으로 분류되는 학생들)으로부터 영재아동을 판별하기
- 낮은 성적을 받는 똑똑한 아동의 요구에 대처하기
- 영재아동과 관련된 사회적 · 정서적 관심(예: 완벽주의, 낮은 사회적 기술, 스트레스, 낮은 자아존중감, 부정적 행동)

이미 수행한 요구사정의 결과와 더불어 영재들 간의 차이를 고려해 보아라. 여러분은 다양한 수단(예: 프로그램 서비스, 교육과정, 훈련, 정책)을 통한 문제 해결을 요구하는 폭넓은 영역을 이해할 수 있을 것이다.

6장에서 훈련 및 정책과 관련된 문제를 보다 구체적으로 고찰할 것이다. 이 장의 나머지 부분과 4장에서는 프로그램 배치와 수업방법을 다룬다.

단계 3: 프로그램 목적 설정

목적은 필수적이다. 목적은 사명과 유기적으로 관련된 비전에 의미를 부여한다. 또한 목적은 프로그램이 목표를 얼마나 달성했는가를 평가하는 데 기초가 된다.

사명 및 철학과 밀접하게 관련된 목적의 좋은 예는 오하이오 주 얼라이언스 스쿨(Alliance City School)의 IPESI 영재교육 프로그램이다. 여기에는 프로그램의 사명, 철학, 영재아동의 정의, 그리고 목적이 있다.[1]

[글 3-1] 다음에 진술된 사명은 얼라이언스가 지향하는 영재교육의 기초가 된다.

'ipesi'라는 말은 '당신은 어디로 가고 있습니까?'를 의미하는 남아프리카 단어다. 이 단어는 영재아동이 지향해야 할 곳이 어디인가를 가리키기 위해 사용되는 상징적 표상을 나타낸다.

상상(Imagination): 우리는 확산적 사고를 촉진시키고 창의성 계발을 자극하고자 노력한다.

안내(Persistence): 우리는 학생들에게 자신의 능력 수준에 맞는 도전적 과제를 제시하고 학생들이 이러한 문제들을 해결할 수 있도록 안내한다.

수월성(Excellence): 학생들은 모든 영역에서 수월성을 성취하도록 격려받는다.

---

1) IPESI 프로그램 예는 얼라이언스 스쿨(Alliance, Ohio)의 *IPESI gifted education handbook for parents*에서 발췌하였으며 인용 허가를 받았다.

종합(Synthesis): 종합은 유창성, 융통성, 그리고 독창성을 이용한 새로운 산물의 창조를 포함한다. 우리는 자신의 산출물에 적합한 마켓을 찾도록 학생들을 돕는다.

영감(Inspiration): IPESI의 목적은 자신의 능력을 실현하도록 학생을 돕는 것이고 도전적인 목표를 선택하도록 학생들을 안내하는 것이다.

[글 3-2] IPESI 철학 진술은 학교 전반의 철학과 직접적으로 관련된다.

프로그램 철학

진술된 얼라이언스 스쿨의 철학과 일치되게, 그리고 영재학생의 차별화된 요구를 인정하여 영재 · 재능아동을 위한 프로그램은 학습과정의 깊이와 넓이를 확대하도록 설계된 기회를 제공할 것이다. 학습은 자료, 과제, 그리고 내용, 과정, 산출물, 수행 등에서의 차별화된 경험에 의해 촉진될 것이다.

[글 3-3] IPESI의 영재성 정의는 영재 프로그램에 참여하고 있는 아동의 영재 · 재능의 유형을 확인시킨다.

영재아동의 정의

'영재'란 연령, 경험, 환경에 비교했을 때 탁월하게 높은 수준의 성취를 수행하거나 잠재성을 보여 주는 학생을 의미한다. 영재는 탁월한 인지능력, 특정 학문, 창의적 사고, 시각 및 공연 예술 분야에서 오하이오 주의 규정에 의해 확인된 학생을 의미한다.

[글 3-4] IPESI 목적은 폭넓은 목적과 보다 세분화된 목표로 나누어진다. 이들 두 가지 요소는 프로그램과 서비스를 계획하는 데 도움이 되는 안내 역할을 한다.

프로그램 목적

- 영재교육은 다양한 산출물과 수행에 의해 나타나는 심층적 내용을 활용하는 고등 사고기술을 계발하는 데 중점을 두고 있다.
- 영재교육은 심층적 내용을 활용하는 정의적 · 사회적 행동기술을 계발하는 데 중점을 두고 있다.

프로그램 목표

1. 내용
   1.1 영재를 위한 서비스는 다양한 교과영역을 포함하거나 혼합하는 광범위한 이슈, 주제, 문제와 관련된 내용을 제시한다.
2. 과정
   영재를 위한 서비스에서 강조점은 다음과 같다.
   2.1 논리적 추리
   2.2 비판적 사고
   2.3 확산적 사고
   2.4 창의적 문제해결전략
   2.5 연구

2.6 의사소통

2.7 정의적 발달

3. 산출물 및 수행

영재를 위한 서비스는 다음과 같은 산출물과 수행을 강조한다.

3.1 현재의 아이디어를 정교화하거나 이의를 제기하기

3.2 개념들을 통합하기

3.3 혁신적 방식으로 기술, 자료, 형식, 그리고 지식을 이용하기

3.4 다양한 평가 기법을 사용하기

IPESI 프로그램의 체제는 목적이 어떻게 설정되는가를 보여 주는 하나의 예다. 학교나 교육청의 특수한 상황에 따라 목적을 설정하는 방식은 여러 가지가 있다. 하나의 유용한 접근은 학생과 프로그램을 위해 분리된 목적을 설정하는 것이다. [글 3-5]와 [글 3-6]은 영재학생을 위한 목적과 영재교육 프로그램 목적의 상보적인 예를 제시하고 있다.

[글 3-5] 다음의 영재학생을 위한 목적은 영재의 사회적 · 정서적 안녕에 대한 요구와 학문 및 비판적 사고의 계발을 균형 있게 진술하고 있다.

영재학생을 위한 목적

1. 영재학생이 타인과 성공적으로 상호작용할 수 있게 하는 긍정적 자아개념과 영재성에 대한 이해를 계발하기
2. 영재학생이 문제해결의 필수적 도구를 이용하여 복잡한 이슈를 다룰 수 있도록 비판적 · 창의적 · 평가적 사고 과정을 계발하기
3. 영재학생에게 학급 안과 밖에서 성공하는 데 필수적인 전문적 · 개인적

기술을 제공함으로써 평생학습에 대한 열정을 계발하기

4. 조직적 기술, 공부 기술, 그리고 문제 상황에서 끈기를 요구하는 '학습하는 방법을 학습하는' 기회를 영재학생에게 제공하기
5. 영재학생이 새롭고 어려운 교육과정을 숙달할 수 있도록 영재학생의 학문적 능력을 계발하기
6. 영재학생이 자신의 능력을 현실적으로 평가할 수 있도록 우수한 동료와 함께 공부하는 기회를 제공하기

[글 3-6] 영재학생들을 위한 목적에 부합되는 프로그램 목적을 개발함으로써 많은 것들이 성취될 수 있다. 프로그램의 특수한 방향은 여기(일반학급의 서비스, 심화학습 활동, 멘토십, 속진학습 기회)에서 발견된다. 직원의 직무능력 계발의 목표(영재성의 이해, 교수방법)가 설정되었으며, 영재의 요구를 해결하기 위한 폭넓은 방법이 제시되었다.

영재교육 프로그램의 목적

1. 영재 프로그램에 제공된 학습기회를 정규 교육과정과 통합하기
2. 모든 직원이 영재학생은 일반학급 환경 밖에서 가장 잘 해결될 수 있는 독특한 인지적 · 정의적 요구를 가지고 있다는 것을 인식하도록 하기
3. '뒤쳐진' 영재아동(예: 미성취아동, 학습장애를 가진 영재아동)의 잠재성을 최대화시키려고 노력하기, 영재학생에게 적합한 심화학습 경험을 제공하기
4. 유치원~고등학교에 재직 중인 직원의 직무능력 계발을 위한 기회를 제공하기
5. 영재학생이 상호 관심 분야의 실제 전문가로부터 배울 수 있도록 영재아

동과 지역사회 구성원 간의 관계를 발전시키기
6. 속진(예: 조기 진급, 조기 유치원 입학, 대학 이중 등록)에 관한 기준과 정책을 개발하기

위에서 제시한 이중적 목적이 유용한 한 가지 이유는 프로그램의 목적이 종종 영재학생들을 위한 목적만을 진술하는 것보다 더 분명하게 방향을 제시하고 식별할 수 있도록 하기 때문이다. 예를 들어서, 프로그램 목적 6의 성공을 결정하는 것, 즉 교육청이 속진 정책을 채택하거나 혹은 포기하는 것은 쉬운 일이다. 모든 목적은 어느 정도 직접적인 관찰 혹은 모호한 평가를 통해 측정될 수 있다. 예컨대, 학생 목표 3의 경우, 전문적 · 개인적 기술의 계발은 기록될 수 있고, 그리고 평생학습 흥미가 보장되지 않을지라도, 학급 안과 밖에서 학습에 대한 학생의 폭넓은 사랑은 지속적으로 기록될 수 있을 것이다. [글 3-5]와 [글 3-6]의 목적은 영재교육 서비스(다양성, 학문적 수월성, 그리고 영재아동의 사회적 · 정의적 요구 해결을 강조하는 프로그램)의 안내 역할을 한다. 누군가(학부모, 교사, 행정가)는 "이들 목적은 모든 아동에게 좋은 것인가?"라는 질문으로 진술된 목적에 반응할 수도 있다. 여러분의 대답은 단순히 "예."라고 할 수 있다. 그러나 영재아동이 서비스로부터 도움 받기를 원하는 방식이 무엇인가를 자세하게 말하는 것은 우리의 책임이다. 목표에 모든 직원의 역할이 포함된 경우는 드물다. 영재 프로그램의 목표 설정이 다른 프로그램의 촉매로서 역할을 한다면 그만큼 더 좋다.

단계 4: 프로그램 구조 설정

미국영재학회(NAGC)는 '유아부터 고등학생에 해당되는 영재 프로그램

표준'에서 프로그램 행정, 관리, 그리고 설계를 위한 분명한 기준을 제시하고 있다. 프로그램 원리 가운데 다음과 같은 두 가지 요구조건이 있다. 첫째, 영재교육은 일반적인 교육 프로그램과 통합되어야 한다. 둘째, 모든 영재학생에게 학습자료의 연속성과 다양성을 제공하는 서비스이어야 한다.

- 연속성이 있는 학습자료를 제시하는 구조를 계획하기
- 다양한 영재학생을 위한 구조를 계획하기
- 모든 학년 수준에 걸친 구조를 계획하기
- 학교 또는 교육청의 진술된 목표와 관련된 구조를 계획하기
- 일반교육과정과 통합된 구조를 계획하기

이러한 구조를 계획하는 것은 매우 어려운 일이다. 이러한 과정을 쉽도록 하는 하나의 방법은 서비스 선택의 피라미드에 비추어 영재 프로그램을 고려하는 것이다. 그러한 피라미드는 준 콕스(June Cox), 네일 다니엘(Neil Daniel), 그리고 브루스 보스턴(Bruce O. Boston)에 의해 처음 기술되었다. 1980년대 텍사스 대학(University of Texas) 연구팀은 미국의 모든 교육청을 조사했고 영재학생에게 쓸모 있는 프로그램 선택에 대하여 질문을 던졌다. 설문지는 1만 6,000명 이상의 교장에게 보내졌으며 4,000개 이상의 교육청에서 심층적인 추적조사가 수행되었다. 콕스와 그의 동료 연구자는 종합적인 영재 서비스가 어떠한 상황인지, 그리고 영재아동을 위한 기회를 향상시키기 위해 무엇이 수행되어야 할 것인지를 알고 싶어 했다.

그들이 발견한 것은 놀라운 일이 아니었다. 즉 모든 학교 급과 관련된 종합적인 프로그램을 계획하기 위한 노력이 거의 없이 이곳 저곳에 산재한 학습과제물뿐이었다. 또한 '하나의 크기로 모든 것에 맞추기' 접근(예: 초등학교 수준에서 가장 공통적인 선택인 시간제 풀 아웃 프로그램(학습자료실), 고등학교의 우등수준 수업)이 가장 빈번하게 사용되었다. 중학교에서는 영재성에 대해 거

의 고려하고 있지 않았다. 단지 6~8학년 영재학생의 독특한 학습요구를 지원하기 위한 노력이 일부 있었을 뿐이다. 예술 또는 상담 서비스를 위한 프로그램은 기껏해야 최소한의 것이었다. 유능한 학생을 위한 프로그램은 매우 산발적이었고 이들의 요구에 부응하기 위한 대책들은 체계성이 부족하였다.

연구자들은 조사 결과를 출판한 후, 변화를 위한 일련의 방안을 조사하였다. 이러한 과정을 통해 그들은 오늘날에도 여전히 타당한 소위 피라미드 프로젝트라 불리는 영재교육 프로그램의 수월성 모델을 제시하였다.

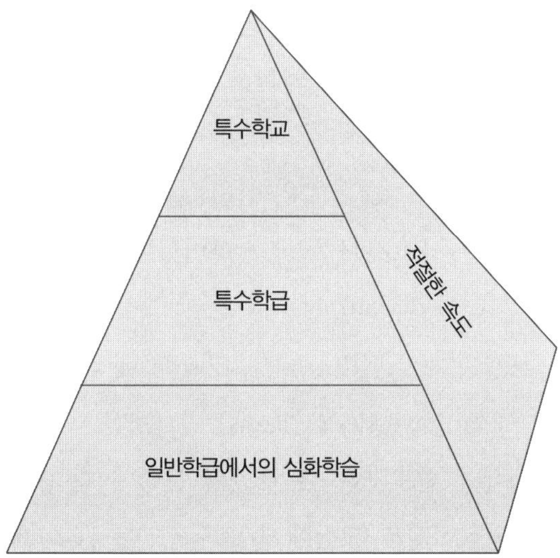

[그림 3-1] 피라미드 프로젝트[2)]

피라미드의 가장 넓은 구역은 '일반학급에서의 심화학습'로 명명되었다. 우리의 최근 관점에서 이 범주는 '일반학급의 영재 서비스'로 간주될 수 있

---

2) June Cox, Neil Daniel, and Bruce O. Boston의 *Educating able learners: Programs and promising practices*, copyright©1985. 텍사스 대학 출반부(University of Texas Press)의 허가를 받았음.

다. 이들 서비스 내에서, 많은 학생들은 블룸(Bloom)의 분류학, 차별화 수업, 창의적 과정, 학급 내 집단구성, 그리고 교육과정과 관련된 독립연구로 구성된 수업에서 도움을 받을 수 있다.

소수 학생이 서비스를 받는 좁은 차원인 피라미드의 두 번째 단계는 '특수학급'으로 명명되었다. 이 단계에서 풀 아웃 수업과 우등수준 강좌 그리고 영재학생을 위한 독립적인 수업(교육청 차원에서 가능한 프로그램)이 수행된다.

피라미드의 가장 높은 수준인 '특수학교'는 특별히 다른 환경에서 전일제 학습이 요구될 정도로 특수한 재능을 가진 학생들에게 제공되는 프로그램이다. 이러한 예에는 마그넷 스쿨(magnet school), 거버너스 스쿨(Governor's school), 그리고 학교 내 학교(school-within-a school) 프로그램이 있다.

피라미드의 측면에 걸쳐 있고 각 단계를 포괄하는 것은 '적절한 속도'다. 이 단계는 개별 학생의 학습욕구와 일치되지 않는 처방된 학년수준 계열보다는 학생 능력에 알맞은 학업과제를 수행하도록 하는 단계다.

피라미드 프로젝트 이후 20여 년 동안의 경험에 근거하여, 우리는 피라미드 측면에 또 하나의 요소, 즉 '사회적 · 정서적 지지'를 추가하였다. 비록 선행연구는 영재아동이 다른 일반아동보다 더 많은 정서적 문제를 가지고 있지 않다고 보고하고 있지만, 영재들의 문제는 다르고, 영재들은 특별한 안내를 필요로 한다. 많은 영재아동은 높은 수준의 지각, 관여, 민감성, 그리고 완벽주의를 경험한다. 그들은 스스로 극단적이고 강렬한 기대를 가지면서 동시에 부모, 교사, 다른 학생의 높은 기대에 직면하고 있다. 영재아동이 동료관계에서 무엇인가 얻으려고 노력하는 것은 이상한 일이 아니다. 그들은 거부, 고립, 소외, 그리고 심지어 같은 연령대의 다른 아동들로부터 놀림을 당한다. 또한 그들은 사회적 문제에 직면하여 심한 무기력을 느낄 수 있다. 이러한 압력과 더불어 높은 능력을 가진 아동의 인지발달은 종종 평탄하지 않다. 즉, 어떤 아동은 수학 공부는 잘할 수 있지만 독서에는 많은 어려움이 있을 수 있다. 또 다른 아동은 높은 공간 기술을 가지고 있지만 계산능력에는 많은 어려움이 있을 수 있다. 이러한 아동들의 경우, 정의적 · 신체적 발달은 여러 탁월한 학문적 능력과 일치되지 않을 수 있다. 이는 좌절, 혼동, 그리고 자신감의 결여로 이어질 수 있다.

"교육 절차의 타당성에 대한 하나의 검증은 아동의 행복이다."

– 마리아 몬테소리(Maria Montessori)

영재 프로그램은 이런 종류의 사회적 · 정서적 요구를 만족시킬 수 있는 방법들을 통합해야 한다. 영재교육 모델에서, 영재학생이 같은 능력의 동료와 사회적으로, 학문적으로 상호작용할 수 있는 기회가 주어지고, 이들이 안전한 환경에서 관심사를 논의할 수 있는 기회가 주어져야 한다.

영재성의 정의적 차원에 대한 추가적인 강조와 함께, 피라미드 프로젝트에서 제안된 계획은 종합적인 프로그램 모형의 가장 좋은 예로 남아 있다. 피라미드 모형은 속진과 심화 선택이 적당한 서비스에 필수적이라는 것을 제안해 줄 뿐만 아니라, 매우 제한적이거나 단일 차원적인 프로그램은 영재들의 요구를 충분히 만족시켜 줄 수 없다는 것을 보여 준다.

물론 이 모형은 하나의 이상적인 예다. 그것은 어떤 교육청이 철학적으로, 재정적으로 헌신했을 때만이 달성될 수 있다는 것을 보여 준다. 또한 지역사회 구성원이 이상이 현실로 전환되도록 함께 뜻을 모을 때만이 달성될 수 있다는 것을 보여 준다. 다음 장에서 우리는 오늘날 영재교육에 존재하는 다양한 프로그램을 폭넓게 고찰할 것이며, 이러한 프로그램들이 피라미드의 요소와 어떻게 관련되는지를 살펴볼 것이다. 이 장의 〈부록〉에 제시된 '영재 프로그램 구성 계획서'를 이용하면 프로그램 선택에 도움이 될 것이다(완전한 형식의 예는 4장의 부록을 참고하시오).

참고자료

다음 참고자료는 특별히 이 장에서 다룬 주제들에 적용된다.

• *Aiming for Excellence: Annotations to the NAGC Pre-K-Grade 12 Gifted Program Standards* edited by Mary S. Landrum, Carolyn M. Callahan, and Beverly D. Shaklee (Waco. TX: Prufrock Press, 2001). 이 책은 여러분의 영재 프로그램의 목적을 결정하기 위한 탁월한 자료로서, 미국영재학회가 제시한 영재 교육 프로그램 표준을 검토하고 확장하였다.

• "National Association for Gifted Children Pre-K-Grade 12 Gifted Program Standards" (www.nagc.org/webprek12.htm). 여기에서 프로그램 설계, 프로그램 행정 및 관리를 위한 표를 찾아보라. 영재아동의 종합적 프로그램과 서비스를 체제적으로 계획하고, 개발하고, 시행하고, 관리하기 위한 최소한의 표준을 제시한 원리를 열거하고 있다. •

부 록

☆ 영재 프로그램 구성 계획서 ☆

	초등 저학년	초등 고학년	중학교	고등학교
일반교실				
특수학급				
특수학교				

적절한 속도인가? 사회 · 정서적 요구를 반영한 프로그램을 제공하고 있는가?

4장 활용할 수 있는 프로그램을 계획하라

아이와소(Idawaso) 중학교 6~8학년 영재학생들은 매년 4월 열리는 주(state) 단위 과학 전시회에 출품할 프로젝트를 완성하기 위해 수학과 과학 수업 시간 동안 일주일에 두 번 만난다. 이들은 과학과 수학 교사, 근처 대학에 근무하는 과학자, 그리고 제조업에 종사하는 과학자들의 지도를 받는다. 영재로 판별되지 않은 학생들도 2월 교내 대회에서 선정되면 프로젝트를 출품할 수 있다. 아이와소 중학교에 재학 중인 영재들은 과학 및 수학과 관련된 복잡한 문제를 해결하며서 또래나 멘토들과 함께 일할 수 있는 도전적인 프로젝트를 제공받는다.

* * *

서밋리지 예술원(Summit Ridge Fine Arts Academy)의 초등학교 고학년 학생들은 겨울 내내 매일 2시간, 방과 후 1시간 동안 '라이언 킹' 공연을 위해 연습을 한다. 학교 교직원 및 공연자들의 지원과 지도하에 학생들은 뮤지컬을 위해 무대 세트를 계획하고 만들며, 의상을 준비하고, 안무와 연출 등 모든 면을 담당한다. 봄이 오면 학생들은 지역 내 학생들과 지역민들을 위해 여러 차례 공연을 할 것이다. 이들의 공연은 또한 지역 방송을 통해 계속 방송될 것이다.

* * *

후아나(Juana) 선생님의 유치원 학급에서 아동들은 도형을 공부하고 있다. 그녀는 아동들의 지식과 경험에 따라 집단을 구성하기로 했다. 21명의 아동 중에서 6명은 도형 식별 학습이 필요한 아동들이어서 매일 도형의 이름을 퍼즐을 통해 학습하였다. 7명의 아동들은 도형을 식별하기 위해 카드를 사용하여 배웠다. 5명의 아동은 도형에 대한 책을 읽고 어떤 도형이 빌딩, 차량, 그리고 도구 속에 들어 있는지에 대해 토론했다. 3명의 아동은 유사한 책을 사용하여 자전거, 자동차, 버스, 비행기 등과 같은 운송수단에 어떤 도형이 들어갔는지를 보여 주는 차트를 만들었다. 매주 2회에 걸쳐 이 아동들은 다른 유치원에서 온 영재들과 함께 자원 교사를 만나 '왜 바퀴는 둥근가?' '버스 문이 삼각형이라면 어떻게 될 것인가?' 등과 같은 운송수단의 속성과 도형에 대한 토론을 했다. 이 집단의 아동들은 다른 모양의 운송 수단 발명과 같은 프로젝트를 수행했다.

* * *

맥카퍼티(McCafferty) 고등학교는 도심에서 멀리 떨어진 소규모 학교다. 이 학교에서 글쓰기에 영재성이 있는 학생들은 수년 동안 인터넷을 활용하여 160킬로미터 정도 떨어진 대학에서 제공하는 3일간의 집중적인 글쓰기 세미나에 참여했다. 금년에는 영재 프로그램에 대한 예산이 더 많이 확보되어 학교에서는 학생들을 다른 주에서 온 학생들과 함께 작가를 직접 만나 교육을 받을 수 있는 워크숍에 보낼 계획이다.

영재교육은 창의적 프로그램과 관련된 아이디어가 없다는 이유만으로는 결코 시들지 않을 것이다. 그럼에도 불구하고 많은 학교와 교육청은 피라미드 프로젝트 계획의 모든 서비스를 충족시키는 광범위하고도 다양한 선택들을 단기간에 실행할 수 있다고 기대하는 데, 이는 비현실적이다. 그러나 시간이 지남에 따라 여러분의 교육청 특성에 적합한 많은 과제를 개발하는 것은 가능하다.

다음은 피라미드의 세 가지 운영 영역의 각각에 적합한 프로그램과 서비스를 장점과 약점에 초점을 맞추어 살펴볼 것이다.

"전체 학교 프로그램과 효과적으로 혼합된 영재 프로그램은 '반드시 일어나는 것'이 아니다. 그것은 신중하게 그리고 점진적으로 개발되어야 한다."

– 도널드 트레핑거(Donald Treffinger)

일반학급에서의 영재교육

영재 초 · 중 · 고등학생이 일반학급에서 도움을 받을 수 있는 방식에는 여러 가지가 있다. 가장 공통적인 접근에는 속진(acceleration), 통합(inclusion), 학급 내 집단편성(in-class grouping), 그리고 차별화가 있다.

조기 입학과 속진

조기에 유치원에 입학하는 것과 초등학교에서 학년 속진은 능력이 매우 높은 아동의 요구를 만족시키는 표준적 접근이다. 유아영재 전문가인 조앤 프랭클린 스머티(Joan Franklin Smuty)와 그녀의 동료들은 다음과 같은 의견을 제시하고 있다.[1)]

> 유치원 또는 1학년에 조기 입학을 선택하는 것은 영재아동을 위한 가장 좋은 속진일 수 있다. 이것은 영재아동의 지능이 보다 더 좋게 수용되고 동료 집단이 구성되도록 허용하며, 한 학년 속진의 혼란으로부터 아동을 보호한다. 초기 학령기에 학문적인 도전을 받음으로써 총명한 아동은

---

1) 인용구와 '조기 입학과 속진'의 추가적인 정보는 다음 문헌을 참고했으며 허락을 받고 이용하였다. Joan Franklin Smutny, Sally Yahnke Walker, and Elizabeth A. Meckstroth의 *Teaching Young Gifted Children in the Regular Classroom: Identifying, Nurturing, and Challenging Ages 4-9* (Minneapolis: Free Spirit Publishing, 1997), pp. 176-178.

> 학문적 도전으로 인해 일어나는 정서적 문제를 덜 경험할 수도 있다. 조기 입학은 영재아동이 학교경험을 통해 계속해서 발전하고 탁월하게 하는 발판이 될 수 있다. 또한 그것은 영재아동이 여러 활동에 참여하고, 그들이 자신의 아이디어를 표현할 때 동료집단 내에서 안전감을 느끼고, 보다 많은 상호 의존성과 협동을 경험하게 하는 발판이 될 수 있다.

유치원 조기 입학은 일반학급 내에서 일어날 수 있는 유일한 속진 형태다. 다른 형태의 속진에는 학년 속진, 1년 동안 2개 학년 수료, 특정 교과의 학년 속진, 그리고 대학 조기 입학이 있다.

성공적인 조기 입학과 학년 속진을 위해 아동의 사회적 · 정서적 준비성은 조심스럽게 고려될 필요가 있다. 또한 속진 결정에 관련된 모든 사람(아동, 학부모, 교사, 행정)이 그 과정에 참여하는 것은 중요하다. 물론 실행 가능한 속진을 위해서 교육청의 정책은 교사에게 개방되어야 하고, 여러 기관(초등학교와 중학교, 중학교와 고등학교, 고등학교와 대학교)이 효과적으로 함께 노력해야 한다. 어떤 아동이 언제 유치원에 입학하는지 또는 아동이 몇 학년이나 속진했는지에 관계없이, 모든 아동은 계속해서 특수한 요구를 가지고 있다는 것을 직시해야 한다.

학부모와 교사는 종종 아동의 학년 속진을 잘못 결정할 가능성에 대해 걱정하고 있다. 미래에 대한 두려움('그는 중학교에서 스포츠를 할 수 있을 만큼 충분히 큰가?' '모든 11학년 학생들이 운전면허증을 가지고 있지만, 자신은 없다는 것에 대해 이상하게 생각하지는 않을 것인가?')에서부터 현재의 걱정('교사는 내 아이가 모든 학습과 발달 영역에서 동등하게 발달하리라고 기대하고 있는가?')까지, 종종 학부모와 교육자들은 속진이 영원한 것이 아니라는 것을 잊어버리고 있다. 이에 대한 우리의 조언은? 모든 속진을 일시적인 것으로 생각하라. 관련된 모든 사람들, 특히 아동들은 이것을 이해할 필요가 있다. 아동 자신이 배치를 시험할 수 있으며, 그것이 가장 좋은 접근이 아니라면 변경될 수 있다는 것을 아동이 알게 하라. 배치가 학생의 상황에 맞게 다루어졌을 때, 대부분의 아동, 학부모, 교사는 배치가 합리적이었다는 것을 알게 될 것이다. 만약 배치가 하나 이상의 중요한 장점(예: 지적, 정서적, 사회적)과 적합하지 않다면, 아동을 이전의 배치로 되돌아가게 하거나 또는 전적으로 새로운 결정을 할 수 있는 선택의 여지가 항상 있어야 한다. 속진은 고통을 주고 취소할 수 없는 판결이 아니라 즐거운 경험이어야 한다.

통합학급

1980년대로 되돌아가 보면, 특수아동위원회(Council for Exceptional Children: CEC)에 참석한 교육자들은 특수한 학습요구를 지닌 아동을 독립 프로그램 혹은 풀 아웃 프로그램으로부터 벗어나, 일반학급에 배치하도록 압력을 가하기 시작하였다. 특수 교육자는 학교 밖의 지역사회와 비슷한, 보다 자연적인 환경에서 이들 학생들과 일을 수행해야 했다. 일반교육주도(Regular Education Initiative: REI)라는 용어는 이러한 사회적 경험을 확인하기 위해 만들어졌다.

일반교육주도는 특수교육 학생들이 더 이상 교육의 주류 밖에 놓여 있어서는 안 된다는 것을 의미한다. 이것에 대해서는 모두 동의할 것이다. 통합학급은 모든 학생이 공평하게 대우받는 민주주의를 신봉한다. 특수 요구를 지닌 아동의 부모들은 통합을 가장 지지하는 신봉자들이다.

완전한 세계에서 통합은 특수한 학습욕구 또는 행동적 요구를 지닌 학생들이 특수교육 교사 또는 도우미(새로운 상황에 익숙해지도록 도움을 주는 사람)의 보살핌을 받으면서 일반학급에서 하루 일과를 보낸다는 것을 의미한다. 불행하게도 이 이상 세계는 이상으로만 존재한다. 실제 학급을 맡고 있는 교사들은 다양한 집단의 아동이 모여 있는 것처럼 다양한 학습요구를 기술적으로 잘 처리하기 위해 용감하게, 그리고 비교적 독립적으로 일을 수행하고 있다. 여기서 다양한 집단의 아동들은 언어 장애와 학습 차이에서부터 신체적 · 정서적 장애에 이르는 특수 요구를 지닌 아동들, 그리고 낮은 능력에서 보통 능력과 수준 높은 능력에 걸친 학생들을 의미한다.

마치 영재아동이 특수교육의 일부로 고려되지 않았던 것처럼, 처음에 영재아동은 통합 운동의 대상이 아니었다. 그렇지만 마침내 영재교육에 대한 옹호자들 중 유명한 학자들(예: Joseph Renzulli, Susan Winebrenner, John Feldhusen, Carol Ann Tomlinson)은 영재교육의 미래는 일반학급 내에서 영재아동에게 서비스를 제공하는 데 있다고 결론지었다. 이들 교육자들의 연구, 출판, 학술발표는 일반학급 교사가 영재아동에게 도움을 주기 위해 무엇을 할 수 있는지, 그리고 영재교육 전문가가 이것이 일어나도록 어떻게 촉진자 역할을 할 수 있는지에 초점이 맞추어졌다.

학급 내 집단편성

일반학급에서, 영재아동은 다음의 다양한 방식 중의 어느 한 형태로 집단편성이 이루어질 수 있다.

- 군집 집단편성(어느 한 학년의 최상위 수준에 있는 5~10명의 학생들이 한 학급에 함께 배치되는 것)
- 능력별 집단편성(특수한 교육과정 분야의 성취에 기초하여 집단편성이 이루어지는 것)
- 능력별 협동적 집단편성(특수한 프로젝트 혹은 과제를 함께 수행하기 위해 성취수준에 기초하여 집단편성이 이루어지는 것)
- 이질능력 협동학습 집단편성(다양한 능력의 아동들이 과제를 수행하거나 혹은 산출물을 함께 만들기 위해서 소집단에 함께 배치되는 것)

집단편성 방법으로 어느 것을 사용할 것인가는 학교의 구조, 그리고 학생의 개인적 특징, 인지적 기능의 수준, 학습 선호, 흥미 등에 기초해야 한다.[2] 예컨대, 군집 집단편성은 차별화 수업과 각 학년 수준에서 훈련된 영재교사를 지지하는 학교 공동체를 요구한다. 또한 이 배치에서 가장 성공적인 영재학생들이 학문적 도전을 좋아하고, 소집단으로 공부하는 것을 즐기고, 일반학급 밖에서 즐겁게 공부하기를 원할 때 군집 집단편성이 필요하다. 또 다른 예로서, 이질능력 집단편성은 교육과정의 핵심 영역을 좋아하고, 사회적이고, 학습에 동기화되고, 동료들 간에 함께 공부하기를 좋아하는 아동들을 필요로 한다. 또한 학급교사는 동료학습의 아이디어에 익숙해야 한다.

많은 학습 집단편성 배열은 교사가 모든 학생의 요구에 맞도록 수업을 차별화해야 하는 학급에서 일어난다. 이런 종류의 수업이 강조되지 않거나, 또는 수업집단 크기와 영재학생의 수가 적은 학교나 학급에서는 두 가지 능력이 탁월한 학생들이 프로젝트 혹은 협동적 과제를 함께 수행할 수 있도록 하는 다른 형태의 집단편성이 가능하다.

차별화 교육과정과 수업

비록 통합이 미국의 학교에서 폭넓게 받아들여지는 모형일지라도, 영재학생들은 항상 이 학급 배열로부터 도움을 받는 것은 아니다. 학습능력이 빠른 학습자는 그러한 학급수업에 흥미를 잃을 수 있다. 왜냐하면 그들은 그러한 학급에서 다루는 반복 기능과 학습자료를 숙달했기 때문이다. 국립영재연구소가 수행한 연구에 의하면, '전통적 학급의 학습자료 중, 수학, 언어, 과학, 사회의 하나 또는 그 이상에서 약 40~50%는 영재학생들에게는 불필요하기

---

2) 이들 고려사항은 Karen B. Rogers의 Making wise choices in grouping the gifted in *Tempo*(a publication of the Texas Association for the Gifted and Talented) 12: 1(Winter 2002) 에서 강조되었다.

때문에 제거되어야 한다.'[3]고 밝히고 있다. 왜냐하면 영재학생은 이미 해당 학년 수준의 교육과정을 숙달했기 때문이다.

이러한 상황에서 무엇이 수행되어야 하는가? 영재아동의 요구가 통합학급 내에서 어떻게 충족될 수 있는가? 차별화는 교사가 영재학생과 나머지 다른 일반학생들 모두에게 보다 더 좋은 도움을 줄 수 있는 과정을 제공한다. 모든 학생이 자신의 최대 잠재력을 발휘하면서 학습할 기회를 가질 수 있도록, 교사는 개별 학생의 요구, 강점, 학습양식, 흥미에 맞게 교육과정과 수업방법을 차별화(수정)해야 한다.

차별화는 전형적으로 다음 사항에 관하여 수업을 수정하는 것을 포함한다.

- **내용** 내용은 교육과정 자료, 즉 사실, 아이디어, 일반화, 원리, 그리고 이론과 관련된다. 영재아동에게 내용은 기본 교육과정에서 유래될 수 있다. 그러나 그것은 깊이와 복잡성에서 기본 교육과정을 훨씬 뛰어넘는 것이어야 한다. 그것은 융통성 있는 학습속도와 영재아동이 이미 알고 있는 학습자료를 다루지 않고 넘어가는 것을 허용해야 한다.
- **과정** 이것은 교사의 수업방법과 전략, 그리고 아동의 사고기술, 학습양식, 강점을 의미한다. 과정은 학생의 연구와 분석에 깊이 혹은 복잡성을 추가하고, 창의적, 비판적 사고를 촉진함으로써 차별화될 수 있다.
- **산출물** 산출물은 수업의 결과이고, 학생의 학습에 대한 반응이다. 학생의 흥미와 학습양식은 시험, 퀴즈, 보고서와 같은 표준적 평가가 아닌 다른 산출물을 선택할 수 있게 한다.

학급에서 모든 아동은 차별화가 잘 운영될 때 도움을 받을 수 있다. 영재

---

3) Sally M. Reis, et al., "Why Not Let High Ability Students Start School in January? The Curriculum Compacting Study" (Storrs, CT: NRC/GT, 1993) (RBRD 9316).

학생을 위해 영재교육과정 전문가는 다음의 몇 가지 능력들을 계발하는 데 초점을 두어야 한다.

- **융통성** 아이디어의 전이가 안전하게 일어날 수 있도록 융통성을 계발하라. 예컨대, 미국 헌법을 공부할 때 학생은 러시아 혹은 프랑스의 법과 정부를 연구할 수 있다.
- **유창성** 학생이 개방적 질문에 여러 가지 답변을 제시하고 다양한 선택을 할 수 있도록 유창성을 계발하라. 이 경우, 이 학생은 세계의 서로 다른 형태의 정부를 조사할 수 있다. 학생들이 상이한 법 체제나 정부 조직을 비교 · 대조 · 평가할 수 있는 유형을 찾도록 하라.
- **정교화** 학생이 아이디어를 개선하고, 꾸미고, 추가할 수 있도록 정교화를 계발하라. 이 경우에 미국 헌법을 탐색하고 있는 학생들은 시간 변화에 따른 외국 법 체제의 특이한 변화에 초점을 맞출 수 있다. 예컨대, 법을 어긴 아동들이 18세기 프랑스에서 어떻게 다루어졌는지를 기술하게 하는 것이 하나의 예다.
- **독창성** 학생이 독특한 산출물을 만들 수 있도록 독창성을 계발하고, 이 학생이 현재 청년 범법자가 투옥되었을 때, 어떻게 대우받는지를 연구하며 상이한 관점을 찾게 해야 한다.
- **추상** 학생이 불분명한 문제 또는 애매함을 다룰 수 있도록 추상성을 계발하라. 예컨대, 경계가 분명하지 않거나 윤리적 문제가 포함된 문제를 다루도록 하라. 수감된 청년을 위해 어떤 조건이 공평한가? 아니면 불공평한가? 누가 결정해야 하는가? 변화하기 위해 무엇이 수행되어야 하는가?
- **위험 감수** 학생이 경계를 확장하고 상상력을 펼칠 수 있도록 하라. 학생들은 수감된 청년과 정서적 연계와 공감을 계발할 것이고, 수감된 청년을 위한 일부 조건에 대해 이의를 제기하는 방식을 찾아낼 수 있을 것이다.
- **복합적 사고** 학생이 어려운 도전에 직면하도록 하고, 어려운 문제에 답

하는 데 필요한 문제해결 기술을 계발하도록 하라. 여기서 수감된 청년 범법자를 위한 조건을 개선시키는 법률 제정을 위해 학생들은 입법자를 만나서 로비를 할 수 있다.

- **호기심** 학생이 공부를 할 때 계속해서 깊이를 추구하도록 하라. 이 경우 학생들은 법이 통과되는 방식에 흥미를 가질 수 있으며, 법률 제정의 규칙과 언어를 학습하면서 그 과정을 따라해 볼 수 있다.

"영재학생은 특수한 차별 기법을 요구하는 독특한 학습 차이를 가지고 있다. 단순히 도전과 다양성을 증가시키는 것만으로는 충분하지 않다."

– 다이앤 히콕스(Diane Heacox)

학습 집단편성은 이미 영재학생의 학습을 차별화하기 위한 방법으로 언급되어 왔다. 학교와 교사는 가까운 미래에 다음과 같은 다양한 차별화 전략을 갖게 될 것이다.

- 교육과정 압축: 전문지식을 보여 주는 학생들이 이미 알고 있는 학습 내용을 배우지 않고 더 높은 수준의 수업에 참여하도록 허용하라. 수행능력을 알아보기 위한 사전검사 혹은 평가를 실시하라.
- 독립연구: 독립연구의 기회를 제공하라.
- 상급 교과서와 학습 자료의 사용: 대학교, 도서관, 전문 기관 또는 인터넷에서 입수할 수 있는 교과서와 학습 자료를 포함하도록 하라.
- 전문가와 함께 연구하기: 학생 개인별 또는 학생 집단이 가르침을 얻을 수 있을 만한 방문 과학자, 수학자, 기업계 지도자, 작가 등 전문가와 함께 연구하도록 하라.
- 상이한 수준의 도전과 복잡성을 증가시키는 단계적 과제
- 기회와 흥미를 추가하기 위한 과제와 숙제의 다양성 및 선택: 동일한

교육과정 단위 내에서 시를 쓰고, 이야기하고, 사실을 비교하고 분석하기 위해 차트를 만들고, 면접을 시행하고, 신문기사를 작성하도록 할 수 있다.

- 어떤 주제를 심도 있게 탐색하기 위해 학생의 기회를 폭넓게 확대하는 도전적이고 복합적인 학습센터: 아동이 보드 게임을 설계하도록 격려하는 예, 정보, 학습 자료 등을 포함하는 학습센터, 그리고 탐색적이고 개방적인 과제에 관한 학습센터가 있을 수 있다.
- 학생이 문제를 설계하고 해결하도록 허용하는 고급 컴퓨터 프로그램
- 학생이 복잡한 문제를 해결하도록 하는 고등적 · 실제적 학습과제: 예컨대 학생 집단은 학교 주변의 교통문제를 개선하기 위해 무엇을 해야 하는지를 탐색하고 그 다음에 교직원 또는 경영진에게 관련 정보를 제시할 수 있다.
- 학생이 자신의 일에 대해 자부심을 가지고 다른 사람과 함께 그 일을 의미 있게 공유할 수 있는 방법을 찾을 수 있도록 목표를 설정하고 산출물을 설계하는 데 도움 주기: 예컨대, 법이 어떻게 제정되는지를 공부하기 위해 법률가와 함께 연구하는 학생은 자신의 입법적 경험을 다른 학생 또는 학생회에 보고할 수 있다.

일반학급에서의 영재교육: 장점과 단점

일반학급 내에서 행해지는 영재교육은 다음과 같은 많은 장점이 있다.

- 학생은 같은 연령대의 다른 학생과 상호작용한다.
- 상이한 방식으로 학생을 집단화하는 기회가 있다. 그렇게 함으로써 다양성을 추가하고 모든 학생이 자신의 독특한 재능을 인지하고 다른 사람의 재능을 이해하도록 도와준다.

- 프로그램 입안자는 영재 프로그램이 설정된 교육과정 내에서 적합하다는 것을 확신할 수 있다.
- 같은 학급에서 이질적으로 집단이 구성될 때 '영재'로 명명되는 사회적 오명이 줄어든다.
- 풀 아웃 프로그램 참여로 인해 발생하는 추가적 과제와 숙제가 없어진다.
- 영재학생의 주된 생활공간이 일반학급에 있을 때, 영재학생에게 접근하고 가르치는 일은 수업 담임교사에게 속한다.
- 영재학생이 분리된 학급에 배치될 때 일어나는 엘리트주의의 부담에서 벗어날 수 있다.

일반학급 내에서 영재아동에게 서비스를 제공하는 아이디어는 많지만 통합학급에서 능력이 높은 아동은 무엇을 배우는가? 이들은 특별학급에서 도움을 받고 있는 것만큼 일반학급에서도 도움을 받고 있는가? 이것은 교육청, 학교, 교사의 철학적 헌신에 좌우된다. 피라미드 프로젝트에 기초하여, 일반학급 내에서 영재아동을 위해 세심하게 계획되고 운영되는 교육 기회는 바람직하고 필수적이다.

재정 문제

일반학급에서 영재아동에게 서비스를 제공하는 것은 종종 영재 전문가가 학생들과 공부하기 위해 학급에 들어오는 것을 포함한다. 학습 자료실에서 영재아동 집단과 함께 일하는 전문가는 여러 학급을 순회할 때 모든 학생에게 효율적으로 접근하기가 어렵다. 예컨대, 두 개의 학교에서 2~5학년 영재 60명에게 도움을 주는 풀 아웃 프로그램을 운영하는 학습 자료실 교사를 고용한 교육청을 생각해 보라. 각 학교에서 교사가 학생을 학습 자료실에 데리고 온다면, 4개 집단의 아동과 함께 수업시간을 가져야 할 것이다. 이렇게 시간을 배열한다면 각 학교에서 일주일에 이틀 동안 수업을 하면 된다. 대신에 16개 학급에서 동일한 교사가 영재아동 집단과 함께 공부해야 한다면, 수업 시간은 분절될 것이고 학생을 이해하는 것은 불가능할 것이다. 이 경우 영재 전문가가 추가적으로 고용될 필요가 있다. 그 교사가 중학교 교과 수업에 들어간다면 전체적으로 매우 복잡하고 비용이 많이 들 것이다.

통합 영재 프로그램을 효과적으로 운영하기 위해 직원을 배치하는 데 소요되는 재정은 풀 아웃 프로그램의 3배가 될 수 있다. 우리가 알고 있는 한 교육청은 학급 내 프로그램을 실시하고 있으며, 풀 아웃 프로그램을 위해 1.5명의 영재 교직원을 고용하고 일반학급에 영재아동과 함께 일하는 6명의 전임 교직원을 고용하고 있다. 4.5명의 새로운 직원배치는 직원 봉급과 보너스로 연간 약 16만 달러의 추가 비용이 발생한다. 그 교육청의 교육장과 교육위원회는 새로운 교직원의 추가 배치가 각 영재아동에게 맞는 서비스 수준이 풀 아웃 체제에서만큼 높게 유지되는 유일한 길임을 인식하게 될 것이다. 이것은 특수한 예지만, 계속되는 재정투자의 문제를 조명하는 데 도움이 되고 여러분이 프로그램을 결정할 때 재정을 고려하는 데 도움이 될 것이다.

또한 현직 연수에 따른 비용도 고려해야 한다. 통합 프로그램에서 일반학급 교사는 영재아동을 위한 적절한 학습기회를 제공하는 데 책임이 있다. 이것은 교사가 영재성을 이해하고, 수업을 차별화하고, 영재학생의 부모와 함께 일하고, 독특한 사회적 · 정서적 이슈(예: 완벽주의, 민감성)를 다루는 연수가 필요하다는 것을 의미한다. 하루 또는 이틀 동안의 연수만으로는 교사가 학급에서 영재아동과 함께 성공적으로 교수-학습을 진행하는 데 충분한 도움이 되지 않을 것이다.

"모든 영재아는 불합리한 행정과 재정 부족의 인질들이다."

– 로셀린 브라운(Rosellen Brown)

❖ 인사 문제

차별화는 과중한 업무와 스트레스에 시달리고 있는 교사의 주의를 받는 여러 토픽들 중의 하나다. 교육청이 교사 연수를 위한 재원을 마련하고 영재교육을 위한 통합 프로그램을 철학적으로 지지한다고 하더라도, 다른 모든 사람들처럼 교사도 어떤 문제를 강조하고 어떤 문제에 주의를 기울여야 하는지에 대하여 선택해야 한다. 많은 경우에 갈등을 겪고 있거나 또는 쉽게 이해하고 잘 수행하는 아동들보다 뒤처지는 아동의 요구를 평가하는 것은 인간의 본성이다. 교사와 학교의 수행은 얼마나 많은 아동이 교과 영역 능력 시험에 통과하는지에 기초하여 평가된다. 통합 프로그램의 일부 문제는 교사가 영재아동의 요구를 교육의 우선순위에서 어디에 두느냐이다. 또한 교육청이 추구하는 목적이나 행정과 수업이 강조하는 것이 무엇인가에 따라 일반학급에서 교사가 학생들의 다양한 요구를 수용해 주는 방법에 영향을 준다는 것이다.

영재 전문가를 학급에 불러들이는 것은 통합 프로그램의 핵심적 요소다. 이러한 점에서 일반학급 교사는 다른 교사들보다 더 융통성이 있다. 일부 교사는 기쁘게 영재교사를 초청하고, 이들 전문가와 함께 일하는 데 만족한다. 그렇지만 홀로 가르치는 것을 좋아하고 다른 전문가를 환영하지 않는 교사들도 있다. 일부 교사는 방문자가 자신의 수업을 평가하기 위해 거기에 있다고 생각하면서 못마땅해한다.

또 다른 문제는 소수 집단 영재아동은 어떻게 서비스를 받느냐다. 여러 방식으로 차별화된 학급은 아동의 학습을 촉진하기 위한 모형을 제시한다. 교사가 개별 학생에 따라 차별화할 때, 재능과 능력이 표출되고 꽃을 피울 기회를 갖게 된다. 그러나 매우 제한된 영어 구사 능력을 가진 영재학생에게 무엇이 일어나기 쉬운가? 교사는 항상 그 학생을 다른 LEP(Limited English Proficient) 아동 혹은 ESL(English as a Second Language) 교사와 함께 집단편성을 해야 하는가? 수학문제 또는 건축 설계를 공부할 때, 여학생이 이러한 문제를 공부하는 것에 대해 곱지 않은 시선을 가진 소년들과 공부하는 영재 소녀들은 어떻게 되는가? 협동집단에서 행동이 문제가 되는 아동은 어떻게 되는가? 교사의 초점은 어디로 두어야 하는가?

영재아동의 비학문적 요구는 또 다른 중요한 고려사항이다. 한마디로 영재아동은 열정적이다. 즉, 그들은 지나치게 지각적이고 과도하게 몰입하며 민감하고 완벽주의적인 경향이 있다. 동시에 그들의 신체적 · 정의적 발달은 지적 발달에 비해 뒤처질 수 있다. 또한 인지 발달은 종종 높은 계산 능력을 갖고 있지만 공간 능력은 취약한 영재아동에게 균형이 맞지 않을 수 있다. 많은 경우에, 영재아동은 어른과 다른 아동으로부터 지나친 기대에 직면하고, 세계적 차원의 문제에 무력감과 소외감을 느끼며 자신을 이해하는 친구를 찾는 데 어려움을 나타낸다. 일부 교사들은 이들 요구에 민감하지 않다. 많은 교사가 호의적이지만, 그들의 역할은 상담을 하는 것이 아니라 가르치는 것이다. 신뢰할 수 있는 영재 프로그램에서 영재의 사회적 · 정서적 측면이 다루어져야 한다.

불편한 진실은 일부 학교가 교직원과 예산을 모두 줄이기 위한 방법으로 통합 프로그램을 이용한다는 것이다. 이와 관련된 이슈를 이해하는 것은 여러분이 이런 종류의 상황을 피하는 데 도움을 줄 것이다. 통합 프로그램 하나만으로는 영재 프로그램을 만들지 못한다. 여러분이 프로그램 선택을 계획할 때, 영재 서비스의 학급 내 요소를 지나치게 강조하지 않도록 주의하라.

영재학생을 위한 특별학급

일반학급 환경 밖에서 영재학생을 위해 특별 수업과 학습을 제공하는 흥미로운 방법이 많이 있다. 여기에서는 풀 아웃 학급, 독립 영재학급, 능력별 집단학급, 상급학년 배치 프로그램, 가중치 적용 성적, 세미나 등을 살펴보자.

풀 아웃 학급

일부 학교는 중학교 단계에서 풀 아웃 프로그램을 제공하지만, 영재학생을 위한 풀 아웃 프로그램의 대부분은 초등학교 단계에서 운영되고 있다. 전형적으로 풀 아웃 프로그램의 영재교사는 어느 곳에서든 1회 모임시간(일반적으로 일주일에 반나절 또는 온종일)동안 10~30명의 아동을 만난다. 월요일은 3학년에 배치되고, 화요일과 수요일은 4~5학년의 혼합 연령 집단에 편성된다. 목요일은 풀 아웃 교사가 일반학급에 들어가서 모델 수업을 수행하는 날이고, 금요일은 많은 행정적 과제를 위해 편성된다.

일반적으로 풀 아웃 프로그램의 구조가 일관적이지만, 거기에서 진행되는 학습의 초점은 다양하다. 우리가 종종 보아 온 이 프로그램을 운영하는 세 가지 상이한 방식은 다음과 같다.

- **다년 교육과정** 가장 잘 운영되고 있는 일부 풀 아웃 프로그램에서, 영재 담당교사는 한 학년에서 다음 학년까지의 주제를 구성하는 다년(multi-year) 교육과정을 구성한다. 변화와 적응을 다년 주제하에서 연구할 때, 4학년 학생은 환경 변화에 중점을 두고, 5학년 학생은 민주주의, 군주제, 독재정치하에서 일어나는 정치와 변화를 고려한다. 그리고 6학년 학생은 북아메리카의 여러 지역에 있는 가정의 역할 변화를 조사한다. 다년 연결이 학생을 위한 매우 풍부한 경험을 제공할 수 있다하더라도, 이 유형의 프로그램은 풀 아웃 프로그램에서 가장 공통적으로 사용되는 접근은 아니다.
- **정규 교육과정 확장** 이 접근 내에서 풀 아웃 교사는 풀 아웃 프로그램의 내용과 학급 교육과정을 연결한다. 예컨대, 4학년 과학 과정에서 태양

계를 다룬다면, 우주 과학의 심층 탐색이 풀 아웃 프로그램의 일부가 될 수 있다.

- **지역적 · 전국적 심화 프로그램** 많은 심화 프로그램(예: 정신 오디세이, 미래 문제 해결 프로그램, 과학 올림피아드)은 풀 아웃 프로그램의 교육과정과 구조의 기초로서 도움이 될 수 있다. 그 다음에 추가적인 활동은 이들 프로그램에서 학생 성공의 기초가 되는 논리적 · 창의적 사고 기술에 집중될 것이다. 보다 많은 심화 및 지지 프로그램은 이 장 후반부를 참조하기 바란다.

위에서 언급되지 않은 또 다른 접근은 자원 교사 자신의 흥미와 열정에 기초하여 풀 아웃 프로그램이 결정되는 것이다. 이 경우 역동적이고 유능한 교사에 의해 프로그램 내용은 탁월한 것이 될 수 있다. 그러나 덜 숙련된 교사가 이런 형태의 풀 아웃 프로그램을 운영할 경우 프로그램은 일관성을 잃게 될 것이다.

피라미드 프로젝트 계획과 관련되는 연구가 수행될 때, 연구자들은 풀 아웃 학급이 초등학교 수준에서 영재아동에게 도움을 주는 가장 유용한 방법이라고 주장한다. 오늘날에도 다양한 유형의 풀 아웃 프로그램이 전국적으로 실시되고 있다. 영재아동에게 제공되는 다른 모든 프로그램처럼 이 프로그램도 장점과 단점을 갖고 있다.

풀 아웃 학급의 장점

- 이 학급은 영재학생에게 지적인 동료들과 함께 하는 기회와 개인적인 장점을 이용하는 '모험들'을 공유하는 기회를 매주 제공한다. 풀 아웃 학급의 아동들은 감기에 걸리고 몸이 매우 안 좋은 상태에서도 결코 결석하지 않았다.

- 풀 아웃 학급의 교육과정은 개인적 재능과 흥미가 충분히 탐색될 수 있을 만큼 개방적이다. 흥미와 가치 있는 프로젝트를 설계하는 자유는 풀 아웃 교사와 참여 학생의 상상력과 기술을 자극한다.
- 풀 아웃 자원 교사의 고용은 경제적 측면에서 해당 교육청에 이득이 된다. 일반적으로 풀 아웃 학급을 담당하는 교사는 다중 학년 수준에서 모든 영재학생을 이해하고 많은 학부모의 전화 상담을 한다. 또한 풀 아웃 교사는 종종 현직연수 발표 또는 학급 내 수업을 수행하고, 여러 청중들과의 어려운 의사소통을 요구하는 무수한 일을 수행한다.
- 일반적으로 풀 아웃 프로그램에서 교사는 몇 년에 걸쳐 같은 아동을 보아 왔기 때문에 개인적 수준에서 영재아동과 그들의 가족을 알게 된다. 종종 이것은 위기 또는 변화의 시기에 매우 도움이 되는 것으로 입증되었다.

풀 아웃 학급의 단점

- 학급 교육과정과 풀 아웃 프로그램 경험 간의 신중한 조절이 부족하다. 이는 일부 교사가 "모형 비행기 제작은 4학년 과학과 어떤 관계가 있는가?"와 같은 질문을 제기하게 한다.
- 일반적으로 풀 아웃 학급을 위해 추가된 교육과정이 전혀 없기 때문에, 흥미를 제공하지 못하고 고등수준의 학습과 거의 관련이 없는 활동에 참여하는 것을 생각해 볼 필요가 있다. 확실히 교사가 선정하는 교육과정 자료와 지침에는 단점이 없으나, 일부 교사는 학생의 장점을 이용하기보다 자신의 개인적 흥미를 강조하는 프로젝트를 수행하는 데 몰두한다.
- 영재아동이 일주일에 하루 일반수업을 떠나는 것을 싫어하는 일부 교사가 있다. 때때로 교사는 이러한 분개를 학생에게 표시하기도 한다. 교사는 아동이 빠뜨린 숙제를 다시 수행하게 하고, 영재아동이 풀 아웃 학급

에 가는 날에 주요 시험을 계획하거나 중요하고 새로운 토픽을 소개하고, 풀 아웃 수업 일에 학급 파티 또는 현장학습을 계획함으로써, 영재학생이 어쩔 수 없이 어느 하나를 선택하게 한다. 이러한 매우 비전문적인 행동은 드문 경우이지만 일어나고 있으며, 이는 학생, 교사, 영재 프로그램에 불행한 결과를 유도한다.

- 영재아동이 영재수업으로 인해 어쩔 수 없이 일반수업에 하루는 빠져야 하기 때문에, 일부 학급교사는 그 주의 나머지 수업일 동안 영재아동을 위해 다른 차원의 학습 기회를 제공해야 함에도 불구하고 이를 실행하지 않을 수 있다. 교사들은 영재아동이 보살핌을 충분히 받았다고 생각하고, 다른 일반학생의 요구를 충족시켜 주는 데 초점을 맞출 수도 있다.

"영재학생은 매일 거의 모든 학문분야에서
그들의 학문적 요구가 충족되어야 한다.
일주일 한 번 또는 두 번의 별도 경험만으로는 충분하지 않다."
– 카렌 B. 로저스(Karen B. Rogers)

피라미드 모형에 따라 일반학급에서 영재아동을 가르칠 때와 같이, 풀 아웃 프로그램의 단점을 극복하는 방식에는 여러 가지가 있다. 자원교사가 프로그램에서 무엇을 하고 그것이 교육과정과 어떻게 연계되는지를 설명하는 뉴스레터를 배포하는 것이 하나의 예다. 또 다른 유용한 전략은 자원교사가 하루 종일 학급교사와 임무를 교대하는 것이다. 이것은 학급교사에게 교사가 선택한 어떤 프로젝트에 영재학생 집단과 함께 연구할 수 있는 기회를 제공하고, 영재교사에게는 학급교사가 고민하고 있는 이슈를 바라볼 수 있는 창을 제공한다. 또한 자원교사는 학급교사와 함께 공동으로 수업을 진행할 수 있을 것이다. 풀 아웃 프로그램은 건전한 의사소통, 상호 이해, 그리고 우호적인 건의에 기초하여 쇠퇴하거나 또는 번영할 수 있다.

❖ 독립 영재학급

초등학교 영재아동의 학부모들은 대부분 아동들이 모두 영재로 판별되고 영재들이 매일, 매년 함께 머무르는 학급에서 꿈이 실현되는 것을 생각한다. 그리고 몇 가지 방식에서 이 상황은 지적인 동료 집단 간에 높은 성취를 격려하는 최선의 방법이 될 수 있다.

독립 영재학급(self-contained gifted classroom)을 지원하는 교육청은 단지 초등학교 수준에서만 독립 영재학급을 제공한다. 능력별 집단편성이 학문적 교과에서 학생을 배치하는 데 사용된다면, 중 · 고등학교에서도 사실상 독립 영재학급이 존재할 수 있다. 그러나 모든 교과를 위한 진정한 독립학급을 구성하기란 어려운 일이다.

다른 영재 프로그램처럼, 독립 영재학급에도 장점과 단점이 있다. 긍정적 측면에서 다음과 같은 장점이 있다.

- 수업은 고등 사고와 도전적 내용에 맞게 조정된다.
- 독립 영재학급에 참여하고 있는 학생의 성취 수준이 풀 아웃 형태의 프로그램에 참여하고 있는 영재아동보다 높다는 증거가 있다.
- 가장 작은 교육청에서는 독립학급과 관련된 추가적인 비용이 전혀 없다. 예컨대, 여러분의 교육청에서 전형적인 4학년 학급이 28명의 아동을 수용하고 있다면, 여러분은 영재학급에 비슷한 수의 영재아동을 배치할 수 있을 것이다. 이들 아동은 어떤 곳이든지 배치되어야 한다. 따라서 그들을 함께 배치하는 것은 자금이 부족한 교육청의 경제적인 선택이다.
- 아동은 지적인 동료와 같은 집단에 배치된다. 따라서 그들은 영재와 관련된 이슈들, 즉 동료 압박, 완벽주의, 어른들의 비현실적 기대 등을 서로 쉽게 이야기할 수 있다.
- 일반학급에서 억제를 당하거나 또는 교사의 관심을 받지 못한 영재학생

의 경우, 독립 영재학급은 이들이 자기 재능을 활짝 펼칠 수 있는 공간과 시간을 제공한다. 교사는 매일 이들 학생을 관찰하고 함께 연구하는 기회를 갖는다. 또한 독립 영재 학급 자체가 지지와 격려의 환경이 되는 기회가 된다. 영재아동은 다른 환경보다 독립 영재학급에서 영리하고 보다 일관성 있게 빛을 발하는 경우가 종종 있다.

독립 영재학급의 약점에는 교육적인 것과 정치적인 것이 있다.

- 만약 독립학급이 3년 또는 4년 동안 지속된다면, 독립학급에 있는 아동들은 같은 학년의 다른 아동들과의 상호작용을 거의 경험하지 못할 것이다. 이것은 모든 아동이 다른 상황(예: 체육교육, 예술, 음악, 점심)에서 함께 시간을 보내도록 배려함으로써 개선될 수 있다. 일부 교육청은 독립학급의 아동들을 2~4개 일반학급에 배치함으로써 이 문제를 해결하려고 한다. 그 다음 영재아동은 다른 아동과 일상적으로 상호작용한다.
- 특정 연도에 어느 한 학년에서 판별된 영재아동이 너무 적거나 또는 너무 많다면, 여러 문제가 일어날 수 있다. 예컨대, 특정 연도에 단지 14명의 아동만이 독립학급에 들어올 자격이 있어 딜레마에 빠져 있는 교육청이 있다고 하자. 이 경우 학급 크기를 14명으로 유지하거나 또는 영재로 확인되지 않은 일반아동을 그 학급에 배치하는 것이다. 만약 이러한 상황이 여러분의 교육청에서 일어났다면, 여러분은 어떻게 결정하겠는가? 한편, 특정 연도에 어느 한 학년에서 영재로 판별된 아동이 지나치게 많을 수도 있다. 예컨대, 30명만이 독립학급에 배치될 수 있는데 판별된 영재아동이 35명인 경우가 그 예다. 그렇다면 영재교육 위원회는 누가 그 학급에서 배제되어야 하는지를 결정하는 문제에 부딪히게 된다. 어떤 조정자도 해당 부모에게 전화를 걸어 "당신의 자녀가 영재학급에 들어갈 자격이 있지만, 영재학급의 수용 인원에 한계가 있어 당신의 자녀를 들

여보낼 수 없어 유감입니다."라고 말하는 것을 원하지 않을 것이다.

- 일부 교사, 부모, 학생의 입장에서 학교는 엘리트 아동 집단을 선발하고 그들을 다른 아동으로부터 분리시키고 있다는 생각을 갖게 할 수 있다. 그리고 독립학급은 종종 우월감을 가져오게 하면서 영재아동에게 일종의 '온실' 효과를 일으킬 수 있다. '영재'와 '비영재' 간의 구분이 분명해진다.
- 교사는 모든 고성취 학생이 일반학급을 떠나가고 다른 학생들의 학문적 역할 모델이 없어지는 것에 대하여 걱정한다. 탁월한 능력의 학생이 없을 때 일반학생이 활기를 잃는다는 아무런 증거가 없는데도, 이러한 인식은 여전히 많은 사람의 마음속에 존재한다. 이와 관련하여 때때로 어떤 교사는 학급에 영재학생이 없다면, 나머지 일반학생을 위해 더 이상 교육과정을 차별화해야 할 이유가 없다고 결론을 내린다. 이것은 차별화의 목적, 즉 수업을 모든 아동의 요구에 맞추는 것을 이해하지 못한 데서 비롯된다.

학문적 엄격성은 영재학생을 위한 대부분의 독립학급의 가장 큰 잠재적 장점이다. 독립학급의 성패는 교육과정이 어떻게 운영되는지에 달려 있다. 모든 학생이 같은 시간에 같은 책을 읽고, 같은 시험을 보고 있는 독립학급이라면, 독립학급으로서의 가치가 거의 없다. 이러한 독립학급에서는 학생들이 개별적으로 지니고 있는 능력과 요구를 충분히 반영하지 못하고 있다. 결국, 이름만 독립학급일 뿐이다. 독립학급이 제 기능을 하기 위해서는 교육과정과 교수방법이 아동의 특수 요구를 만족시키기 위해 수정될 필요가 있다.

능력별 집단학급

능력별 집단학급 편성은 일반적으로 중·고등학교에서 일어난다. 능력별 집단을 위한 가장 공통적인 두 개의 교과는 수학과 언어다. 사전의 높은 수행 또는 높은 잠재력에 기초하여, 학생들은 이들 교과에서 높은 능력을 공유한 다른 학생들과 함께 학급이 따로 편성된다. 대부분의 경우에 교사들은 영재교육에 대해 훈련받지 않는다. 그러나 많은 교사들은 종종 이들 학생들에 대해 높은 기대를 갖고, 학생들이 알고 있는 것을 보여 줄 수 있도록 보다 다양하고 복잡한 방식을 허용한다.

몇 년 동안 특히 중학교 수준에서 능력별 집단편성의 장점에 관한 활발한 논쟁이 있었다. 한 다링(Han Darling), 로버트 슬라빈(Robert Slavin), 지니 오크스(Jeannie Oakes), 린다 다링-하몬드(Linda Darling-Hammond) 등과 같은 비평가들은 지각된 지적 능력에 기초하여 일부 아동을 다른 아동과 분리시키는 것은 민주주의 사회에서 불공평하다고 주장한다. 그들은 아동의 뛰어난 능력에 기초하여 학급이 편성되었을 때, 열등학급을 담당하는 교사들은 그들 학생에 대해 낮은 기대를 갖는 경향이 있는 반면, 고성취 학생들은 학문적 한계에 도전하도록 유도된다. 또한 능력별 집단편성에 대한 비평가들은 똑똑한 학생들이 다른 학급에 모두 배치되었을 때 다른 아동의 역할모델의 부족을 언급한다. 또한 이들 비평가들은 모든 아동이 영재들이 받는 수업과 교육과정의 유형을 제공받는다면 그들이 현재 성취보다 훨씬 높은 수준에 도달할 것이라고 주장한다.

그럼에도 불구하고, 영재아동들이 학문적으로 함께 집단편성이 되었을 때 도움이 된다는 많은 증거가 있다. 카렌 로저스(Karen Rogers)의 연구는 제임스(James)와 천-린 쿨릭(Chen-Lin Kulik)의 연구만큼 이 점에서 매우 탁월한 것이다. 여러 연구에서 능력별로 집단편성된 학생들의 지식 범위와 깊이는 능력별 집단편성이 되지 않은 영재아동들과 비교했을 때 증가된 것으로 나타났다.

능력별 집단편성 반대자와 찬성자가 의견 일치를 보이는 핵심적 사항은 융통성 없는 배치로 학생을 '배열하는' 것은 바람직하지 않다는 것이다. 예컨대, 뛰어난 능력을 가진 학생을 위한 영어학급에 배치된 학생들은 자동적으로 우등 수준의 수학 또는 과학 강좌에 포함되어야 하는 것은 아니다. 이들 수학과 과학 교과는 개별 학생의 장점 영역이 아닐 수 있고, 우등 영어학급에 선택되지 않은 학생들의 장점이 될 수 있다. 여기에 다음과 같은 중요한 특징이 있다. 능력별 집단편성은 특정 교과의 재능에 기초하여 이루어진 융통성 있는 배열이다. 반면, 진로 배열(tracking)은 우등 수준 또는 비우등 수준에 학생을 융통성 없이 배치하는 것이다. 진로 배열을 주장하는 교육자들을 발견하기가 쉽지 않다. 그러나 많은 사람은 능력별 집단편성이 타당하다고 생각한다.

능력별 집단편성에 대해 여러분의 교육청에서 논란이 많은가?

능력별 집단편성은 여러 가지 측면에서 유용하다. 만약 여러분의 교육청에서 능력별 집단편성에 대해 논란이 많다면, 여러분이 취할 수 있는 단계는 다음과 같다.

1. 로저스의 연구를 읽고 학교위원회 구성원과 함께 그것의 핵심 사항을 공유하라. 그녀의 책, 『영재교육 개혁(*Re-Forming Gifted Education*)』은 집단편성에 관한 매우 유익한 내용을 포함하고 있다. 또한 텍사스 영재교육학회(Texas Association for the Gifted: TAGT)의 2002 겨울호에서는 집단편성 문제를 다루고 있고, 로저스의 논문과 더불어 여러 학자들의 논문이 소개되어 있다.
2. 진로 배열과 능력별 집단편성의 실제적 차별이 무엇인가를 설명하라.
3. 능력별 집단편성 학급의 중요성에 대하여 학교 운영위원회에 설명하기 위해서 능력별 집단편성 학급에서 많은 도움을 받고 있는 학생을 선발하라.

4. 만약 어떤 문제가 제기된다면, 능력이 낮은 아동을 위한 서비스는 영재를 위한 능력별 집단편성과 별개의 문제임을 강조하라. 여러분의 관심은 영재학생을 위한 선택들을 개발하고 유지하는 데 있다. 영재학생들이 다른 학생들보다 '특별한 대우를 받아야 한다.'는 것이 아니고, 지능 또는 능력의 수준에 맞는 수업을 그들에게 제공하는 것은 특별한 대우가 아니다. 우리가 모든 학생을 위해 하고자 하는 것, 즉 그들의 요구를 프로그램에 반영하고 이들 요구에 맞는 학급을 편성하는 것은 합법적이고 필요한 노력이다.
5. 펠릭스 프랑트푸르터(Felix Frankfurter)의 아래의 인용글로 끝을 맺어라.

"불평등한 것을 평등하게 대우하는 것보다
더 불평등한 것이 없다는 것을 말하는 사람이 바로 현명한 사람이다."

– 미국 대법관 프랑크푸르터
(U.S. Supreme Court Justice, 1939~1962)

❖ 고등학교 우등학급 및 상급학년 배치

영재 고등학생에게 제공되는 특별 프로그램에는 세 가지 유형이 있다. 우등학급은 학교가 제공하는 속진 및 도전 교육과정으로, 고급 강좌들이 있다. 현재 우등학급은 중학교와 고등학교에서 운영된다. 이중 등록(concurrent enrollment)은 고등학생들에게 대학 수준의 수업을 제공해서 대학 학점을 이수하도록 한다. AP(Advanced Placement: 상급학년 배치)는 국제적으로 형식화된 제도로서 고등학교를 다니는 동안 학생들에게 대학 수준의 강좌를 수강하는 기회를 제공한다. 전 세계적으로 13만여 개의 중등학교가 참여하고 있다. 19개 교과 영역에서 제공되는 33개의 특별 AP 강좌가 있다. AP 프로그램에 관한 정보를 더 얻기 위해서는 이 책 후반부에 있는 참고 자료를 보라.

이러한 프로그램들은 대학입학 준비에 강조를 두고 있다. 영재학생은 5학년과 8학년 사이에 어느 곳에서든지 대학을 위한 준비를 시작해야 한다. 학생들과 그들의 부모에게는 최소한의 대학 선택 안내, 사설 장학제도에 관한 정보, 그리고 중 · 고등학교 때 수강해야 하는 강좌의 추천 목록이 제공되어야 한다. 또한 이 시기는 학생들의 포트폴리오와 이력서를 준비해야 하는 때다.

초등학교와 중학교에서 독립학급과 능력별 집단편성 학급에 대한 많은 논쟁점이 고등학교의 우등 강좌에서도 비슷하게 일어나고 있다. 여기에서 논쟁 사항을 반복하고 싶지 않지만, 논쟁점은 다음과 같은 이유에서 고등학교에서는 일반적으로 심각하지 않다.

- 고등학교 수준에서 학생의 다양한 미래 지향적인 욕구를 다루기 위해 제공하는 선택적 프로그램은 오랜 역사를 가지고 있다. 따라서 진로 강좌, 우등 강좌, 심화 예술 프로그램, 그리고 다른 선택 프로그램 등이 일반적으로 쉽게 수용된다.
- 고등학교 2학년과 3학년 시기에 학생들의 학업 시간표는 일반적으로 상당한 융통성과 선택이 제공된다. 사실상 일반학교 수업 중에 우등학생이 '학교 내 대학 강좌' 또는 인터넷 기반 대학 강좌를 수강하는 것은 일반적인 현상이다.
- 대학 및 대학교, 특히 선택적 또는 경쟁이 치열한 기관은 우등학급과 AP 이수 여부가 입학에 중요한 영향을 미친다. 또한 대학의 장학금은 종종 고난도의 강좌 과제를 수행하는 학생의 능력 및 의지와 관련된다. 따라서 우등학급에 참여하지 않으면, 대학 진학에 불리하게 작용한다. 이것은 대학이 그들의 입학 조건을 변경하지 않는 한 사실이다.

누가 우등 강좌 혹은 AP 강좌에 들어와야 하는지에 대한 문제는 때때로 이슈가 된다. 그러나 대부분의 학교는 학문적 재능 욕구를 표현하려는 학생에게 도움을 주려고 노력하고 있다. 사실상 우등 강좌 수강 허용에 대한 가장 공통적인 기준은 학생이 선행 필수 강좌를 만족스럽게 성취했는가(평점 C 또는 그 이상)이다. 다시 말하면 이것은 대부분의 대학교에서 운영하고 있는 제도와 유사하다. 우등 강좌의 학생 배치에 대하여 특별히 관심을 가져야 하는 유일한 시기란 학부모는 자녀가 강좌에 참여하기를 요구하지만, 학생은 강좌에 참여하기를 원하지 않을 때다.

AP 학급은 전국 단위의 내용 검사로 끝을 맺는다. 전국적인 대학은 이들 검사 결과에 기초하여 학점을 인정하기도 한다. AP 프로그램을 통해 30학점 이상을 취득하였을 때, 고등학교 고능력 3학년 학생이 대학 2학년 학생으로 입학하는 것은 이상한 일이 아니다.

고등학교의 AP 강좌와 시험이 갖고 있는 공통적인 약점 두 가지는 다음과 같다.

첫 번째 문제는 교육과정과 관련된다. AP 강좌는 매우 구조화되어 있다. 예컨대, AP 생물학 강좌를 가르치는 교사는 그 강좌를 수강하는 모든 학생들이 배워야 할 공통된 교육과정을 운영해야 한다. 일부 교사들은 공통 교육과정에서 벗어나 선택 교과에서 그들이 중요하다고 생각하는 것을 가르친다. 이들은 유순한 젊은 학생들과 함께 공부하는 것을 즐기는 훌륭한 교사일 수도 있지만 AP 프로그램에 참여하고 있는 학생들에게는 가혹한 일이 될 수 있는데, 그것은 학생들이 AP 시험에서 좋은 성적을 받을 수 없게 될 수 있기 때문이다.

AP 강좌는 종종 학교에서 가장 오래 근무했던 교사가 맡기 때문에 이 문제는 정치적인 것일 수 있다. 정년 보장 교사들이 최상위 능력 아동을 가르칠 기회를 얻었다고 느낄 수도 있지만, 그들이 학생들의 AP 시험 준비를 도와주겠다고 했을 때 AP 학급을 가르치도록 하는 것이 적절하다. 여기에서 윈-윈하는 방법은 두 가지 유형의 우등학급, 즉 ① AP 교육과정을 철저하게 따르는 AP 강좌, 그리고 ② AP에 기초를 두지 않은 우등 강좌를 제공하는 것이다. 이렇게 하면 AP 교육과정을 싫어하는 교사들은 AP와 관계 없는 우등학급에 배치될 수 있다.

또 하나의 문제는 일부 학교에서는 AP 시험에 관하여 학생들에게 공지하지 않는다는 것이다. AP 시험은 선택적이다. 그러나 시험을 보지 않는다면, 학생들은 대학 학점을 취득할 수 없다. AP 시험은 비용이 들지만 주 정부로부터 재정적 보조를 얻을 수 있다. 학생들이 AP 시험을 보도록 격려하고 시험 비용 보조에 관한 정보를 제공하는 것은 고등학교 교사들의 의무다. 학생이 지급하든지 또는 재정적 보조를 받고 지급하든지, 수업료는 무료이고 3~4개 대학의 학점을 취득하기 위해 지불하는 비용은 적은 편이다.

가중치 적용 성적

다음의 예를 고려해 보라. 여러분은 학급의 최상위 수준에서 졸업하고자 하는 의향을 가진 고등학교 학생이다. 여러분은 강좌 스케줄을 통해 고등 화학반과 보통 화학반이 개설되어 있다는 것을 알게 되었다. 고등 화학에서 A학점을 취득하기가 어렵다는 것을 알았을 때, 여러분은 일반 화학을 선택할 것이다.

가중치를 적용하여 성적을 산출(weighted grade)하는 학교에서는 위의 시나리오는 발생하지 않을 것이다. 가중 학점 부여는 고난도 수업의 도전적 과제를 기꺼이 수용하려고 하는 학생들에게 학점을 주는 것이다. 모든 종류의 계산 공식이 실제적인 셈을 하는 데 사용된다 하더라도, 그것은 다음과 같이 요약할 수 있다. 고등 화학의 B학점은 일반 화학의 A학점과 같은 등급에 해당된다. 우등 강좌에서 B는 평점 4.0을 취득하는 것이고, A는 평점 4.5 또는 5.0을 취득하는 것이다.

가중치를 적용하여 성적을 산출하는 하는 것에 반대하는 견해가 있다. 첫째, 학생이 자신의 일을 한 대가로 보상을 받아서는 안 된다고 생각하는 교육자들이 있다. 학생이 똑똑하면, 우등 강좌에 배치되고, 학습과제의 난이도 때문에 특별한 등급 부여를 고려해서는 안 된다는 것이다. 이들은 학력 수준이 낮은 학급은 특별한 지적 능력이 없는 학생들이 배치되기 때문에 그만큼 가르치기 어렵고, 높은 잠재능력 때문에 영재학생에게 추가 혜택을 주는 것은 잘못된 일이라고 주장한다.

두 번째 문제는 어느 강좌가 추가적인 가중치를 부여받아야 하는지를 결정하는 것과 관련된다. 대부분의 사람들은 아마 고등 미적법 또는 물리학은 가중치를 적용해서 성적을 산출해야 한다는 데 동의할 것이다. 그러나 예술 강좌 또는 체육 선택과목은 어떻게 해야 하는가? 이 문제와 관련하여 합리적인 해법은 어느 강좌를 가중치를 적용하여 성적을 산출할 것인가를 해당 학문 분야(영어, 역사, 수학 등)에 일임하는 것이다.

또 다른 문제는 전입 학생의 성적 증명서를 해석하기가 어렵다는 것이다. 실제로 가중치를 적용하여 성적을 산출한 고등학교 출신의 학생이 그 학점을 인정받지 못했을 때 법적 소송에 휘말릴 수 있다. 장학생 선발과 졸업생 대표 선정을 최종 성적으로 결정하는 경우, 새로 전입한 학생의 학점 5.0은 최상위 학점이 4.0인 제도에서 불균형을 초래한다. 여기서 요구되는 것은 정책으로 고등학교 교육위원회가 이 상황을 어떻게 다루는지 파악하는 것이다. 그것은 전입학생의 성적 증명서는 이러한 딜레마를 반영하기 때문에, 여러분의 학교가 가중치를 적용하여 성적을 산출하든지 그렇지 않든지에 관계없이 올바른 정책을 수행하는 것은 중요하기 때문이다.

몇 가지 문제점에도 불구하고 우리는 가중치를 적용하여 성적을 산출하는 방식의 유용성을 믿으며, 대학도 마찬가지다. 비록 많은 고등학습 기관들이 자체의 GPA(Grade Point Average)를 부여하고 있다 하더라도, 우등학급의 출현과 수월성 추구는 가중치를 적용한 성적 산출을 필요로 한다. 여기에서 중요한 사항은 가중치 적용 성적 산출은 영재아동이 강좌를 손쉽게 이수하는 것보다 자극과 도전감을 주는 강좌를 선택하도록 격려한다는 것이다.

세미나

중등학교에서 영재 프로그램을 운영할 때 어려운 문제는 일정표 만들기다. 풀 아웃 프로그램은 학생들의 시험, 집단 프로젝트, 모임 등에 영향을 미치기 때문에 풀 아웃 프로그램으로 인해 곤경에 처하기를 원하는 중등학교 교사는 거의 없다. 학생들 역시 풀 아웃 프로그램에 참여함으로써 영재학급이나 일반학급에서 부여한 많은 과제를 수행해야 한다는 어려움이 있다.

일부 교육청이 이 문제를 다루는 하나의 방법은 온종일 세미나를 시행하는 것이다. 오하이오의 트윈스버그(Twinsburg)에서 운영하는 프로젝트 플러스(Project Plus)는 7, 8학년 영재학생을 위한 프로그램이다. 프로젝트 플러스의 일부분으로, 매학기 이틀 동안 30~40명의 영재학생들은 직업 관련 토픽이나 일반적 흥미에 관한 학습에 온종일 시간을 보낸다. 이틀 동안 매일 첫 두 시간 동안, 강의, 영화, 인터넷 검색, 초빙 인사의 연설, 또는 시뮬레이션을 통해 토픽이 학생들에게 소개된다. 나머지 시간은 현장체험학습을 실시한다. 학생들은 여러 세미나에 참석함에 따라 삶의 독특한 측면들을 학습하게 된다.

교사들은 학기 초에 자신의 전문적 지식이나 흥미와 밀접하게 관련된 특별한 체험학습에 참석하고 싶은지와 자원 봉사자 목록을 작성하도록 요구받는다. 교사들은 일 년 동안의 세미나 일정을 알아야 하고 학생들은 밀린 숙제 또는 수업 프로젝트를 조정할 책임이 있다는 것을 알기 때문에 문제는 거의 없다. 사실상 지난 4년 동안 유일하게 한 학생만이 이 선택적 영재 프로그램에서 탈락되었다.

이 세미나의 또 다른 장점은 지역사회에 대한 학교의 서비스와 밀접하게 관련되어 있다는 것이다. 예컨대, 노숙인 거주지를 방문하기 전에 물품 배급에 필요한 목록을 수집한다. 지역 아동 병원을 방문한 다음에는 기금 조성을 위한 시와 음악의 밤 행사가 지역 도서관에서 개최된다. 이 행사를 통해 화상을 심하게 입은 아동을 여름 캠프에 보내기 위해 기금을 모금한다.

프로젝트 플러스는 세미나가 학교 또는 교육청의 영재교육 프로그램과 어떻게 통합될 수 있는가에 대한 일례를 보여 준다. 세미나는 중등학교 수준에서 다른 영재교육에 많은 비용을 들이지 않고 실행될 수 있는 프로그램이다. 세미나를 통해 학생의 흥미와 지역사회 자원을 함께 계발함으로써 모두가 승자가 된다.

프로젝트 플러스의 예:
오하이오 트윈스버그 중학교 세미나

법원에서 하루 보내기: 법의 직업과 실제

이 날은 FBI 요원의 방문으로 시작된다. FBI 요원은 학생들에게 범죄 수사와 범죄를 해결하기 위해 사용된 문제해결 과정에 관하여 이야기한다. 그 다음 학생들은 두 개의 서로 다른 법원을 방문하여 재판, 심문, 배심원 선택을 관찰한다. 또한 학생들은 법관들과 질의응답을 할 수 있는 기회를 갖고, 이어서 경찰 박물관을 방문한다.

컴퓨터, 모델 T, 그리고 경비행기: 발명을 통한 수학과 공학 이해하기

학생들은 역사 박물관에서 갖는 수학 학습의 날에 참석한다. 고대 운송수단과 역사적인 비행기에 대한 탐색(실제로 조작해보는 탐색)을 통해, 학생들은 대수학의 원리, 확률, 그리고 다른 수학적 개념을 적용해 본다. 그러고 나서 연방 은행을 방문한다.

소유냐 무소유냐: 대비에 관한 연구

여러분이 살고 있는 장소가 여러분의 위상을 결정하는가? 이 날에 학생들은 옛 귀족의 저택과 무주택자를 위한 쉼터를 방문한다. 이 두 장소에서, 학생들은 이들 주택의 역사와 이 장소를 고향으로 삼고 있는 사람에 대해 배운다.

영재학생을 위한 특수학교

영재학생을 위한 특수 공립학교는 다양하다. 예컨대, 마그넷 스쿨(magnet schools)이나 거버너스 스쿨(Governor's Schools), 예술 및 공연, 과학 및 공학 등 한 분야에 역점을 둔 개별 학교의 이름으로 알려진 특수학교가 그 예다. 이들 학교는 독립적으로 존재한다(예: 예술 교육에 헌신하는 대도시 또는 어느 지역의 공립학교). 그러나 종종 학교 내 특수학교로 존재할 수도 있다.

'마그넷 스쿨'이라는 용어는 적절하다. 왜냐하면 이들 학교는 다양한 특별 프로그램의 집중적인 교육으로 학생들을 유인하도록 설계되었기 때문이다. 모든 마그넷 스쿨이 엄격하게 영재학생을 위해 존재하는 것은 아니다. 주로 영재로 판별된 학생들에게 개방된 학교가 있다고 해도, 일반적으로 마그넷은 모든 학생들에게 개방되어 있다. 일부 마그넷 스쿨의 초등학교는 지역사회의 모든 영재 · 재능학급을 운영하고 있다. 따라서 부모가 자신의 아동이 전일제 영재 프로그램에 등록하기를 원한다면, 아동을 이 학교에 보내는 것에 동의해야 한다.

마그넷 개념의 불리한 면은 학생이 출석하기 위해 먼 거리에서 버스를 타야만 한다는 것이다. 이로운 면은 이러한 종류의 자발적 통학은 학교 내 다양성을 촉진하는 데 도움이 된다는 것이다.

대부분의 마그넷 스쿨에서 운영하고 있는 프로그램의 질은 우수하고, 이들 프로그램과 학교를 운영하는 데 드는 비용은 전형적인 초 · 중등 통합학교를 운영하는 데 드는 비용과 비슷하다. 물론 마그넷 개념은 규모가 큰 지역사회에서 가장 잘 운영된다. 시골 지역에 살고 있는 학생들은 대안적으로 다른 프로그램(예: 독립 연구)을 선택할 수 있다. 세계 모든 국가에서 이용할 수 있는 독립 연구 고등학교(Independent Study High School)에 대해서는 이 장 후반부의 참고자료를 보라.

영재학생이 고등 연구 프로그램에 참여할 수 있는 다른 기회들이 있다. 이 프로그램은 독립학교 또는 학교 내 학교 배치(a school-within-a-school arrangement)를 통해서 운영된다. 널리 수용되는 후자의 형태는 국제학사기구(International Baccalaureate Organization: IBO)다. 대략 1,200개의 인가된 IBO가 100여 개 국가에 있으며, 프로그램들에 대해서는 이 장 후반부의 참고자료를 보라.

마그넷 스쿨 프로그램의 예

스타게이트 차터 스쿨(Stargate Charter School, Thornton, Colorado)

유치원~중학교(K-8) 수준의 지적 영재아동을 위한 이 학교는 교사-부모의 강력한 파트너십을 바탕으로 지속적인 향상, 평생학습, 다양성, 자존감, 학습에 대한 사랑, 개인적 책임감, 그리고 역할 모델 등과 같은 핵심 가치를 함양한다. 프로그램은 교육청에서 제시한 교육과정에 기초하고 있고, 지적 영재학생에 알맞은 혁신적 수업전략을 이용한다. 주요 프로그램은 몬테소리 유치원, 개별화 학습 계획, 모든 수준의 외국어 수업, 다연령 학급, 지속적 발전, 포트폴리오, 체크리스트, 다양한 현장견학, 유명인사 초청 연설, 학부모의 직접적 참여 등이다. 이 학교 학생들은 지역사회 봉사에 적극적으로 참여하고 특별활동으로서 다양한 심화학습 프로그램에 참여할 수 있다. 학교는 연중 계속해서 학부모들이 아동과 함께 참여할 수 있는 학부모의 밤을 여러 차례 개최한다.

휘트니 영 중학교(Whitney M. Young Middle School, Cleveland, Ohio)

6~8학년 영재학생을 위한 오하이오 주의 유일한 공립학교로서 영재아동의 수준과 학습양식에 적합한 심화학습 경험을 제공하고, 창의성, 비판적 사고, 리더십 등을 계발하고 있다. 중학교 체계에 따라 한 학급의 학생들은 4개의 팀으로 구성되어 팀별로 수업에 함께 참여한다. 학생들은 기금 조성과 같은 여러 가지 자선 프로그램에 참여한다. 또래 간 중재와 가르치기는 이 학교에서 중점을 두고 있는 것이다. 학생들은 이 학교를 졸업한 후 주로 마그넷 고등학교나 사립학교에 진학한다.

사무엘 모세 중학교(Samuel Morse Middle School, Milwaukee, Wisconsin)

미국 교육부의 '수월성 학교'인 사무엘 모세 중학교의 목적은 '영재학생의 특수 요구가 이해되고 수용되고 있다는 것을 확신하는 것'이다. 이러한 목적은 우등 강좌, 프로젝트 중심의 수학/과학/공학 실험실, 외국어 몰입 수업, 예술 및 직업교육(댄스 공부 기술부터 주니어 고전 읽기까지 모든 것을 포함)과 같은 다양한 교육과정을 통해 구현된다. 거의 1,100여 명으로 구성된 학생회는 이 지역의 다양한 민족적, 문화적, 사회경제적 배경을 대표한다. 대략 1/3의 학생들은 교육청의 영재를 위한 마그넷 초등학교 출신이고, 그 나머지 학생들은 교육청에 소속된 학교 출신이다.

저명 학자 프로그램(Distinguished Scholar Program: DSP, Belleville, Illinois)

벨리빌 타운십 고등학교(Belleville Township High School West)에서 운영하는 DSP는 9~12학년의 영재학생의 요구를 만족시킨다. 이들 학생들을 위해 특별히 개발된 4년간의 교육과정은 학교 일정에 방해받지 않고 모든 우등 수업에 모든 학생들이 참여할 수 있게 한다. 종합적인 개인 상담 및 대학 상담 서비스가 제공되고, 수학, 역사, 과학, 인문학의 DSP 심화 프로그램에서는 가중치가 적용된 성적 산출 방법을 이용하고 있다. 교사를 선발할 때는 영재학생들을 가르치는 것에 대한 흥미와 전문적 기술, 내용 지식을 중시한다. 일 년에 25명의 학생이 저명한 학자로 인정받는다.

로버트 밀리칸 고등학교(Robert A. Millikan High School, Long Beach, California)

QUEST 프로그램(Questioning, Understanding, Engaging Success through Technology)은 학습에 대한 주제 및 문제해결 접근을 통해 여러 학문을 통합하는 교육과정이다. QUEST는 학생들을 실생활과 관련된 활동에 참여시키고, 연구를 위해 공학을 사용하며, 멀티미디어 발표물을 만들도록 한다. 인턴십과 도제에서처럼, 일 년 내내 개별 프로젝트를 수행하도록 한다. 9학년과 10학년에 매일 반나절은 다른 QUEST 학생과 함께 학제 간 수업에 적극적으로 참여한다. 나머지 반나절은 외국어 수업, 예술, 체육, 다른 활동을 한다. 11학년과 12학년에 개별적 흥미와 인턴십을 추구할 수 있도록 우등 강좌나 AP 강좌가 제공된다. 학생의 성공은 포트폴리오, 전시, 지필 시험, 자기평가, 지역사회 인사의 평가, 그리고 졸업 면접을 통해 판정된다.

기타 프로그램

영재 서비스의 피라미드의 안과 밖에 영재학생을 위한 두 가지 다른 기회, 즉 멘토십과 다양한 심화 및 지원 프로그램이 있다. 이들 프로그램은 학교나 방과 후 학교, 일반수업, 풀 아웃 학급, 특수학급이나 학교에서 운영된다. 또한 계속학습을 위해 방학 중에 운영되기도 한다.

멘토십

여러분은 학생과 관계를 맺고 폭넓은 교육기회를 제공하기 위해 전문가 멘토를 발굴해야 한다. 시에 적극적인 흥미를 가지고 있거나 책을 출판했던 교사는 작문 영재학생의 멘토가 될 수 있다. 지역 입법가는 법에 관심이 있는 학생의 멘토가 될 수 있다. 특별한 흥미와 성향에 따라 수학 영재학생은 회계사 혹은 건축사와 짝을 맺을 수 있다.

학부모와 상담 센터는 멘토 프로그램을 도와주거나 촉진시킬 수 있다. 이들은 학교와 지역사회에 멘토십에 참여할 인사를 요청할 수 있다.

멘토는 다음과 같은 일들을 해야 한다.

- 개별 학생이 자신의 기술, 재능, 지식 등을 발전시키도록 도움을 준다.
- 프로젝트에 대한 피드백을 제공한다.
- 학생의 관심 영역에 실제적 삶을 적용하도록 안내한다.
- 학생의 질문에 대답한다.

심화 및 지원 프로그램

영재교육 프로그램을 강화시킬 수 있는 심화나 지원 프로그램이 많다. 이들 중에서 몇몇 프로그램은 사회적 문제해결이나 윤리적 의사결정과 관련되면서 수학, 문학, 예술, 과학에 초점을 맞추고 있다. 다음의 예를 살펴보자.

> 유타(Utah) 주의 프레전트 그로브(Pleasant Grove)에 있는 크리스타 멕콜리프(Christa McAuliffe) 우주교육센터의 우주선에 승선한 학생들은 윤리적 문제에 부딪혀 곤경에 처해 있다. 그들은 다른 은하계에서 탈출한 노예인 룰(Rool)이 그들의 우주선에 승선하도록 허용해야 하는가? 승

무원의 위협에도 불구하고 룰의 시민권을 보호해야 하는가?의 문제를 고민한다. 우주선 보안 요원은 도망친 룰을 잡기 위해 접근하는 또 다른 우주선을 탐지한다. 보안 요원들은 경계 태세를 갖추고 우주선 선장은 28명 승무원에게 의견을 묻는다. 그들은 많은 시간이 없다. "방패를 들어라!"라고 선장이 외친다.

문제 중심 활동으로 구성된 심화 프로그램이 많다. 이러한 프로그램들은 열정, 이해, 책임감, 의사결정, 리더십 등을 통해 학생들의 인성 발달을 촉진시켜 영재학생들에게 유용한 측면이 매우 많다. 심화와 정규 교육과정을 통해 영재아동은 건전한 인격 특성을 함양할 수 있다. 성인들은 이러한 학생들의 발달에 촉진자가 될 수 있다. 잘 진행된 문제 중심 프로그램에서 학생들은 지역사회 요구와 관련해서 문제를 확인하고, 해결 계획을 수립해야 한다. 이 장 후반부에 다양한 심화 프로그램을 소개하였다.

여름방학 및 교외 프로그램

여름방학 및 학교 밖 프로그램은 학생들이 학교에 가지 않는 시간을 이용해서 추가적인 도전적 기회를 제공한다. 이들 프로그램을 설계하기 위해서는 다음 사항을 고려해야 한다.

- 어떤 도전적 경험을 제공해야 할 것인지를 알아보기 위해서 지역 학교들을 조사하라.
- 대학이 근처에 있다면, 그들이 제공하는 프로그램과 강좌에 어떤 것이 있는지를 알기 위해 해당 기관과 접촉하라.
- 지역사회 조직(예: 소년클럽, 소녀클럽, 스카우트, 4-H)에서 제공하는 교육 프로그램을 점검하라.

- 조언을 얻으려면 지역교육청이나 전문단체와 접촉하라.
- 영재아동 서비스를 위한 국공립 조직과 접촉하여 적절한 프로그램에 대한 조언을 구하라.
- 지역 영재 프로그램 코디네이터와 접촉하여 그들의 조언을 구하라.

대부분의 영재 프로그램 요소들을 조직할 때, 여러분은 이 장 마지막 부록에서 제시하는 〈영재 프로그램 구성 계획서〉를 활용하기 바란다. 이 계획서를 활용할 때는 3장의 피라미드 모형을 참고하라. 이 계획서는 지역교육청에서 오랜 시간에 걸쳐 개발된 대표적인 프로그램이다. 여러분이 처음부터 시작하거나 또는 기존의 프로그램 계획에 기초하여 시작한다면, 점진적으로 계획서를 작성하라. 여러분이 할 수 있는 가장 의미 있는 지원이 무엇인가를 먼저 확인한 다음, 확인된 지원을 효율적으로 해 줄 수 있는 적절한 프로그램을 학생들에게 제공한다면 여러분이 설정한 사명과 목표를 달성할 수 있을 것이다.

참고자료

집단편성과 차별화

- *Curriculum Compacting: The Complete Guide to Modifying the Regular Curriculum for High Ability Students* by Sally MReis, Joseph S. Renzulli, and Deborah H. Burns (Mansfield Center, CT: Creative Learning Press, 1992). 이 책은 교육과정 압축의 실제적 · 단계적 접근을 제시한다. 교육과정을 수정하고, 학생들에게 사전검사를 수행하고, 유치원에서 고등학교(K-12) 학년의 심화 선택을 준비하는 방법을 찾아라. 또한 초등학생 수준에 맞는 한 시간 분량의 안내 비디오를 입수할 수 있다(Storrs, CT: National Research Center on the Gifted and

Talented, 1992). 비디오 복사본을 얻으려면, 기관 웹사이트(www.gifted.uconn.edu/nrcgt.html)를 방문하여 "Resource List" 메뉴를 클릭하라.

• *The Differentiated Classroom: Responding to the Needs of All Learners* by Carol Ann Tomlinson (Alexandria, VA: Association for Supervision and Curriculum Development, 1999). 이 차별화 개론서는 차별화의 기본적 요소를 서술하고 차별화 방법을 학급에 적용하는 방법을 제시하고 있다.

• *Differentiating Instruction in the Regular Classroom: How to Reach and Teach All Learners, Grades 3-12* by Diane Heacox (Minneapolis: Free Spirit Publishing, 2002). 이 책은 차별화, 수준별 과제 작성, 교육과정 단원 설계의 행렬 계획, 단원 계획(내용, 과정 기술, 학습의 증거를 포함하는 계획)을 포함하는 전략 메뉴를 제시하고 있다.

• *It's About Time: Inservice Strategies for Curriculum Compacting* by Alane J. Starke (Manfied Center, CT: Creative Learning Press, 1986). 이 책은 교육과정을 압축적으로 수행하기 위한 단계적 지침을 제시하고 있다. 이 책의 주제로 정규 교육과정 압축 방법, 숙달 평가기법, 시뮬레이션 활동 등이 있다. 여러분이 서점 또는 도서관에서 이 책을 찾을 수 없다면 출판사 웹사이트(www.creativelearningpress.com)를 방문하라.

• *Leadership for Differentiating Schools & Classrooms* by Carol Ann Tomlinson and Susan Demirsky Allan (Alexandria, VA: Association for Supervision and Curriculum Development, 2000). 이 책은 개별 학습자의 요구를 다루는 차별화된 학급을 개발하려는 학교 지도자를 위한 실행 지침서로서, 학교 수준에서 활용될 수 있는 기법을 제시하고 있다.

• *Re-Forming Gifted Education: Matching the Program to the Child* by Karen B. Rogers (Scottsdale, AZ: Great Potential Press, 2002). 이 책은 개별 아동을 위한 최선의 선택에 관심이 있는 학부모와 교사 그리고 위원회에게 도움을 줄 수 있는 참고도서로서, 집단편성 실제와 속진 그리고 심화 선택이 논의되고 있다.

• *Teaching Gifted Kids in the Regular Classroom: Strategies and Techniques Every Teachers Can Use to Meet the Academic Needs of the Gifted and Talented* by Susan Winebrenner (Minneapolis: Free Spirit Publishing, 2001). 고전이라고 할 수 있는 이 책의 수정 · 증보 · 경신본은 통합학급 모형의 차별화 수업의 참고도서로서, 특별한 단원계획의 수립이나 준비 없이도 영재의 요구를 만족시키는 전략과 기법을 제시하고 있다.

• *Teaching Young Gifted Children in the Regular Classroom: Identifying, Nurturing, and Challenging Ages 4-9* by Joan Franklin Smutny, Sally Yahnke Walker, and Elizabeth A. Meckstroth (Minneapolis: Free Spirit Publishing, 1997). 이 책은 아동을 위한 프로그램과 교육과정을 개발하기 위한 종합 참고도서로서, 교육과정을 압축하고, 학생 발달을 상세하게 기록하고, 다중지능을 가르치는 실제적 전략과 기법을 제시하고 있다.

• **Davidson Institute for Talented Development**

www.ditd.org

이 연구소는 영재아동을 발굴하여 그들의 교육적 · 발달적 요구를 지원하고 있다. 이 연구소의 웹사이트는 교육자에게 도움이 되는 좋은 도구로서 영재의 모든 측면에 대한 종합적 정보를 제공하고 있다.

AP, 동시 등록, 대학 계획

- *College Planning for Gifted Students* by Sandra L. Berger (Reston, VA: Council for Exceptional Children, 1989). 이 책은 영재의 세심한 대학준비를 위한 방향과 정보를 제공하고 있다.

- *Think College? Me? Now? A Handbook for Students in Middle School and Junior High School* (Washington, DC: U.S. Department of Education, 1998). 이 온라인 정부출판물은 학생들에게 중등교육의 이점, 많은 선택기회, 대학 비용분석, 그리고 중등교육 준비에 필요한 코스와 활동을 설명하고 있다. 이와 관련된 내용은 웹사이트(www.ed.org/pubs/CollegeMeNow)에서 확인할 수 있다.

- **National Alliance of Concurrent Enrollment Partnerships**
  www.nacep.org
  이 웹사이트는 동시등록에 관한 정보뿐 아니라 미국과 캐나다의 대학과 대학교에 관한 정보도 제공한다.

- **College Board**
  www.collegeboard.org
  AP 프로그램에 관한 정보를 얻으려면 College Board와 접촉하라.

특수 프로그램과 학교

- **Independent Study High School(ISHS)**
  www.nebraskahs.unl.edu
  1929년에 14명의 네브라스카 크루크스톤(Crookston) 출신 고등학생들이 네브라스카 대학교의 통신강좌에 등록하였다. 오늘날 이 통신강좌 프로그램은 모든 미국 주와 135개 국가의 학생들을 수용할 정도로 성장하였다. 현재 6,000명 이상의 학생이 매년 1만 5,000개 이상의 강좌에 등록하고 있다. 이것은 캠퍼스 없이 ISHS를 세계의 가장 큰 고등학교로 만들었다! 의사소통은 팩스, 메일, 인터넷을 통해서 이루어진다. 단지 한 강좌 또는 두 강좌만을 위해 등록하는 학생이 있는 반면, 풀타임 고등학생으로서 ISHS에 등록하는 학생도 있다. 인가된 고등학교로서 ISHS는 다양한 강좌를 제공하고 있다.

- **International Baccalaureate Organization (IBO)**

  www.ibo.org

  IBO는 학교에 다음의 세 가지 프로그램을 제공하고 있다.

  1. 학위수여 프로그램(Diploma Programme): 이 프로그램은 엄격한 예비 대학교 코스로서 중등학생을 위한 종합적인 2년제 교육과정이다(영어, 불어, 스페인어를 사용하고 다양한 국가의 교육체제의 요구에 부합됨). IB 학위를 획득한 학생들은 전 세계의 대학교에 입학할 수 있다. 이 프로그램은 16~19세에게 제공된다.
  2. 중등 프로그램(Middle Years Programme: MYP): 이 프로그램은 여러 학문의 심층적 연구를 제공한다(학문 간의 관련성을 강조). 공인된 학교는 IBO 프로그램이 평가 기준을 만족시키고 있다는 것을 확인하기 위해서 정규적으로 평가된다. 이 프로그램은 11~16세에게 제공된다.
  3. 초등 프로그램(Primary Years Programme: PYP): 이 프로그램은 학생이 개념 기반 탐구(concept-driven inquiry)를 통해서 학습할 수 있는 기회를 제공한다. 전통적인 학문적 교과는 이 프로그램의 일부다(지식과 기술의 상호관련성을 강조함). 이 프로그램은 3~12세에게 제공된다.

심화 프로그램

다음은 심화 프로그램의 몇 가지 예들이다. 아래에 열거된 책들은 다양한 주제 영역을 포괄하는 프로그램 정보를 제시한다. 프로그램은 주요한 교육과정 영역으로 구분된다.

• *Academic Competition for Gifted Students: A Resource Book for Teachers and Parents* by Mary K. Tallent-Runnels and Ann C. Candler-Lotven (Thousand Oaks, CA: Corwin Press, 1996). 이 안내서는 영재아동의 도전적 경쟁에 관한 정보를 제공하고 있다. 이 책은 심화 프로그램을 지도하는 데 유용하기 때문에, 교육자가 학생의 장점에 가장 적합한 프로그램과 경쟁을 결정하도록 도와주는 기준을 갖고 있다.

언어

• **National Federation of state High School(NFHS)**

www.nfhs.org

소개: NFHS는 현직훈련과 함께 고등학교 말하기, 드라마, 토론 프로그램을 제작하는 기회를 제공한다.

목적: 이 기구는 말하기, 드라마, 토론에 참가하는 학생들과 함께 일하는 교육자들 간의 강한 네트워크 형성을 도와준다.

대상: 중등학생

• **National Forensic League**

http://debate.uvm.edu/nfl.html

소개: NFL은 고등학생이 지방, 지역, 주 대회에서 다양한 영역(예: 토론, 즉석연설, 시와 산문 읽기)의 국가 토너먼트 대회에 계속해서 참여할 수 있는 경쟁기회를 제공한다.

목적: 이 대회의 목적은 토론의 변론 기예, 공적 연설, 해석의 숙달을 격려하는 것이다.

대상: 중등학생

- **National Language Arts League**

www.contnentalmathleague.hostrack.com

소개: 이 프로그램은 언어 교사들에 의해 설계되었기 때문에 2주 동안 어떤 날에도 학교에서 수행될 수 있다. 이 대회는 다중선택 문제(예: 철자법, 어휘, 독서 이해, 유추, 문법 등)로 구성되어 있다.

목적: 이 프로그램은 학생의 언어기술을 강화하려고 노력하고 있다. 고등학교 대회는 SAT, ACT, 성취검사 준비에 도움이 된다.

대상: 2~12학년

- **Scholastic Art & Writing Awards**

www.scholastic.com/artandwritingawards

소개: 모든 학생은 공식적인 학교 후원을 받거나 또는 받지 않고 대회에 참여한다. 참가는 프로젝트의 상상적 내용과 형식을 평가하는 심사자와 함께 독창적이어야 한다. 여러 범주의 작문과 기예 대회가 열린다. 600개 이상의 기예 시상과 300개 이상의 작문 시상이 국가 수준에서 매년 수여되고 있다. 수상자는 현금, 인증서, 장학금, 출판 및 전시 기회를 받는다.

목적: 이들 시상은 재능이 있고 헌신적인 젊은 작가와 예술가를 격려하는 데 목적이 있다.

대상: 7~12학년

수학

- **American Mathematics Competitions**

www.unl.edu/amc

소개: 미국수학협회(MAA)는 중등학생을 위해 많은 프로그램을 제공하고 있다. 이들 프로그램의 하나는 미국 수학올림피아드(USA Mathematical Olympiad: USAMO)이다(여섯 가지 문제를 포함하고 있는 이틀 동안의 대회). 학생들은 이 프로그램에 참가하기 위해서 매우 도전적인 자격부여 과정을 거쳐야 한다. 이 프로그램과 다른 여러 가지 프로그램에 관한 정보를 얻으려면 미국수학협회에 연락하라.

목적: 이 기구의 프로그램은 청소년의 수학 능력을 강화하는 데 도움이 된다. 그 이유는 이 프로그램이 청소년들에게 미국과 세계의 다른 학생들과 경쟁할 수 있는 기회를 제공하고 있기 때문이다.

대상: 중등학생

- **American Regions Mathematics League**

www.arml.com

소개: 이 대회는 팀 및 개인 대회로 매년 열린다. 이 대회는 종종 수학의 '월드 시리즈'라고 부르고 있으며 연속적인 단답형 문제로 구성된다. 파워 라운드(Power Round)는 수학적 분석과 증명을 고취시킨다. 참가자는 확장시키고 일반화시켜야 하고, 보고서의 형태로 결론을 내려야 한다. 학생들은 지역, 주, 전국 대회가 개최되는 주최 대학에 참여한다.

목적: 이 프로그램은 수학의 수월성을 증진시키는 데 목적이 있다. 이 프로그램은 수학 고성취 학생에게 놀라운 도전감을 갖게 한다.

대상: 고등학생

- **Continental Mathematics League**

www.continetalmathleague.hostrack.com

소개: 이 기구는 2~9학년 학생을 대상으로 수학 경시대회와 컴퓨터 프로그램 제작 대회를 주최한다.

목적: 대회는 학생들에게 수학과 관련 주제의 수월성에 대한 영감을 주는 데

목적이 있다.

대상: 2~12학년

• **Mathematical Olympiads for Elementary and Middle Schools**

www.moems.org

소개: 이 프로그램은 수학 개념, 문제해결 전략, 창의성, 풍부한 책략, 발명의 재간을 포함하는 대회를 개최한다. 한 학년도 동안 다섯 가지 대회를 개최한다. 학생들은 프로그램에 포함된 교육과정 자료에 근거하여 사전에 준비할 수 있다(유사한 문제를 해결하는 데 다른 전략을 제공). 수학 올림피아드 프로그램은 일반 수학 프로그램을 추월하는 것이 아니라 확장시킨다. 일부 학교는 이 프로그램을 일주일에 한 시간만을 할애해서 운영하고 있다. 팀은 35명의 학생으로 구성된다.

목적: 이 도전적 프로그램은 학생들이 수학 개념과 전략을 생각하고, 추론하고, 이해하도록 가르친다.

대상: 4~8학년

• **The Stock Market Game**

www.smgww.org

소개: 이 게임에서는 경제, 재정, 자본 형성의 원리를 학생에게 소개하는 도구를 교사들에게 제공한다. 이 게임은 국가 또는 지구촌에 초점을 두고 활용될 수 있고 간학문적 접근(사회, 언어, 경제, 과학, 수학을 포함)을 채택하고 있다. 대회는 매년 가을과 봄에 10주간에 걸쳐 열린다.

목적: 이 게임이 삶의 모든 영역에 적용되면서 학생들을 동기화시키고 주식 시장에 관한 지식을 증가시키는 데 목적이 있다. 이 프로그램은 대회를 통해서 학생들의 성취 정도를 결정한다.

대상: 4~12학년

- **TIVY–Home and Classroom Activity**

소개: TIVY는 2~3명의 선수(참가자)를 위한 가정 및 학급 활동이다. 이때 고난도 수학문제를 만들기 위해서 전략과 비판적 사고 기술을 활용해야 한다. 선수는 우승자가 되기 위해서 수학문제를 풀어야 한다.

목적: 이 프로그램은 학생들에게 동기와 도전감을 부여하고, 문제해결기술과 비판적 사고기술을 향상시키도록 돕는다.

대상: 4~9학년

과학

- **Intel International Science and Engineering Fair**

www.sciserv.org

소개: Intel ISEF는 장학금, 수업료, 과학탐방, 노벨상 시상식 참가를 획득하기 위해서 40개 국가, 1,200명의 학생이 몰려드는 과학 경시대회다. Intel ISEF는 하나의 대회이면서 또한 학생들이 과학 프로젝트를 만드는 기회를 갖는 심화 프로그램이기도 하다. 이 박람회는 지방, 지역, 주, 국가 수준에서 개최된다.

목적: 이 프로그램은 경시대회를 통해 과학 성취를 향상시키고, 참여 학생에게 과학적 탐구, 동기, 수월성에 참여하도록 격려한다.

대상: 중 · 고등학교

- **Invent America!**

www.inventamerica.org

소개: 이것은 학생들이 발명 과정을 통해서 일상 문제의 창의적 해결을 찾도록 도와주는 흥미로운 프로그램이다. 학생들은 지방, 주, 전국 대회에 참가할 수 있다. 무료 프로그램 자료를 얻으려면 Invent America에 연락하라.

목적: 학생들은 수학, 과학, 예술, 언어, 도서관 등의 분야에서 학습하고 있는

기술을 활용하는 새로운 방법을 발견한다.

대상: 유치원~중학교

• NASA Student Involvement Program

www.nsip.net

소개: 미국항공우주국(National Aeronautics and Space Association: NASA)의 학생 참여 프로그램은 학생들이 항공학, 우주과학, 지구 체제, 공학 분야에서의 발견에 대한 NASA의 사명에 직접적으로 참여하도록 허용하는 일련의 여섯 가지 대회가 있다. 이 대회는 탁월한 영재학생에게 도전감을 주는 데 목적이 있기 때문에 학생들이 주도적으로 실험을 실시하고, 예술 프로젝트를 제작하고, 신문기사를 작성하도록 도와준다. 시상에는 우주 정거장 여행 경비가 포함되고 장학금도 지급된다.

목적: 이 프로그램은 교육과정 목적을 지지하고, 학생 흥미를 자극하고, 창의적 사고와 문제해결을 고취하고, 높은 과학 교양을 기르는 데 목적이 있다.

대상: 유치원~고등학교

• Science Olympiad

www.soinc.org

소개: 이 기구는 지방, 주, 전국 수준에서 개최되는 일련의 개별 및 팀 대회를 개최한다. 이 대회는 인기 있는 보드 게임, TV 쇼, 운동 게임의 형태를 따르고 있기 때문에 생물학, 지구과학, 화학, 물리학, 공학의 학습을 고무시킨다.

목적: 프로그램과 대회는 과학 교육의 질을 향상시키고, 학생의 과학 흥미를 증진시키고, 학생과 교사의 과학 교육의 탁월한 성취를 인정하는 데 목적이 있다.

대상: 유치원~고등학교

- **Trinity College Fire-Fighting Home Robot Contest**

  www.trincoll.edu/events/robot

  소개: 참가자는 불난 곳을 찾아 소화할 수 있는 로봇 장치를 만드는 과제를 수행해야 한다. 가장 짧은 시간 안에 촛불을 끄는 로봇을 가진 참가자가 우승자가 된다. 대회의 다섯 번째 부문에서 최상위 수행자에게 현금 시상이 주어진다.

  목적: 대회는 과학과 그것의 적용에 대한 창의성, 문제해결, 그리고 열정을 고취시킨다.

  대상: 유치원~고등학교

사회

- **Future Problem Solving Program (FPSP)**

  www.fpsp.org

  소개: 미래문제 해결 프로그램(FPSP)은 학생들을 위한 복잡한 문제해결 경험이다. 그것은 다음의 몇 가지 범주로 구분된다.

  - 팀 문제해결: 4~12학년 학생 4명으로 구성된 팀은 복잡한 미래문제를 해결하기 위해 여섯 단계의 문제해결 과정을 활용한다. 주기적으로 팀은 작업한 내용을 평가자에게 메일로 보낸다(개선을 위한 제안과 함께 답변을 함). 가장 높은 점수를 획득한 팀은 지역 및 전국 대회에 출전하게 된다.
  - 개별 문제해결: 프로그램을 관리하기 위해서 지정한 FPSP의 지부는 학생들이 집단 대신에 개별적으로 프로젝트를 수행할 기회를 제공한다.
  - 활동 중심 문제해결: 학생들이 체험을 통해 창의적으로 문제를 해결하는 과정으로 일년 내내 일반수업을 통해 가능하다. 팀은 세 개의 부문, 즉 초등 저학년(K-3), 초등 고학년(3~6학년), 중학교(6~9학년) 부문에서 집단(4~6명)으로 과제를 수행한다.
  - 지역사회 문제해결: 팀은 지역사회의 실제적인 문제를 해결하는 데 문제

해결 기술을 적용한다.

- 시나리오 작성 대회: 학생들은 현재의 중요한 문제에 관하여 1,500자 이내로 미래에 관한 짧은 글짓기를 하도록 격려받는다.

목적: 이 프로그램은 학생들이 창의적이고 비판적으로 사고하고, 협동하여 공부하고, 연구기술을 개발하도록 돕는다.

대상: 유치원~고등학교

- **National Social Studies Olympiad**

www.continentalmathleague.hostrack.com

소개: 전국 사회 올림피아드(NSSO)는 여러 학교에서 미국 전역에 이르기까지 학년 수준별로 다른 학생과 함께 참여하는 전국적 행사로서 여섯 개 대회로 구성되어 있다. 미국 역사, 현재 사건, 지리학과 같은 주제를 다루는 프로그램 정보를 찾고자 한다면 북아메리카 대륙 수학 리그에 연락하라.

목적: 이 조직은 학생이 사회과 기술을 강화하도록 격려하고 동기화하는 데 목적이 있다.

대상: 2~12학년

- **National History Day Contest**

www.nationalhistoryday.org

소개: 미국역사 기념일 대회(NHDC)는 연차 주제와 관련된 역사과의 연구를 격려한다. 학생은 드라마 공연, 상상적 전시, 멀티미디어 기록물 제작, 연구보고서를 산출한다. 프로젝트는 지역, 주, 전국 대회에서 평가된다.

목적: 이 프로그램은 역사적 주제의 발견과 해석뿐만 아니라 역사와 그것의 영향에 대한 평가도 격려한다.

대상: 6~12학년

프로젝트 서비스

• *The Kid's Guide to Service Projects: Over 500 Service Ideas for Young People Who Want to Make a Difference* by Barbara A. Lewis (Minneapolis: Free Spirit Publishing, 1995). 이 책은 프로젝트 서비스(단순 프로젝트에서 대규모 수행까지 포함)를 위한 많은 아이디어를 소개하고 있다. 또한 이 책은 청원서, 신문 발행, 다른 기록물 만들기 등을 위한 단계적 안내서다.

• *The Kid's Guide to Social Action: How to Solve the Social Problems you Choose-and Turn Creative Thinking into Positive Action* by Barbara A. Lewis (Minneapolis: Free Spirit Publishing, 1998). 이 책은 지역사회 문제를 해결하기 위한 단계적 과정(예: 문제 브레인스토밍, 경험 평가하기)의 개요를 설명하고 있다. 이 책은 문서 작성, 인터넷 탐색, 면접시행, 연설가 양성, 기금 조성, 미디어 활동, 그리고 지방, 주, 국가 법안 제안에 도움이 되는 충분한 지침을 포함하고 있다.

• **President's Student Service Challenge**

www.student-service-awards.org

소개: 12개월 동안에 지역사회 봉사에 최소한 100시간을 헌신할 수 있는 학생은 대통령 학생 봉사 시상식(President's Student Service Award)에 참여할 수 있는 자격이 주어진다. 또한 봉사활동에 최소 50시간을 헌신한 유치원~중학교 학생들도 시상식 참여가 인정된다. 중학생과 고등학생은 장학금 수여 자격이 주어진다.

목적: 이 프로그램은 지역사회의 실제 문제를 해결하도록 고취시키고, 학생들에게 다른 지역과 세계에 대하여 관심을 갖도록 동기를 부여한다. 문제중심 프로젝트는 비판적 사고를 이용하고, 리더십을 발휘하고, 자신의 재능을 공유하고, 다른 관점을 이해할 수 있는 기회를 제공한다.

대상: 유치원~고등학교

부 록

☆ 영재 프로그램 구성 계획서 ☆

	초등 저학년	초등 고학년	중학교	고등학교
일반교실	*조기입학, 월반 *학습센터 *교육과정 압축 *특수 집단편성 (비판적, 창의적 사고) *차별화 교육과정 *수학 및 음악 게임 *고 흥미 초점 단위 (동물, 자연계, 문화) *예술 초점 *쓰기 교실 *장르 독서	*월반 *교육과정 압축 *고급강좌 수강 *특수 집단편성 *차별화 교육과정 *기숙 전문가 *독립연구 *발명 아메리카!	*교육과정 압축 *고급강좌 수강 *특수 집단편성 *능력별 집단편성 *차별화 교육과정 *독립연구 *원격학습 *학습센터 *과학 전람회	*고급강좌 수강 *원격학습 *독립연구 *차별화 교육과정 *학습센터 *과학 전람회 *교육청 '학자 트랙'선택 *수학/과학/공학 전람회
특수학급	*수학/과학 풀 아웃 *체험 학습 *단어 탐구 *세계 밴드 *미래문제 해결(FPSP) *선후배가 함께 하는 수업 *지역사회 봉사집단	*풀 아웃 수업 *과학 올림피아드 *미래문제 해결 *전국 작문경시대회 *밴드, 오케스트라, 합창, 예술 클럽 *수학 경시대회 *선후배가 함께 하는 수업 *지역사회 봉사집단	*수학 올림픽 *토론 클럽 *전문적 작문 대회 *외국어 *공연 예술 출품 *교육청과 멘토 프로그램 *대학진학 준비반 *전교 활동 및 클럽	*AP 수업 *동시 등록 *멘토십 *PSA/SAT 준비반 *모의 재판 *전교 활동, 클럽, 조직
특수학교	*공연예술 마그넷 스쿨 *영재학교	*스페인어 몰입 학교 *공연예술 마그넷 스쿨 *영재학교	*영재학교	*학기별 해외교환 프로그램 *IB 프로그램 *공연예술 고등학교

적절한 속도인가? 사회 · 정서적 요구를 반영한 프로그램을 제공하고 있는가?

5장 프로그램 평가를 계획하고 실행하라

영재 코디네이터인 라몬 배스케즈(Ramon Vasquez)는 지역 교육청 내에 있는 2개 학교의 영재교육 프로그램 개발을 책임지고 있다. 그는 몇 가지 풀 아웃 프로그램을 담당하고 있었다. 담당 장학사가 그 학교의 영재교육 프로그램을 평가하도록 요청했을 때, 라몬은 외부 전문가에게 맡기는 것이 좋을 것 같다고 말하자 장학사의 대답은 어렵다는 것이었다. 장학사가 영재교육 프로그램을 평가하도록 요청한 것은 영재교육 예산이 삭감될 예정이므로 효과가 없는 프로그램을 찾아 중지시키기 위해서였다. 라몬은 그 학교의 영재교육 담당자들은 전문적인 평가를 수행할 정도로 연수를 받지 않았다는 것을 알았다. 그래서 그는 학부모, 교사, 방과 후 영재교사, 영재교육에 관심이 높은 교장 등 영재교육과 관련 있는 사람들을 모아 평가위원회를 구성하였다. 평가위원회는 학교 심리학자로부터 평가와 관련된 연수를 받았다. 학교 심리학자의 안내에 따라 평가위원회는 학생, 부모, 그리고 교사들에게 설문조사를 실시했다. 위원회는 영재학생들이 풀 아웃 수업과 과학 심화 프로그램을 특별히 재미있어 했으며, 이러한 영재교육 프로그램에 참가한 영재학생들의 점수가 유지되거나 향상되었다는 보고서를 교육청에 제출할 수 있었다. 그 결과 교육청은 그 지역의 영재교육 프로그램 예산을 중단하지 않았다.

* * *

대도시 근교 교육청의 영재교육 프로그램은 5년간 빠르게 확산되었다. 이 교육청에 소속된 초등학교 3개교, 중학교, 고등학교 각 1개교에서 영재교육을 실시했는데, 점차 초등학교 5개교, 중학교 2개교, 고등학교 1개교로 늘어났다. 이 교육청은 영재학생들에게 양질의 교육 프로그램을 제공하기 위해 노력해 왔다. 영재교육 자문위원회는 영재교육 프로그램이 교육청 전체로 확산될 필요가 있다고 생각했다. 따라서 모든 행정적 지원, 즉 직원채용, 예산, 학생 선별과 선발, 프로그램 구성, 교수 방법 등 교육 전반에 걸쳐 관심을 가질 필요가 생겼다. 영재교육 자문위원회는 자신들이 직면한 일을 원활하게 해결하기로 결심했다. 그들은 경험에 기초한 사려 깊고 유능한 계획이 프로그램의 방향을 제시해 주는 데 있어 최고라고 생각했다. 그래서 자문위원회는 영재교육 프로그램 평가를 맡고, 앞으로의 발전과 변화를 위한 계획을 세우기 위해 명망 있는 외부 컨설팅 팀을 고용하자고 제안했다. 교육 위원회는 이런 제안에 동의했다. 결국 철저한 프로그램 평가를 통해서 시행되고 있었던 영재교육 프로그램이 새롭게 변화되었다.

영재 프로그램 운영 과정에서 대체로 방치되어 있거나 관심 밖에 있는 것이 프로그램 평가다. 인적 · 물적 자원이 부족한 지역에서는 프로그램 평가를 위해 예산을 투입하는 일은 덜 중요한 것으로 여겨질 수 있다. 영재교육 프로그램을 개설하기 위해 애를 써 온 사람들은 평가가 영재교육에 대한 이념 또는 영재교육에 대한 회의와 비판이 재개될지도 모른다고 걱정할 수도 있다. 그러나 프로그램 평가는 반드시 필요하다. 자동차 정비가 운전자의 시간과 돈과 차를 아끼게 해 주는 것과 같이 영재교육 프로그램 평가는 학교의 돈과 시간, 교사와 부모의 노력을 절약하게 해 줄 것이다. 효과적인 평가는 예산을 세우는 학교 운영위원회와 관리자들이 공유할 수 있는 유용한 정보를 제공해 준다. 프로그램 평가를 통해 판별 및 프로그램에 관한 의사결정을 할 수 있고, 영재교육 관련자들로부터 지지를 유지하는 방편이 된다. 가장 중요한 것은 영재학생들의 특별한 교육적 요구를 찾아 채워 줄 수 있다는 것이다.

먼저 프로그램 평가는 어떤 모습인지 살펴보자. 미국영재학회(National Association for Gifted Children: NAGC)는 프로그램 평가를 '제공된 프로그램의 가치와 영향에 대한 체계적 연구'라고 규정지었다. 이 기준에 따르면, '평가는 분명한 목적을 가지고 있으며 효율적이고 도덕적으로 설계되어야 하고 평가 결과 보고서는 모든 이해 관계자들에게 이용될 수 있어야 한다.'[1] 만약 이 말이 현학적으로 들린다면, 그것은 사실 그렇기 때문이다. 프로그램을 평가할 때 무계획적인 것은 거의 없다. 교육학자인 잔 한센(Jan Hansen)의 말을 인용하면 다음과 같다.[2]

불완전하게 이루어진 평가는 해로울 수 있다.
영재 학습자들을 위한 서비스의 질에 대한 피상적인 판단은
근본적인 문제들을 간과하고, 건설적인 비판을 묵살할 수 있고,
교육적 목적이 아닌 정치적 목적에 이용될 수 있으며
실제로 서비스의 성장을 방해할 수 있다.

평가 절차를 공정하고 포괄적이며, 유용하게 만들어 주는 여러 방법들이 있다. 프로그램 초기부터 실시하는 평가는 연말에 실시하는 총합평가보다 문제점이나 성공 요인을 더 구체적으로 파악해 줄 것이다. 프로그램 평가를 통해 영재교육 프로그램의 역동적인 모습에서 나타나는 정보를 지속적으로 수집할 수 있다. 학기 중 진행되는 영재교육 프로그램의 강점과 약점을 조사하는 것은 변화와 발전을 위한 아이디어뿐만 아니라 어떤 것이 실행되고 있

---

1) "National Association for Gifted Children Pre K-Grade 12 Programming Standards"(Washington, DC: NAGC, 1988), Table 4. Gifted Education Programming Criterion: Program Evaluation.
2) Jan B. Hansen, "Selecting an Evaluation Steering Committee: A Critical Step," *MEGT Voice*, Winter 2001, p. 1.

고, 어떤 것이 실행되고 있지 않는가에 대한 정보를 얻을 수 있다. 매년 또는 몇 년마다 더 넓은 시각에서 교육 서비스의 질을 조망하는 것은 여전히 중요하다. 이런 광범위한 평가는 미래의 교육 프로그램 개발을 위해서 구체적인 제언을 포함한 연간 보고서로 만들어져야 한다.

미국영재학회는 두 종류의 평가방법을 추천한다.

- 총합평가: 프로그램의 질 또는 정해진 목표 도달 정도를 평가한다.
- 형성평가: 프로그램과 교육 서비스가 발전하는 방향을 잡아 준다.

여러분은 적어도 5년마다 총합평가를, 그리고 매년 형성평가가 실행되기를 원할 것이다. 이런 공식적인 평가는 서면으로 쓰인 보고서를 요구한다.

[글 5-1]은 영재교육 프로그램과 서비스 평가의 개요를 단계적으로 제시하고 있다. 이것이 프로그램 평가의 실제를 잘 제시하고 있지만 미국영재학회에서 정한 프로그램 평가의 최소 기준일 뿐이다. 이 과제를 수행하기가 어려워 보여도 시작하는 것만으로도 여러분은 중요한 도움을 받게 될 것이다. 중요한 평가계획을 수립하고 실무를 수행해 봄으로써 여러분의 프로그램 평가는 체계적으로 발전하게 될 수 있다.

우리는 많은 영재교육 프로그램이 직면하고 있는 현실과 제한점을 알고 있다. 앞서 언급했듯이, 영재교육 프로그램이 진행되는 동안 발생하는 장애물(특히 시간과 예산)은 이런 프로그램 평가를 무의미한 것으로 생각하도록 만들어 버릴 수 있다. 여러분이 이런 상황에 직면한다면, 프로그램 평가를 조심스럽게 시작해야 한다. 예를 들어, 여러분은 지난 2~3년간 영재를 가르쳐 본 경험이 있는 교사를 만나 어떤 것이 도움이 되고 어떤 것이 효과적이었는지에 대한 의견을 들은 후에 동일한 교육청 소속의 학교장들을 만나 회의를 한 후 그들의 의견에 기초한 보고서를 작성할 수 있다. 아마도 교사들은 차별화된 영재교육 프로그램 개발을 위한 직원 연수 프로그램의 필요성을 느끼고 교장들도 비슷한 필요성을 느낄 것이다. 그리고 그들은 프로그램 개발을 위한 방과 후 연수 프로그램을 지원해 줄 것이다. 이것이 이상적인 평가 계획일까? 아니다. 이것은 합리적인 시작인가? 그렇다.

[글 5-1] 영재교육 프로그램 평가의 방법: 단계별 계획[3)]

1단계: 프로그램 평가 추진위원회 만들기

A. 2명의 평가 컨설턴트를 고용한다.

B. 1명의 영재교육 후원자나 학교장을 선정한다.

C. 2명의 중앙부서 담당자나 1명의 중앙부서 담당자와 1명의 교육위원을 선정한다.

D. 2명의 영재 담당교사와 영재학생을 선정한다.

E. 1명의 일반교사를 선정한다.

F. 1명의 영재학생의 부모를 선정한다.

2단계: 프로그램 평가의 목적 밝히기

A. 평가 설문 문항을 정한다.

B. 설문이나 인터뷰 대상자를 정한다.

C. 설문 방법을 정한다.

D. 설문 시간을 정한다.

E. 모범사례 추천 형식을 정한다.

F. 추천할 대상자를 정한다.

---

3) Jan B. Hansen and Karen B. Rogers, University of St. Thomas, printed in *MEGT Voice* (Winter 2001)

3단계: 정보수집

A. 대상자 인터뷰

B. 대상자 설문

C. 포커스 그룹을 통한 주제 파악

D. 관찰

E. 프로그램에 대한 문헌자료 수집

F. 시험 자료와 결과의 수집

4단계: 정보분석

A. 인터뷰의 주제 확인

B. 설문조사를 표로 만들거나 분석

C. 포커스 그룹에서 파악된 주제 확인

D. 관찰 자료 분석

E. 프로그램에 대한 문헌자료 분석

F. 시험 자료와 결과의 분석

5단계: 평가 추천 발표

A. 추진위원회의 추천 승인

B. 추진위원회의 추천 (단계 2E와 2F)

C. 필요에 따라 추진위원회와 평가컨설턴트의 공조

D. 추진위원회의 실행계획(추천) 발표

또 다른 접근은 먼저 2년마다 프로그램 평가를 계획하고, 일 년에 한두 번 프로그램 평가를 실행하는 것이다. 그렇지 않다면, 여러분은 현재 시행하고 있는 프로그램들의 종류별(수준별 프로그램 혹은 풀 아웃 프로그램)로 프로그램을 평가할 수 있다. 때로는 앞에 나온 라몬과 같이 학교나 교육청 전문가들의 도움을 필요로 할지도 모른다.

[글 5-2] 프로그램 평가의 기초

어떤 수준의 프로그램 평가를 할 때에도 여러분들은 아래의 내용들을 반드시 숙지해야 한다.

- 평가 계획 시 학교장, 영재교사와 일반교사, 학부모를 고려한다.
- 평가의 목적을 정의한다.
- 평가의 객관성을 고려한다.
- 현행 프로그램의 운영 실태와 발전 가능성을 동시에 고려한다.
- 개인정보의 비밀을 유지한다.
- 평가의 결과는 문서화한다.

평가 순서를 잡는 좋은 방법은 다음 질문에 답을 하는 것이다. 신문기자들이 질문할 것과 그 질문에 대한 답을 미리 준비하는 것 같이 프로그램 평가를 하기 이전에 질문을 하고 답을 찾아본다면, 여러분은 프로그램 평가에 대한 효과적인 방법과 절차를 결정할 수 있을 것이다.

- 왜 평가를 하는가?
- 누가 참여하는가?
- 언제, 어떻게 정보를 수집할 것인가?
- 어떻게 평가 결과를 보고할 것인가?
- 무엇을 외부에 추천할 것인가?

왜 평가를 하는가

'왜?' 라는 질문은 프로그램 평가 이면의 목적과 관계가 있다. 근본적으로 여러분의 평가는 영재들이 좋은 교육을 받았고, 적절한 도전감을 갖게 되었으며, 제공되는 교육 서비스들이 영재교육 프로그램의 구조 안에서 함께 제공되고 있는지를 보여 줄 필요가 있다. 넓게 보았을 때, 여러분은 다음의 두 가지 질문에 대한 답을 찾으려고 할 것이다.

1. 영재들이 필요로 하는 양질의 프로그램을 제공하고 있는가? (총합평가)
2. 일 년 뒤 어떻게 영재들과 영재교육 담당자들에게 더 좋은 서비스를 제공할 수 있는가? (형성평가)

여러분이 찾고 있는 대답은 영재교육 프로그램의 사명 및 목적과 관계가 있을 것이다. 예를 들어 다음에 나오는 영재교육 프로그램의 목적을 고려해 보자.

[글 5-3] 영재교육 프로그램의 목적(예)

- 모든 영재학생들의 개별 학습요구를 충족시켜라(다문화 학생들과 학습장애 학생 포함)
- 영재학생들의 특수한 능력 계발과 핵심교과(언어, 수학, 과학, 사회)에서의 다양한 학습기회를 제공하기 위해 교수-학습방법을 차별화한다.
- 영재학생들이 자신의 능력을 객관적로 평가할 수 있도록 지적 수준이 높은 동료와 함께 배울 수 있는 기회를 제공한다.

- 영재학생들이 복잡한 이슈를 해결할 수 있도록 비판적 사고 능력을 기른다.
- 영재학생들의 특성과 이들에게 도전감을 심어 주는 데 유용한 교수방법에 대한 강사 연수를 실시한다.
- 영재학생들이 직면한 사회적-정서적 도전을 이해하고 해결할 수 있게 도와주는 지원과 가이드를 마련한다.

영재교육 프로그램을 평가하는 목적은 다음과 같다.

[글 5-4] 영재교육 프로그램 평가의 목적(특정 교육청 사례)

1. 다음 영역과 관련된 의사결정을 하기 위해
   - 개별 학습욕구 충족 여부
   - 차별화 교수-학습을 통해 도전감 경험 여부
   - 다른 영재학생들과 공부하는 기회 제공 여부
   - 비판적 사고 기술의 계발 여부
   - 영재학생들의 독특한 학습요구를 이해하고 충족시키기 위한 관계자 연수의 유용성 여부
   - 영재학생들의 정서적 요구에 대한 대응 여부 및 수준 결정
2. 다음 영역에서 영재학생들에게 더 나은 서비스를 제공할 수 있는 구체적인 방법을 찾기 위해
   - 목적이 완전히 달성되지 않은 영역
   - 평가를 통해 나타날지도 모르는 부가적인 영역

여러분은 평가를 통하여 전반적인 인상이나 입장을 보는 것보다 영재교육 프로그램의 특별한 양상에 초점을 맞추기를 원할 것이다. 의미 있는 평가는 판별방법, 프로그램 설계, 교수-학습 그리고 관계자 연수 등을 포괄하는 프로그램 전 영역을 분석하는 것이다. 평가는 프로그램의 이러한 요소들을 수정하거나 강화하는 데 유용하게 쓰일 자료를 도출해야 한다.

이러한 평가의 목적에 대해 생각해 볼 때, 그것은 성공과 문제점 모두를 확인하고 문서화하는 데 있다. 여러분이 올바르게 하고 있는지를 확인하는 일은 중요하다. 프로그램 평가는 영재교육 프로그램이 가치 있는지와 예산 증액에 대한 합리적 근거를 제공한다. 그러나 프로그램의 성공은 프로그램이 타당하고, 인정을 받는 것 이상이다. 즉, 프로그램의 성공은 개선이 필요한 여러 다른 분야에 변화를 촉발하는 모델을 제공한다. 우리는 "더 건강해지기 위해 아플 필요는 없다."라는 말을 좋아한다. 그러나 논쟁거리였던 프로그램들과 효과적으로 평가가 이루어지기 어렵다고 판단되는 영역을 평가하지 않기로 하다면, 이것은 영재교육 발전에 큰 해를 끼치게 될 것이다. 실제로 프로그램에 손해를 입히는 것보다는 건설적인 비판이 평가에 대한 신뢰성을 높이게 될 것이다. 어떤 사람도 완벽하지 않은 것처럼 어떤 영재교육 프로그램도 완벽하지 않다.

누가 참여하는가

여러분은 학부모들, 교사들, 학생들, 학교행정가들 그리고 지역 인사 등이 제기한 중요한 질문에 답변하기 위해 평가를 선택할 것이다. 이것을 위해 관련 단체들은 영재교육 프로그램의 가치와 영향에 대한 연구를 계획하고 참여해야 한다. "누가?" 라는 질문은 두 방향으로 갈라져 있음을 의미한다. 즉 여러분의 평가가 성실하게 이루어지고 있음을 보장하는 사람과 정보 및 의견을 제공하는 사람 둘 다를 나타낸다. 우리는 이러한 두 그룹을 지휘자와 정보 제공자로 분류할 수 있다.

❖ 평가 계획 및 실행자

지휘자라고 할 수 있는 평가를 계획하고 실행하는 사람의 임무는 총합평가와 형성평가를 계획하고 진행시키는 일이다. 많은 영재교육 프로그램 전문가들은 학교나 교육청의 주요 인사(장학 담당가, 교육위원, 영재교사와 일반교사, 학부모)와 외부 컨설턴트로 구성된 프로그램 평가 추진위원회 구성을 추천한다. 객관적인 평가자가 하는 외부 평가는 여러분이 운영하는 프로그램의 장점을 부각시키고, 프로그램의 신뢰성과 타당성을 높일 수 있게 도와준다. 외부 전문가의 도움은 비싼 비용이 들 수 있지만, 그런 비용은 효과에 비추어 본다면 작은 것이다. 학교나 교육청이 자체적으로 평가를 진행하는 일은 엄청난 도전을 받을 수 있고, 고의든 아니든 사람들은 흔히 편견을 갖는다. 내부 인사들은 자신의 개인적인 문제를 평가에 반영시킬 가능성이 높다. 따라서 프로그램 평가의 실행은 전문성을 필요로 한다.

외부 컨설턴트들은 다른 학교에서 적용한 경험을 제공한다. 이들 역시 편견을 가질 수 있다. 외부 평가자 및 학교 인사가 함께 한다면, 포괄적이며 성실한 평가를 실행할 수 있는 최선의 방법을 가져다 줄 수 있다.

> "외부 평가자는 프로그램의 내부에서는 찾기 어려운
> 훈련, 경험, 객관적인 눈을 줄 수 있다."
>
> – 데이비드 M. 페터만(David M. Fetterman)

정보 원천

관계자들이 제공하는 정보는 필수적이다. 여러분은 다음과 같은 사람들로부터 정보를 얻을 수 있다.

- 교육을 받고 있는 영재학생
- 일반학급과 영재학급 모두에서 영재를 가르치는 교사
- 영재학생의 학부모
- 교육 행정가(교장, 교감, 학교상담사, 교육위원, 교육청 관계자 등)
- 영재교육 프로그램 운영 경험과 관심을 가지고 있는 학교나 지역 인사

언제, 어떻게 정보를 수집할 것인가

정보수집의 좋은 방법에 대해 고심하고 있다면, 여러분은 교사, 학부모, 행정가들에게 실시했던 요구조사를 다시 살펴보는 것이 하나의 좋은 시작점이 될 것이다. 그런 후 비슷한 형식으로 평가 설문지를 만든다. 이 장 후반부에 있는 설문지를 사용하고 결과는 그래프로 제시한다. 또 다른 평가 방법은 다음과 같다.

시험점수 자료

상위학년 성취도 검사(예를 들어, 4학년 학생에게 6학년 수준의 문제를 준다)는 교육과정의 난이도와 복잡성에 대한 가치 있는 정보를 제공한다. 이런 시험은 학생들의 성취 상한선을 높임으로써 동학년 성취도 검사로는 확인하기 어려운 영재들의 향상도를 확인할 수 있게 한다. 상위학년 성취도 검사에서

높은 점수를 받았다는 것이 영재교육 프로그램만의 효과라고 말하기는 어렵다. 이것을 가능하게 하는 많은 요인들이 있을 수 있기 때문이다. 그러나 여러분의 영재학생들이 이렇게 상위학년 수준의 성취를 보인다는 것은 그들은 현행 교육과정보다 더 높은 수준의 교육과정을 필요로 하고 있다는 증거 자료로 사용될 수 있다.

학생 포트폴리오

학생 산출물에 관한 포트폴리오는 종종 교육과정의 효과를 보여 주는 강력한 증거가 된다. 학생의 포트폴리오에는 에세이, 그림, 산출물 사진, 교사나 관계자의 서면 코멘트, 프로젝트 수행에 투여한 노력에 대한 자기 반성문 등, 모든 것이 포함될 수 있다. 교사와 학생은 포트폴리오에 넣을 결과물의 날짜를 기입하고 발전과정을 연대순으로 잘 정리하는 것이 필요하다.

인터뷰

학생들과의 인터뷰와 관찰은 일화적 기록물이 된다. 교사, 학부모, 행정가, 학생과의 인터뷰는 설문지와는 다른 정보를 제공한다. 인터뷰를 위해 설문지를 이용하고 반응을 설문지 양식에 적을 수 있고, 짧은 인터뷰나 포커스 그룹과의 인터뷰에서는 더 간략하게 적을 수 있다.

1년에 한 번 정도 이런 식으로 데이터를 수집함으로써 프로그램의 평판과 수용을 높일 수 있을 것이다. 정보는 어디에나 존재한다.

- 학생들에게 초청된 전문가의 수, 프로그램 활동에 참여한 학부모 봉사자 수를 적고, 얼마나 자주 다른 교사 수업에서 심화수업을 했는지를 기록하도록 한다. 즉, 프로그램에 도움을 준 모든 사람들의 수를 적도록 한다.

- 현장학습을 가거나 학교 밖 활동에 참여할 때 학생들의 성취와 반응을 기록하기 위하여 사진을 찍어 주고 채점하라. 이러한 이벤트에 관한 편지를 학부모에게 보내라. 이것은 평가와 직접 관련되지 않지만 학생과 가족 개인이 프로그램에 주는 영향력이 어떠한 것인지를 학부모의 답장으로부터 알 수 있다. 이러한 자료는 다른 평가 데이터보다 훨씬 영향력이 있다.
- 관계자 연수나 학부모 특강을 개최했을 때, 참석한 사람의 수를 세고 "오늘은 어떤 것을 배웠습니까?" "어떤 것이 유용하게 느껴지나요?" 정도의 간단한 질문을 한다. 이 데이터를 편집하고 요약한 보고서를 원장, 교육청 담당자, 프로그램 평가 추진위원회에 보낸다.
- 학부모나 기타 영재교육 프로그램에 관심이 있는 사람들에게서 얼마나 전화가 왔는지 기록하고, 그들의 궁금증과 코멘트는 무엇이었으며, 어떻게 대답을 해 줬는지를 적어 둔다. 또한 여러분의 노고에 감사하는 학부모, 교사, 학생들의 편지를 복사해 두라.
- 관심 있는 교육자나 학부모로 구성된 영재교육 자문위원회를 만들라. 이 위원회는 적어도 일 년에 두 번씩 만나 영재교육 프로그램에 관한 다양한 이슈에 대해 긍정적 · 부정적인 의견을 나누게 한다. 매 모임 시 논의되는 영재교육 프로그램의 장점과 요구사항, 발전과 변화를 위한 제언에 대해 기록한다.
- 학교를 포기하려는 영재들과 상담하는 창구를 만들라. 영재교육 프로그램 수료자에게도 설문조사를 하라. 프로그램 중 효과적이고 도움을 준 프로그램 요소에 대해 질문하라. 영재교육 프로그램의 장점과 단점에 대한 추가적인 증거로 이런 자료를 비치하고 활용하라.
- 지역사회에서 다양한 정보 유형을 찾으라. 때때로 지역사회 지도자들은 여러 가지 방법으로 정보를 얻는다. 영재교육 프로그램의 질과 활동의 표현을 도울 수 있는 방법은 지역 미디어를 이용하는 것이다. 유용한 정보나 제안을 요청하는 라디오나 텔레비전 공익광고 문구와 지역신문 광

고를 이용할 수 있다. 이 장의 후반부에 있는 부록을 참고하여 공익광고를 활용할 수 있다. 지역사회의 관심과 지지를 끌어 내면 프로그램 선택, 예산지원, 혁신, 소식 알리기 등 현행 영재교육 프로그램에 다양한 이익을 받을 수 있을 것이다.

- 지역 내 영재교육원 원장들과 일 년에 두 번씩 회의를 개최하라. 회의 동안 여러분이 그동안 학부모, 교사, 수료 학생, 현행 프로그램 참여 학생, 기타 다른 사람들로부터 수집한 정보들을 공유하라. 행정가들의 관점에서 현재 어떤 특별한 관심사가 부각되고 있는지를 질문하라.

비공식적으로 수집된 정보들은 설문조사와 시험결과, 인터뷰, 포트폴리오, 포커스 그룹 등을 통해 서류화되는 형식적인 데이터를 대체할 수 없지만, 비공식적으로 수집된 자료들은 영재교육에 대한 큰 그림을 그리는 데 도움을 줄 것이다.

어떻게 평가 결과를 보고할 것인가

진정한 평가의 모습을 보기 위해서는 관련 있는 모든 사람들이 평가 결과와 개선 방안에 대해 알아야 한다. 여러분은 평가 결과를 학교 행정가와 학교 정책 입안자들에게 공식적으로 제시하기를 원할 것이다. 프로그램 평가 추진의원회의 누군가가 스스로 교사회의 때 교사들과 학부모들에게 보고할 수도 있다. 또한 학교 신문, 웹사이트, 지역 신문을 통해서 결과를 요약하여 제시하는 것도 좋은 방법이다.

동시에 읽기 쉽고 깔끔하게 문서로 정리된 보고서가 당연히 만들어져야 한다. 여러분의 보고서는 평가 결과를 증명하고 확산시킬 수 있는 구조화된 자료다. 이 보고서는 관련된 모든 사람들에게 집합적 '기억'의 구실을 해야 한다.[4] 여러분이 어디에 있어야 하고 어디로 가야 하는지를 보여 주고, 차기 평가와의 비교를 위한 기준선을 제공하는 문서로 평가 보고서를 작성해야 한다. 종합평가와 형성평가에 대한 미국영재학회의 권고에 맞추어 볼 때, 여러분의 보고서는 결과를 제시할 뿐만 아니라 계획에 따라 이행된 것을 격려하고 있음을 보여 주어야 한다. 예를 들면 '우리는 현재 5학년에서 영재교육 프로그램을 적용하고 있는데, 연속적으로 이 프로그램은 6학년으로 연장될 필요가 있다.'와 같이 작성할 필요가 있다.

무엇을 외부에 추천할 것인가

모든 평가의 궁극적인 목적은 문제없이 잘 수행되고 있는 것이 무엇인지를 문서로 증명하고, 더 나은 결과를 얻기 위해 필요한 것이 무엇인지를 보고하는 것이다. 충분한 자료를 수집하고, 평가에 관심을 가지고 있는 사람들(관계자, 학부모, 학생, 지역사회)과 함께 평가 결과를 검토한 후, 추천할 것을 결정한다.

프로그램 평가에서 효과를 밝히는 하나의 방법은 올림픽 접근법으로서 평가 결과를 금, 은, 동메달로 구분하는 것이다. 이 경우 여러분은 메달을 받기 위해 노력하는 것이 아니라 영재교육 프로그램의 질과 향상을 추구할 것이다. 영재교육 프로그램 성장을 위해서 최적의 계획이 무엇인지를 생각하면서 평가를 시작하라. 그런 후에 현재의 목적에 맞게 수준을 결정하라.

---

4) *Aiming for Excellence: Annotaions to the NAGC Pre-K-Grade 12 Gifted Program Standards* edited by Mary S. Landrum, Carolyn M. Callahan, and Beverly D. Shaklee (Waco, TX: Prufrock Press, 2001), page 86.

금메달을 얻기 위해 노력하기

이 접근은 풀 아웃 프로그램에 참여하는 학생들의 학년을 확대하는 것에서부터 새로운 강사를 채용하기 위한 방법에 이르기까지 프로그램 평가의 향상을 위해 제안된 모든 제안들이 즉시 행동으로 옮겨질 수 있게 하려는 것이다. 여기서 돈은 그다지 중요한 관심사가 아니고 질적인 면이 중요하다. 평가의 향상을 위해 제안된 일부 제안들은 시간을 두고 단계적으로 실행할 필요가 있을지 모른다. 하지만 금메달은 지금 즉시 다양한 제안들을 동시에 실행에 옮기는 사람에게 돌아갈 것이다.

은메달을 얻기 위해 노력하기

은메달을 얻기 위해서 여러분은 금메달을 얻기 위해서 제안된 것들 중에서 가장 필수적인 제안들만 목표로 설정해야 한다. 여러분은 평가의 향상을 위해 3, 4년 또는 5년의 장기 계획을 세울 것이다. 이 계획은 평가로부터 나온 대부분의 제안들을 포함하고 있지만, 여러분은 중요하거나 필요하다고 우선순위가 높게 매겨진 것들을 먼저 평가에 도입해야 한다.

동메달을 얻기 위해 노력하기

자원(사람, 예산, 시간)이 제한적일 때, 동메달 접근은 여러분으로 하여금 영재교육 프로그램의 유용성과 성실성을 유지하기 위해 필요한 최소한의 것에 초점을 맞추게 한다. 많은 경우 이 접근은 새로운 프로그램이나 프로젝트를 전체적으로 도입하는 것이 아니라 꼭 필요한 것만 도입하는 것이다. 따라서 이 접근이 이상적이라고는 말할 수 없지만, 여러분이 금메달과 은메달 접근을 잠시 보류할 수 있다면, 여러분의 프로그램이 유지될 수 있고, 일단 교육청의 경제적, 철학적(영재교육에 관심을 갖게 되는 분위기) 상황이 유리하게 되면, 그때 여러분은 여러분이 택하기를 원하는 평가가 무엇인지를 알게 될 것이다.

지금까지 살펴본 내용에서 명심해야 될 것은 평가 자료를 그냥 방치해 두지 말고 행동으로 옮기라는 것이다. 그것이 궁극적으로 영재교육 프로그램을 발전하고 번성하게 하는 유일한 방법이다.

참고자료

이 장과 관련해 참고할 만한 자료는 다음과 같다.

- "Evaluate Yourself" by David Fetterman research monograph 9304 (Storrs, CT: NRC/GT, 1993). 이 보고서는 자기 평가와 외부 평가를 수행하는 방법에 대한 것이다.

- "How Should We Evaluate Programs for Gifted Learners?" 이 책자는 미국영재학회 문건 "Frequently Asked Questions"의 일부로, 간략하며 읽기 쉽다.

- "Instruments and Evaluation Designs Used in Gifted Programs" by Carolyn M. Callahan, et al. research monograph 95132(Storrs, CT: NRC/GT, 1993). 이 보고서는 평가 절차와 관련해서 현장 적용 가능성이 높은 도구와 평가 설계 전략에 대한 구체적인 정보를 제공한다.

- "National Association for Gifted Children Pre-K-Grade 12 Gifted Program Standards" (www.nagc.org/webprek12.htm). 미국영재학회 웹사이트에서

프로그램 평가를 위한 도표를 찾아보라. 그 도표는 영재 프로그램을 체계적으로 평가하기 위한 최소한의 기준 및 우수한 기준을 보여 줄 것이다.

- "*Practitioner's Guide to Evaluating Programs for the Gifted*" by Carolyn M. Callahan and Michael S. Cadwell (Washinton, DC: NAGC, 1995). 이 가이드북은 평가의 전반적인 절차와 선택한 평가 전략과 도구를 고찰하는 방법에 대해 설명해 준다.

- "Selecting an Evaluation Steering Committee: A Critical Step" by Jan B. Hansen, in MEGT Voice, Winter 2001. 이 논문은 영재교육과 관련된 교내외의 주요 인사들이 포함된 평가 추진위원회 구성의 논리와 한계, 구성 방법 등에 대해 논의하고 있다.

부록

☆ 영재교육 서비스 평가 설문지(교사용) ☆

선생님께

우리는 영재학생들에게 제공되는 프로그램과 서비스를 평가하고 있습니다. 선생님의 의견이 필요합니다. 시간을 조금만 내어 설문조사에 응해 주세요. 언제부터 언제까지 일했으며 어디에서 일했는지를 적으시고 여러분의 경험을 바탕으로 대답해 주세요. 항상 영재 프로그램을 위해서 힘써 주셔서 감사하고 이 설문지에 응해 주셔서 감사합니다. 추후에 설문지의 결과와 관련 내용을 보내 드리겠습니다.

* 영재교육 경력: _____ 년 _____ 개월/근무처: ____________________

* 반송기일: 년 월 일

대단히 감사합니다.

1. 각 질문마다 여러분의 생각을 표현해 주세요.

3= 동의한다 2= 잘 모르겠다 1= 동의하지 않는다

A.______ 나는 영재가 어떻게 판별되는지를 이해하고 있다.

B.______ 나는 영재를 판별하는 과정에서 나의 역할이 무엇인지 이해하고 있다.

C.______ 대체로 타당한 학생들이 영재교육 프로그램에 참여하도록 선발되었다고 느낀다.

D.______ 나는 수업시간에 충분한 시간을 영재학생에게 주었다.

E.______ 일반학급에서 효과적으로 수업을 차별화하기 위한 학교의 목적과 목표를 이해한다.

F. ______ 영재교육 프로그램에 관해 학부모, 교사, 학교 행정가들은 충분한 소통을 한다.
G.______ 영재학생의 학부모들과 편하게 의사소통한다.
H.______ 교사연수는 영재들의 학업적 · 정서적 요구를 잘 이해할 수 있도록 도움을 주었다.
I. ______ 교사연수는 나에게 중요한 문제들과 이슈들을 설명해 주었다.
J. ______ 나는 영재교사나 코디네이터들로부터 도움을 받은 적이 있다.
K.______ 나는 영재교육 강사들을 쉽게 구할 수 있다.
L. ______ 나는 학교가 영재학생들에게 가치 있는 교육을 제공한다고 믿는다.

문항 D에 대한 여러분의 생각을 써 주세요.

____
____
____
____
____
____

2. 영재교사나 코디네이터가 여러분에게 어떤 서비스를 제공해 주었습니까? 빈칸에 체크 해 주세요.
A.______ 학급에서 하나 이상의 수업을 한다.
B.______ 차별화 교수를 돕는다.
C.______ 학생들이나 개별 학생의 학습욕구를 논의하기 위해 만났다.
D.______ 교육과정 자료를 제공해 준다.
E.______ 기타 ______________________________
F.______ 해당 없음.

3. 2번 질문에서, 어떤 것이 수업에 가장 도움이 되었습니까?

4. 2번 질문에서, 어떤 것이 수업에 가장 도움이 되지 않았습니까?

5. 지금 시행되고 있는 수업 지원 중, 좀 더 자주 받고 싶은 도움이 있습니까?

6. 지금 시행되고 있지 않은 수업 지원 중, 만약 생긴다면 어떤 도움이 좋겠습니까?

7. 영재교육 서비스에서 어떤 구체적인 변화와 향상을 원합니까?

8. 영재교육 기간 중, 여러분이 생각하기에 학교가 특별히 잘한 점은 무엇입니까?

9. 더 하고 싶은 말은?

☆ 영재교육 서비스 평가 설문지(학부모용) ☆

학부모님께

우리는 영재학생에게 제공되는 프로그램과 서비스에 대해 평가하려고 합니다. 여러분의 의견이 필요합니다. 시간을 조금만 내어서 익명의 설문조사에 응해 주세요. 여러분의 경험을 바탕으로 대답해 주세요. 항상 영재 프로그램을 위해서 힘써 주시고 이 설문지에 응해 주셔서 감사합니다. 필요하시다면 설문지의 결과를 보내 드리겠습니다.

감사합니다.

1. 각 질문마다 여러분의 생각을 표현해 주세요.

3= 동의한다 2= 잘 모르겠다 1= 동의하지 않는다

A._____ 나는 영재가 어떻게 판별되는지를 이해하고 있다.
B._____ 영재를 판별하는 과정에서 나의 역할이 무엇인지 이해하고 있다.
C._____ 대체로 타당한 학생들이 영재교육 프로그램에 참여하도록 선발되었다고 느낀다.
D._____ 내 아이는 영재교육 프로그램에 참여하여 긍정적인 경험을 했다고 느낀다.
E._____ 나는 내 아이의 학업적 요구가 잘 충족되고 있다고 느낀다.
F._____ 내 아이는 일반학급에서 적절한 도전감을 경험하고 있다.
G._____ 내 아이는 학급 밖 프로그램에 참여할 때 도전감을 경험하고 있다.
H._____ 내 아이의 사회적 · 정서적 요구는 학교에서 적절히 충족되고 있다.
I._____ 내 아이의 영재교육 프로그램과 서비스에 관해 상의하기 위해 학교 관계자를 쉽게 만날 수 있다.
J._____ 나는 내 아이의 요구에 대해서 담임교사와 편하게 이야기할 수 있다.
K._____ 나는 내 아이의 요구에 대해서 영재교사와 편하게 이야기할 수 있다.
L._____ 학교는 내 아이의 학업적, 사회 · 정서적 요구에 대해 더 많은 것을 배울 수 있

는 유용한 기회를 제공해 주었다.

M.______ 나는 다른 영재 부모들과 만나는 적절한 기회를 갖는다.

문항 D에 대한 질문이나 생각을 써 주세요.

____

____

____

____

2. 여러분의 아이는 어떤 종류의 영재교육에 참여하고 있습니까. 빈칸에 체크해 주세요.

A.______ 풀 아웃 수업

B.______ 일반학급의 차별화 수업

C.______ 다른 영재학생들과 함께하는 능력이나 재능집단 수업

D.______ 능력 중심의 수업

E.______ 심화 수업

F.______ 기타 ________________________________

G.______ 해당 없음

3. 여러분의 아이를 어떤 종류의 영재교육 프로그램에 참여시키고 싶으십니까? 빈칸에 체크해 주세요.

A.______ 풀 아웃 수업

B.______ 일반학급의 차별화 수업

C.______ 다른 영재학생들과 함께하는 능력이나 재능집단 수업

D.______ 능력 중심의 수업

E.______ 심화 수업

F. _____ 기타 ____

G._____ 해당 없음

4. 지금 시행되고 있는 영재교육 프로그램이나 서비스 중 어느 것이 특히 중요하거나 유용하다고 생각하십니까? 왜 그렇게 생각하십니까?

____

____

____

____

5. 영재교육 서비스에서 어떤 구체적인 변화나 향상을 원하십니까?

____

____

____

____

6. 더 하고 싶은 말은?

____

____

____

____

☆ 영재교육 프로그램 평가 설문지(학부모용) ☆

학부모님께

우리는 영재학생에게 제공되는 프로그램과 서비스에 대해 평가하려고 합니다. 여러분의 의견이 필요합니다. 시간을 조금만 내어서 익명의 설문조사에 응해 주세요. 여러분의 경험을 바탕으로 대답해 주세요. 항상 영재 프로그램을 위해서 힘써 주셔서 감사하고 이 설문지에 응해 주셔서 감사합니다. 필요하시다면 설문지의 결과를 보내 드리겠습니다.

감사합니다.

1. 각 질문마다 여러분의 생각을 표현해 주세요.

A= 동의한다 N= 잘 모르겠다 D= 동의하지 않는다

A.______ 내 아이가 이 프로그램에 참여한 것은 가치 있는 경험이었다.

B.______ 이 프로그램은 내 아이의 학업적 발전에 기여했다.

C.______ 내 아이는 이 프로그램에 참여한 후 학교에 대한 관심이 높아졌다.

D.______ 내 아이는 비슷한 능력을 가진 다른 아이와의 상호작용을 통해 도움을 받았다.

E.______ 내 아이는 이 프로그램에 참여한 후 일반학급 친구들과의 관계가 힘들어졌다.

F.______ 일반학급 밖에서 이루어진 영재교육 프로그램의 활동들은 가치가 있었다.

G.______ 일반학급 담임은 내 아이가 이 프로그램에 참여할 수 있도록 도와주었다.

H.______ 내 아이는 이 프로그램에 참여하기 위해 일반학급 활동에 너무 많이 불참했다.

I.______ 일반학급에 비해 이 프로그램의 추가 과제들은 내 아이에게 부담스러웠다.

J.______ 일반학급에 비해 이 프로그램의 활동은 내 아이에게 더 많은 도전감을 주었다.

K.______ 이 프로그램이 없었다 해도 담임교사는 내 아이에게 도전감을 주고, 동기를 부여할 수 있는 활동을 만들어 주었을 것이다.

L.______ 이 프로그램에 잘 적응하지 못하는 학생은 여기에 참여할 필요가 없다.

M.______ 숙제를 마치지 못했다면, 담임교사는 내 아이를 이 프로그램에 참석하지 못하

게 했을 것이다.

N._____ 이 프로그램의 담당교사와 나는 충분한 대화를 했다.

O._____ 이 프로그램에 참여하는 학생을 선발하는 과정은 적합하고 공평했다.

2. 다음 중 여러분의 의견과 가장 가까운 것에 동그라미를 그려 주세요.

   A. 이 프로그램의 운영 시간은?

   너무 짧다　　　알맞다　　　너무 길다

   B. 프로그램에 참여한 내 아이의 기분을 최대한 잘 표현한다면?

   열성적이다　　　긍정적이다　　　중간이다　　　무관심하다　　　부정적이다

3. 이 프로그램의 어떤 면이 여러분의 아이에게 가장 도움이 되었나요?

____

____

4. 이 프로그램에 참여한 결과, 여러분의 아이에게 발생한 문제나 어려움을 간단히 기술해 주세요.

____

____

5. 이 프로그램의 향상을 위한 여러분이 할 수 있는 제안은 무엇입니까?

____

____

6. 더 하고 싶은 말은?

____

____

☆ 영재교육 서비스 평가 설문지(학생용) ☆

학생 여러분께

선생님과 학교는 흥미와 도전적인 수업을 진행하려고 많이 노력했습니다. 우리는 그런 노력이 어떠했는지 여러분의 의견이 듣고 싶습니다. 우리는 여러분의 정직한 대답을 원하고 이 설문지에 이름을 쓰지 않아도 됩니다. 질문에 대답이 끝난 후 프로그램이 좀 더 나아질 수 있는 조언을 해 주세요.

여러분이 참여한 영재교육 프로그램의 이름을 써 주세요.(   )

1~8까지는 여러분의 생각과 가장 가까운 것을 골라 체크하세요.

1. 전체적으로 이 프로그램이 마음에 들었다.
   ______ 많이
   ______ 조금
   ______ 전혀. 왜냐하면 ________________________________

2. 내가 이 프로그램에 소비한 시간은?
   ______ 길다.
   ______ 적당하다.
   ______ 길지 않다.

3. 다른 영재학생들와 함께 있을 때?
   ______ 그들과 지내는 시간이 즐거웠다.
   ______ 그저 그랬다.
   ______ 즐겁지 않았다.

4. 프로그램에서 배운 양에 대해서 말하자면?

_____ 일반 수업에서보다 많은 것을 배웠다.

_____ 일반 수업보다 적게 배웠다.

5. 영재교육 프로그램을 맡고 있는 교사의 기대치는?

_____ 높다.

_____ 적당하다

_____ 높지 않다.

6. 영재교육 프로그램에 참여한 나에게 일반 수업 선생님은?

_____ 큰 기대를 건다.

_____ 다른 아이들과 똑같이 대해 준다.

_____ 내가 아는 것은 건너뛰게 해 준다.

7. 영재교육 프로그램에 참여하지 않은 학생은 나에게?

_____ 질투한다.

_____ 평상시와 같이 똑같이 대한다.

8. 이 프로그램에 참여하면서 느꼈던 생각을 모두 체크하세요.

_____ 비슷한 능력을 가진 친구와 학습하는 것이 즐거웠다.

_____ 그룹 프로젝트를 하는 것이 즐거웠다.

_____ 영재들의 능력 차이에 대해 이야기하는 것이 즐거웠다.

_____ 이 프로그램에 참여했기 때문에 숙제가 더 늘어났다.

_____ 이 프로그램에 참여했기 때문에 친구들과 문제가 발생했다.

_____ 이 프로그램에 참여했기 때문에 새롭고 전과 다른 학습방법에 대해 생각하게 되었다.

_____ 이 프로그램에 참여했기 때문에 나의 능력을 더 잘 이해하고 받아들이게 되

었다.

_____ 이 프로그램에 참여했기 때문에 나의 미래 직업에 대해 생각하게 되었다.

_____ 나는 이런 영재교육 프로그램에 계속 참여하고 싶다.

9~12까지는 완전한 문장으로 정직하게 답변해 주세요.

9. 영재교육 프로그램 중 가장 재미있었던 것은?

10. 이 프로그램에서 배웠던 것 중 내가 평생 기억하고 싶은 것은?

11. 이 프로그램의 향상을 위한 가장 좋은 방법은?

12. 여러분이 프로그램에서 느낀 경험 중 다른 사람과 공유하고 싶은 것은?

☆ 영재교육 서비스 평가 설문지(행정가용) ☆

우리는 영재학생에게 제공되는 프로그램과 서비스에 대해 평가하려고 합니다. 여러분의 의견이 필요합니다. 시간을 조금만 내어서 익명의 설문조사에 응해 주십시오. 여러분의 경험을 바탕으로 대답해 주세요. 항상 영재 프로그램을 위해서 힘써 주셔서 감사하고 이 설문지에 응해 주셔서 감사합니다. 필요하시다면 설문지의 결과를 보내 드리겠습니다.

감사합니다.

1. 우리 학교나 교육청에서 이루어지는 영재교육 서비스 중 여러분이 관심을 가지고 있는 것에 체크해 주세요.

A.______ 영재 판별과 배치
B.______ 교육 프로그램의 계획
C.______ 교육 프로그램의 관리
D.______ 특별한 프로그램
E.______ 일반학급 내의 적응
F.______ 일반학급 밖의 적응
G.______ 영재교육 서비스를 위한 직원 채용
H.______ 영재교육 관계자의 연수
I.______ 일반학급 교사들의 연수
J.______ 프로그램 평가
K.______ 부모 교육
L.______ 지역사회의 관심
M.______ 기타 ______________________________

2. 영재교육 중 학교나 교육청이 특히 잘 하고 있는 점은 무엇입니까?

3. 영재교육 프로그램의 어떤 변화와 향상을 원하십니까?

4. 더 하고 싶은 말은?

☆ 대중 광고문 ☆

영재교육 프로그램 평가

○○○ 교육청에서는 영재학생들에게 제공되는 프로그램과 서비스를 평가하려고 합니다. 지역사회의 인사들로부터 다양한 의견을 듣기 위해 다음과 같이 공청회를 개최하려고 합니다.

- 일시 및 시간:
- 장소:

본 교육청은 이 지역의 영재교육원에 다니는 영재학생들에게 좀 더 좋은 교육 프로그램과 서비스를 제공하는 방법을 찾기 위해 여러분의 생각을 듣고 싶습니다. 부디 참석하시어 좋은 의견 주시기 바랍니다.

- 담당자 연락처: ____________________

6장 의사소통과 관계 형성을 통해 프로그램을 강화하라

[영재 담당교사가 해야 할 일][1)]

- 여러분이 누구를 지원하기 위해 여기에 있는지 항상 기억하라. 여러분이 지원해야 하는 대상은 영재학생들이며, 그들은 여러분을 필요로 한다!
- '학생 노트'를 포함한 영재학생의 기록을 보관하라. 이것은 매우 유용하게 쓰일 것이다.
- 학생들을 위해 여러분이 원하는 것이 무엇인지를 알고, 그 비전에 공감하고 목표를 성취하기 위해 여러분과 함께 노력해 줄 사람을 찾으라.
- 학생들을 사랑하는 교사를 찾으라. 여러분은 교사들에게 영재성에 관해서는 가르칠 수 있지만 학생들을 사랑하는 법을 가르칠 수는 없다.
- 건강한 유머감각을 유지하라. 웃음은 어떤 치료보다도 효과적이다.
- 영재 학부모들이 자녀를 위한 선택을 해야 할 때 그들에게 도움을 주라. 영재지녀를 양육하는 것은 부모들에게는 새롭고 어려운 일이다.

---

1) 출처는 Dr. Janis Fall(Gifted Coordinator, Killen[Texas] Independent School District)의 "Keeping your own stories"다.

- 여러분의 의견이 학교 행정가들과 항상 잘 소통되는지를 확인하라. 그들에게 과하다 싶을 만큼의 많은 정보를 제공하라. 그들은 막강한 힘을 가지고 있고 여러분은 협력자가 필요하다.
- 이 분야의 전문가를 만나고 도움을 요청하라. 학회활동에도 참여하라. 영재학생들이 그들과 비슷한 영재친구가 필요하듯이 우리도 마찬가지다.
- 뻔뻔해지라. 영재학생들의 요구와 관련된 논란의 대부분은 여러분에 관한 논란이 아니다. 영재학생들에게 주의를 기울이라.

[성공적인 영재교육 코디네이터가 되기 위한 중요한 열 가지 전략]2)

10. 여러분에게 필요한 기술을 알고 전문가가 되라.
9. 이 분야 전반에 걸친 최신 경향을 파악하라. 이는 여러분에게 영향을 줄 것이다.
8. 어떻게 어디에서 제공되던지 간에 예산을 확보하라.
7. 영재교육에서 학생들의 잠재력 계발을 우선으로 생각하라.
6. 여러분의 직원 혹은 여러분 자신에게도 평범함을 허용하지 말라.
5. 지속적으로 연수하라.
4. 학생들과 다른 교사들이 융통성 있고 개방적이기를 원하는 만큼 여러분 자신도 그렇게 행동하라.
3. 어떤 도전이라도 허용하라.
2. 독서를 게을리 하지 말라.

그리고 성공적인 영재교육 코디네이터가 되기 위한 첫 번째 전략은

1. 절대, 어떠한 경우에도, 여러분의 열정을 잃지 말라.

---

2) 출처는 Ellen Sloan(Gate Coordinator, Clark Country School District, Las Vegas, Nevada)의 "The Hardest job you'll ever love"다.

영재교육 프로그램을 시행하는 데는 여러 가지 방법이 있다. 목표설정, 판별, 평가까지는 사용이 용이하고 근거가 분명한 자료에서 관련 정보를 찾는 것이 가능하다. 그러나 다음 경우는 그렇지 않다. 즉, 영재 담당교사로서 우리가 영재 프로그램 예산을 어떻게 제시할 수 있을까? 어떻게 다른 교사들의 신임을 얻을 수 있을까? 어떻게 효과적인 학부모의 지지를 얻을 수 있을까? 어떻게 행동과 감정적으로 어려움을 겪고 있어 도움을 필요로 하는 학생들을 지도할 수 있을까? 어떻게 모든 것이 충분하지 않은 상황(예산, 시간, 공간, 인력, 에너지 등)에서 영재교육을 지속할 수 있을까?

이런 질문들은 영재교육에 관심이 있는 사람들이 모여 일하는 곳이라면 어디든지 나올 수 있다. 우리가 모든 답을 제공해 줄 수는 없지만, 여러 가지 예산문제를 해결하거나, 동료교사와의 갈등을 해결하거나, 학부모와의 관계를 원만하게 하거나, 영재학생들의 사회적 · 정서적 부담을 완화시켜 줄 수 있는 자료를 제시해 줄 수 있다. 우리가 할 수 있는 것은 영재교육 프로그램과 인간관계를 지속하는 데 도움이 될 오랜 세월에 걸쳐 검증된 전략과 전술들을 공유하는 것이다. 6장에서는 여러분이 지도하는 영재학생들을 위해 효과적인 의사소통과 관계를 지속하는 것에 도움이 되는 아이디어들을 제공하려고 한다.

관리자들과 협력하라

권력을 가진 관리자들과 효과적으로 일하는 것은 영재교육 프로그램에서 중요한 능력이다. 만약 교장이 영재교육에 대해 열정적으로 지지해 주지 않는다면, 여러분의 수업에 참여하도록 하여 영재학생들이 직접 활동하는 모습을 보여주라. 이런 경험은 의심 많은 사람들을 변화시킨다. 여러분과 교장 혹은 교육과정 코디네이터와의 관계를 발전시키려고 한다면, 그 사람의 입장이 되어 보는 것이 도움이 될 것이다. 예를 들어, 교장은 모든 교육과정을 숙지하고 있어야 한다. 교장은 학부모, 교사, 장학사, 교육청, 그리고 모든 지역사회의 질문에 답할 수 있어야 한다. 행정가의 협조와 지지를 받기 위해서는 믿음을 얻는 것부터 시작하라. 여러분이 믿을 수 있는 정보를 효과적이고 간결하게 제공할 수 있다는 신뢰를 주고, 행정가에게 영재교육을 지지하는 데 필요한 중요한 수단을 제공하고 그 과정에서 신임을 얻으라.

예산

예산과 관련된 문제들은 크건 작건, 2년 주기로, 매년, 혹은 매주 발생할 수 있다. 일시적인 이벤트를 통해 모인 예산으로는 한 가지 특별 활동을 진행하거나 몇 권의 책을 구매할 수는 있지만, 어떻게 안정적인 프로그램의 예산을 확보할 수 있을까? 여러분이 해야 할 가장 중요한 과제 중 하나는 교장이나 행정가들에게 왜 영재교육이 의미 있고 확실한 예산이 필요한지 인식하게 하고, 이에 관한 의견을 나눌 수 있도록 돕는 것이다.

교사 지원

영재교육 코디네이터 혹은 영재 담당교사로서 여러분은 일반교사의 정보원이 되는 것이다. 그러므로 여러분은 정보, 교육자료, 필요로 하는 도움과 연수를 제공해야 한다. 다른 영재 담당교사들의 동료 혹은 영재담당 장학사로서 여러분은 지속적으로 자신의 시간과 에너지를 다해 여러분의 도움을 필요로 할 때 협력하는 사람이 되어야 한다.

학부모 참여

학부모는 영재 프로그램의 최고의 동맹자가 될 수 있지만, 자녀의 흥미와 프로그램에 대해 하나의 팀으로 함께 협력할 때 가장 의미 있는 도움이 될 것이다. 영재학생들의 최대 지지자인 부모가 아이들에게 유익하지 않은 일에 참여할 리가 없다. 또한 영재교육 프로그램에 대한 학부모의 관심을 간과하거나 프로그램을 유지하는 데 중요한 역할을 하는 학부모들의 능력을 과소평가해서도 안 될 것이다.

영재학생의 정서적 요구

영재학생들에게 나타나는 독특한 정서적 · 사회적 요구는 영재학생들과 여러분에게 타격을 입힐 수 있다. 이런 영재학생들이 스스로를 도울 수 있는 방법을 찾아야 한다.

여러분의 욕구는 무엇인가?

영재 담당교사가 지치고 조급해하고 정도가 지나치면 프로그램은 잘 진행될 수 없다. 여러분도 사람이기 때문에 학교의 우선순위에서 여러분 자신과 여러분의 요구는 제일 뒷전으로 미루는 경향이 있을 것이다. 그러나 여러분 자신을 잘 유지하고 필요할 때는 휴식을 갖는 것이 프로그램이나, 동료교사, 영재학생들에게 좋은 영향을 줄 수 있다.

프로그램을 가시화하라

영재교육 프로그램을 관리하는 데 있어 가장 어려운 것 중 하나는 여러분의 이야기를 듣는 사람들이 이를 잔소리처럼 듣게 하지 않으면서도, 원하는 수준의 성취를 위해 여러분이 무엇을 하는지에 관해 충분히 이야기하는 것이다. 이에 더해 여러분이 해야 할 일은 다른 사람들이 볼 때 영재 프로그램이 엘리트주의로 비춰지지 않도록 하는 것이다.

프로그램을 가시화하는 것은 분명 어려운 일이지만, 프로그램을 명시화하는 것은 학교 전체와 지역사회의 자랑으로 확실하게 용인되고 정립하는 데 있어 중요하다. 다음은 영재교육의 가시화를 높이기 위한 여러 가지 방법들이다.

유대관계를 형성하라

학부모, 학생, 교사, 행정가와의 유대관계는 여러분의 프로그램에 대한 지지를 마련하는 데 도움이 될 것이다. 학부모들은 자녀를 지원할 때 특히 강력한 힘을 발휘한다. 부모는 영재 프로그램에 대한 요구나 개정이 필요할 때 행정가를 설득시키는 데 도움이 될 수 있다. 학생 역시 영재교육과 특정한 프로그램, 그리고 서비스를 대표하는 뛰어난 대변인과 설득력 있는 역할을 할 수 있다. 이와 관련 있는 일반교사 역시 다른 교사들이 이 프로그램에 마음을 열고 관심을 가지고 열정적이 되는 데 영향을 줄 수 있다. 또한 행정가와의 관계가 결정적인데, 단지 지지하는 것으로 알려진 관리자뿐 아니라 별 관심이 없고 회의적이고, 냉소적으로 보이는 행정가와의 교제도 중요하다. 다음은 영재교육에서 중요한 역할을 하는 사람들 사이의 협력을 발전시키고 인식을 높이기 위한 몇 가지 아이디어들이다.

영재교육 후원회를 설립하라

교사, 학부모, 행정가, 학생, 지역사회, 그리고 영재교육을 위해 정책을 발전시킬 힘을 가진 누구라도 포함하여 이사회를 구성하라. 모든 위원회 위원들의 역할은 교육을 위해 비공식적으로(공식적으로도) 로비하는 것임을 가시화하라. 위원회 위원들과 함께 학교나 언론에서 제기되는 문제를 해결할 수 있도록 유도하라.

주요 학교인사와의 정기적 회의를 계획하라

행정가와 교사들에게 영재교육에 관한 연구에 대해 알릴 수 있는 정기적인 회의를 계획하라. 일 년에 한 번(가급적이면 학년 말에) 학교 운영위원회 회의를 계획하라. 여러분이 어떤 프로그램을 진행하고 있는지에 관해 공유하고, 성과를 강조하여 소개하고, 프로그램의 성장과 개선을 위한 핵심 사항들을 정확히 제시하라. 짧은 시간의 프레젠테이션으로도 충분히 영향력을 발휘할 수 있다.

영재학생을 앞으로 내세워라

영재학생들은 그 자체로 그들이 속한 조직을 강하고 설득력 있게 만들 수 있다. 보는 것이 믿는 것이다. 영재교육 코디네이터 혹은 영재 담당교사로서, 여러분의 학생들과 그들이 이룬 성취를 제시하라. 가능하다면 학생들에게 프로그램과 학생들의 요구를 교육청이나 학교 운영위원회에서 발표할 기회를 주라. 영재학생들이 프로그램을 위해 가장 좋은 홍보가 될 수 있다. 만약 학생들이 그들의 요구, 희망, 그리고 우수한 성취의 예시들을 영재교육에 관해 회의적인 의견을 가진 교육청이나 학교 운영위원회 앞에서 발표한다면 더 큰 호응을 얻게 될 것이다.

서비스를 영재교육의 중요한 요소로 만들라

여러분의 학생들이 학교, 지역사회 그리고 다른 학생들에게 가치 있는 공헌을 할 기회를 주라. 분명히 이는 영재학생들과 이들을 지원하는 사람들에게 혜택이 된다. 또한 영재 프로그램에 참여하는 학생들의 존재감이 알려지고 인식을 심어 주게 한다. 만약 여러분이 학생들을 지역사회를 바꿀 수 있는 문제해결 프로그램(학교 내, 학교 주변의 안전을 높이고, 새로운 이주자들을 위한 서비스 안내책자를 제작하는 등)에 참여시키고 있다면, 학생들의 공헌이 보다 많은 사람들에게 알려지도록 지역 언론과 접촉하게 하라.

또한 행정가, 교장, 담임과 영재학생들이 기여하는 부분에 대한 유대관계를 만들라. 이런 사람들이 영재학생들의 프로젝트에 관련이 된다면, 여러분은 행정가와 담임은 물론 학교 운영위회와 지역사회 리더의 지지도 받게 될 것이다. 예를 들어, 학생들이 신문이나 TV에 알려졌다면, 관련된 학생과 함께 이 프로젝트와 연관된 행정가와 담임의 이름도 거명되도록 하라. 이로 인해 이와 관련된 사람들은 영재 프로그램에 대한 성취감과 이를 인정하는 것뿐 아니라, 자신의 지원으로 인해 프로그램이 인정을 받았다는 신뢰를 인식하게 될 것이다.

정치적이 되라

시 · 도 · 정부 기관과의 관계를 유지하라. 영재교육 지원 위원회와 함께 영재학생들에게 영향을 줄 법안이나 예산에 대해 로비하라. 영재교육은 매년 예산을 지원받아야 하므로, 입법부에 여러분의 사안을 개제할 필요가 있다. 여러분이 속한 시 · 도에서 영재교육 프로그램에 대한 예산이 어떻게 책정되는지에 대해서도 알고 있어야 한다. 교육청에서 누가 영재교육을 담당하고 있는지를 알고 있어야 한다. 이에 관한 의사 결정자에게 영재학생들과 학부모의 의견을 수렴할 수 있게 하라.

시 · 도 · 정부 입법자들의 전화번호, 주소, 이메일 주소를 리스트로 만들어 놓으라. 영재교육과 관련된 공청회나 투표를 해야 할 때마다 입법자들과 접촉해서 여러분이 필요한 그들의 도움을 명확하게 이해시키라. 이런 리스트를 학부모와 영재 담당교사들에게도 제공하라. 어떤 사안이 생겼을 때 여러분은 다른 사람들을 대표하여 진정서나 진술문을 작성하여 발송할 수 있을 것이다.

❖ 유용한 정보와 데이터를 제공하라

영재 프로그램에 관한 의사결정을 내릴 때 정책결정자들은 이와 관련된 적절한 정보와 데이터를 필요로 한다. 만일 여러분이 이에 필요한 연구와 정보를 수합하고 있다면 여러분은 행정가들에게 큰 도움을 제공할 수 있을 것이다. 이는 영재교육 프로그램의 수준을 개선하고 예산을 계획하는 데 도움이 될 것이다. 여러분은 외부에서 시행된 연구와 여러분이 속한 학교 또는 지역의 성공사례와 영재교육의 필요성에 대한 연구 모두가 필요하게 될 것이다. 원할 때 언제든지 사용할 수 있도록 유용한 형식으로 데이터를 보관하고 행정가 회의나 학교 운영위원회 회의의 참가자들과 공유하라. 특히 차트, 그래프, 논점들로 정리해 놓는다면 도움이 될 것이다. 여러분이 필요한 자료를 수집할 수 있는 방법이 다음에 제시되어 있다.

미국영재학회

미국영재학회(NAGC) 웹사이트(www.nagc.org)에서 영재아들을 위한 프로그램 규준과 일련의 유용한 표를 인쇄하라. 여기에 제시된 규준은 연구를 기반으로 만들어졌기 때문에 영재아들을 위한 교육목표를 가장 잘 실천할 수 있는 규준을 제시해 주고 있다. 이 사이트에서 여러분은 최근 회계연도의 '재비츠(Jacob K Javits) 영재학생 교육 조례'의 예산상황을 찾을 수 있을 것이다. 재비츠 법령은 미국의 영재교육을 위한 주정부 지원의 주요 출처이고, 의회에서 매년 예산을 결정한다.

국립 영재교육 연구센터

국립 영재교육 연구센터(The National Research Center on the Gifted and Talented: NRC/GT)는 국가 수준의 연구원, 전문가 그리고 정책 입안자들로 구성되었고 재비츠 법안을 통해 예산을 지원받는다. 국립 영재교육 연구센터는 영재교육자들을 돕는 방법으로 높은 수준의 학습과 학교의 개선을 위해 이와 관련된 연구를 지휘하고 보급하는 역할을 한다. 국립 영재교육 연구센터의 유용한 자료들 중에는 영재교육을 담당하는 교사와 학부모에게 필요한 안내책자와 정책 결정자들에게 필요한 연구 결과들이 제공된다(www.gifted.uconn.edu/nrcgt.html).

ERIC 자료

ERIC(Educational Resources Information Center)은 온라인상으로 영재교육에 관한 연구보고서와 학위논문 등을 검색할 수 있는 유용한 정보원이다(www.ericec.org).

요구분석과 프로그램 평가 관련 정보

1장에서 요구분석에 관한 논의와 형식들을, 5장에서는 프로그램 평가에 관한 논의와 형식들을 살펴보았다. 여러분이 수집한 데이터를 현존하는 프로그램의 가치를 문서화하고, 필요한 영역을 설명하고, 프로그램의 변화와 발전에 대한 제언을 하는 데 사용하라.

영재학생

영재학생들이 직접 행정가(교장선생님, 장학사, 교육청 관계자)에게 의사 전달하는 것을 과소평가하지 말라. 학생들이 자신의 의사표명을 한다면 교사의 진부한 이야기와는 달리 훨씬 신뢰감을 높일 수 있을 것이다. 학생들은 영재 프로그램이 무엇인지, 그들의 인생에서 영재 프로그램이 무엇을 의미하는지를 설명할 수 있을 것이다. 학생들은 자신들이 수행한 복잡한 프로젝트, 지역사회 서비스 혹은 문제해결에 대한 결과를 보고할 수 있으며, 산출물도 보여 줄 수 있을 것이다. 이를 위해서는 발표력이 우수하고 시간엄수를 잘 하는 학생을 선발해야 한다.

학부모들을 위한 뉴스레터를 발행하라

뉴스레터는 영재교육에 대한 학부모의 흥미를 지속시키고, 정보를 제공하며, 소통할 수 있는 훌륭한 방법이다. 여러분은 학부모를 위한 뉴스레터를 교사나 행정가들과 공유할 수 있으며, 이는 전문가들의 이해와 이들과의 의

사소통을 유지시킬 수 있다.

일 년에 3~4회 뉴스레터를 출판하고 배부하라. 뉴스레터의 내용을 발전시킬 수 있는 몇 가지 방안이 다음에 제시되어 있다.

- 개인과 집단의 성취를 문서화하고, 이 학생들과 함께 작업한 담당교사의 이름도 포함시켜라. 만약 여러분이 일반교사라면, 성취에 대한 여러분의 역할은 최소화하고 학생의 역할을 극대화하라.
- 재미로 '현장학습'을 가는 듯한 인상을 풍기지 말라. 이런 특별한 행사는 특별한 목적이나 학생이 참여하는 장기간의 프로젝트에 대한 내용이 반드시 포함되어야 함을 명심하라. 이런 활동을 통해 학생들이 무엇을 배우고 성취하는지 강조해야 한다.
- 여러분이 사용하는 데 친숙한 정보원(웹사이트나 새로운 도서)을 공유하는 수단으로 뉴스레터를 사용하라. 또한 여러분이 읽은 자료 중에서 영재성에 관한 부분은 발췌하라(인용하는 방식을 준수하라. 인쇄자료를 이용할 때에는 반드시 필요한 사항이다). 일반적으로 논쟁의 여지가 있는 기사는 피하는 것이 좋다. 만약 논쟁적인 주제를 다루고 싶다면 객관적으로 장점과 단점을 인용하여 균형 잡힌 방식으로 전개하라. 뉴스레터 편집위원회는 특정한 사안에 대해 입장을 직접 표명할 수 있을 것이다.
- 앞으로 진행될 이벤트나 회의를 공지하라. 날짜, 시간, 장소, 등록비, 마감기한 등 모든 정보를 제공하라.
- 영재교육에 관한 최근의 연구, 제공될 수업, 영재자녀를 양육하는 데 도움이 되는 전략, 그리고 다른 유용한 정보 또한 제공하라.

뉴스레터를 읽기에 수월하도록 많은 여백과 빈 공간을 충분히 설정하여 디자인하라. 또한 내용과 관련 있는 사진이나 도표를 사용하라. 같은 색상의 용지를 매번 사용하여 '영재교육 뉴스레터'라는 것을 각인시키는 것도 좋은 방법이다. 복사하거나 읽기에 불편한 형광색 용지나 배경이 있는 용지는 피하라.

뉴스레터에 프로그램 혹은 학교의 이름을 붙이고 연도와 호, 권 등을 명시해야 한다. 로고나 발행인 명의란 같은 것을 사용하고 이 로고를 일 년 내내 사용하라.

여러 번 교정하라. 한 명 이상이 교정보도록 하라. 컴퓨터에 의존하지 말라. 사람의 이름 철자를 틀리게 표기하는 등의 사소한 실수도 용납하지 말라. 이 뉴스레터는 여러분의 프로그램의 역량을 대변할 수 있으니, 내용과 형식 모두 수준 높게 만들어야 한다.

항상 학교에서 받은 유인물을 학부모에게 전달하는 것에 소홀한 학생들이 있기 마련이다. 이러한 문제를 고려하여, 알맞은 장소나 교무실 근처에 뉴스레터를 배치해 두라. 성적표와 함께 뉴스레터를 동봉하는 것도 방법이다. 학교나 영재 프로그램 웹사이트에 뉴스레터를 올리는 것도 고려해 볼 수 있다.

홍보하라

뉴스레터는 홍보의 한 가지 방법이지만, 주로 학교나 지역 내에서 사용될 것이다. 그렇지만 더 넓은 지역사회에서 활용되도록 하는 것 역시 중요하다. 언론은 여러분의 프로그램에 관한 정보를 더 많은 사람들에게 알려 줄 것이다. 신문, 잡지, 웹 페이지, 라디오, TV는 강력한 대중 연결 수단이다. 그러나 언론매체들에게 정확한 정보를 제공하는 것을 명심해야 한다.

- 언론과 접촉하는 것에 대한 규정이 있는지를 먼저 관할지역과 확인하라. 연초에 여러분은 학부모들에게 학생들의 이름, 인용문, 사진, 결과물을 언론에 공개하는 것에 대해 동의를 구해야 한다. 이런 허가를 문서화하는 것은 필수적이고 대다수의 학부모들은 여기에 동의할 것이다.

- 언제든 언론과 접촉할 수 있도록 한 장 분량의 전단지를 만들라. 이 전단지는 학교나 해당지역의 영재교육에 관한 철학과 영재교육 프로그램에 관한 짧은 내용을 담고 있어야 한다. 이 광고지는 여러분의 프로그램을 정확하게 보도하는 데 도움이 된다.
- 학생들이 발표회, 경시대회, 프로젝트, 행사에 참여할 때마다 사전에 언론에 정보를 제공하라. 로봇을 디자인하고, 우주캠프에 참가하고, 지역 공천회에 참여하거나 늪지를 청소하는 것에 관한 대중의 주목을 받는 학생들이 때로는 문서로 된 평가보다 더 영재교육에 대한 지원을 받는 데 높은 효과를 발휘할 수 있다. 언론은 영재학생들이 학교와 지역의 긍정적인 이미지를 만드는 데 공헌하였다는 데 초점을 두어야 한다.
- 영재학생들이 참여하고 있는 작업에 관한 사설이나 신문 혹은 잡지기사를 쓰라. 만약 여러분이 이 분야에 전문지식이 부족하다면 프리랜서 작가나 영재학생들의 요구에 관해 잘 알고 있는 적절한 자원자를 찾으라.
- 여러분의 학생이 주목할 만한 작업을 하고 있다면(어린 아이들과 함께 작업한 동화책, 경시대회 참가, 학생들의 공격성 원인을 규명하는 학교 차원의 설문조사 등) 지역 언론에 이를 공지하라. 만약 학생이 자신의 프로젝트나 활동을 보도 자료로 만들었다면, 기자들은 이런 이벤트에 관한 기사를 게재하기 원할 것이다. 학생의 원래 디자인이나 학생이 사용한 색상을 사용하라. 또한 학생이 직접 언론사와의 통화를 통해 자신이 작성한 보도 자료를 읽게 하는 것도 방법이다(전화는 환영받지 못할 수도 있다). 실수가 있는지 점검하기 위해 기자에게 인쇄되기 전에 기사를 팩스로 보내 달라고 하는 것도 좋은 생각이다. 그렇게 해 주는 사람도 있을 것이고 아닌 사람도 있을 것이다.
- 학생의 경험과 프로젝트를 사진으로 남길 수 있도록 항상 카메라를 준비하라. 때때로 학생들이 자신들의 훌륭한 성취를 언론사에 알린다고 해도, 기자들은 결국 학생에 대한 기사는 잊고 은행 강도 이야기로 첫 면

을 채울 것이다. 만약 여러분이 기자들에게 사진을 함께 보낸다면 학생들에 관한 기사를 싣게 될 확률이 높아질 것이다.

- 행정가들이 모든 기사와 사진, 라디오, 인터넷, TV에 나온 자료들을 받을 수 있게 하라.

다른 홍보 전략도 있다. 자랑하고 싶은 것이 있다면, 교육과정 협의회, 초등학교 교장 연합회, 중학교 연합회, 고등학교 연합회, 수학교사 협의회, 과학교사 협의회 등과 같이 더 많은 사람들과 나누라. 만약 모두 가능하다면, 최소한 여러분의 동료 한 명은 공동 발표자로 참여시키고 학생도 가능하다면 참여시는 것이 좋다.

학부모와 교사를 위한 정보원이 되라

프로그램을 지속한다는 것은 그것을 유지하는 사람들이 계속해서 함께한다는 의미다. 핵심은 여러분이 교사나 학부모 양쪽에게 도움이 되고 믿을만한 정보원이 되는 것이다.

학부모를 참여시키고, 정보를 제공하고, 지지하라

학부모는 영재학생들에게 있어 강력한 힘을 발휘하는 지원자다. 학부모는 자녀들의 교육이 어떻게 진행되고 있는지에 가장 관심이 높다. 또한 학부모들은 종종 영재교육과 자녀의 독특한 욕구들을 설명하는 방법에 관한 모든 것을 배우고 싶어 한다. 만약 여러분이 부모를 참여시키고 지지해 준다면 여러분의 프로그램은 훨씬 강력해질 것이다. 다음의 몇 가지 제안이 도움이 될 것이다.

- 정기적인 학부모회의를 개최하라. 한 분기에 적어도 한 번, 만약 부모가 자원하여 편성할 수 있다면 더 자주도 괜찮다. 회의는 프로그램에 관계되는 학부모만 포함시킬 수도 있고, 관심이 있는 모든 부모를 참여시킬 수도 있다. 어느 방법이든, 여러분은 영재학생들의 교육에만 중점을 두면 된다. 많은 학부모의 참여를 위해 때로는 오후에 때로는 저녁시간에 회의를 소집하는 것이 좋다. 학부모교육 전문가에게 영재자녀를 양육하는 것에 관한 조언을 구할 수 있고, 일반교사에게 영재학생들이 일반학급에서 어떻게 생활하는지에 관한 정보를 공유하도록 하거나, 영재 담당교사나 자원한 학부모에게 특정한 심화 프로그램에 대한 안목을 넓힐 수 있는 기회를 제공할 수도 있을 것이다.
- 영재교육을 지원하거나 다른 학부모에게 정보를 제공하는 데 도움이 될 학부모회를 조직하라. 학부모 자원들은 프로그램을 관리하고 가르치는 데도 도움을 줄 수 있다. 정보의 공유를 위해 학부모 연락망을 만들라. 이것 역시 학부모회에서 만들어질 수 있다.
- 교사-학부모 간담회에 대해 적절한 정보를 가지고 있어야 한다. 학교, 지역, 지역정책에 대해 알아야 한다. 학생과 그들의 요구에 대해 알아야 한다. 여러분이 학생들이 참여하는 특성화되고 도전감을 줄 수 있는 차별화된 교육과정을 시도하고 있다는 것과 학생 개개인의 학습욕구에 부응하는 프로그램으로 발전시킬 방법을 찾고 있다는 것을 보여 줄 수 있도록 준비하라.

❖ 일반교사들과 밀접한 관계를 형성하라

몇 가지 사려 깊은 전략을 통해 일반교사들과 동맹자가 될 수 있다. 다음에는 일반교사들과의 밀접한 관계를 위한 중요한 두 가지 해야 할 사항과 하지 말아야 할 사항이 제시되어 있다.

여러분의 가치를 과장하지 말라

예를 들어 학교에 새로 부임한 영재교육 코디네이터가 자신을 소개하는데, "안녕하세요. 저는 여러분을 보다 성공적으로 만들어 드리기 위해 이 자리에 왔습니다."라고 소개했다고 생각해 보라. 두말할 필요도 없이 아무도 그 말을 좋게 생각하지 않을 것이다. 이와 같은 한 번의 실수는 평탄하게 갈 수 있는 평지를 오르막길로 만들 수 있다. 이런 행동은 영재학생들을 위해 써야 할 노력과 시간을 엉뚱한 곳에 허비하게 만든다.

교사들에게 지나친 정보를 제공하거나 요청하지 말라

세심한 것은 좋지만, 교사들이 매주 문서함에서 여러분에게 무언가를 해주어야 하는데 못하고 있다는 것을 상기시키는 메모를 보게 된다면, 여러분은 교사들에게 동료나 지지자보다는 귀찮은 존재로 느껴질 것이다. 교사들의 문서함에 놓을 것으로 가장 좋은 것은 요청이 아니라, "선생님이 요즘 5학년 아이들과 연못 생물에 대해 공부하는 것을 봤어요. 이 책이 제 생각에는 유용할 것 같아요." 라는 메모다. 이런 행동은 여러분이 관심을 가지고 있고 의미 있는 도움을 주고 싶어 한다는 것을 보여 주는 것이다. 이런 것들은 여러분이 영재학생뿐 아니라 다른 교사들을 위해서도 존재하는 사람이라는 것을 동료들에게 보여 주는 방법이다.

교사의 요청에 응답하라

교사들이 특정한 정보를 요청했다면, 그들에게 일반적인 답변 대신 그들이 원하는 특정한 정보원을 제시하라. 가장 도움이 되는 것은 그 교사가 사용할 수 있는 정보원에 대한 상세한 정보를 주는 것이다(해당 페이지를 표시해서 주는 등). 여러분이 교사들에게 너무 많은 준비를 필요로 하는 자료를 제공한다면, 그들은 여러분에게 더 이상 요청하지 않을 것이다.

교사들은 일반학급에서 영재학생을 위한 교육과정에 도움을 요청할 것이다. 예를 들면, 고차원적 수학이나 국어 교재, 뉴턴의 운동법칙에 관한 정보 등을 원할 것이다. 그들은 영재학생들의 도전적인 행동을 어떻게 다루어야 하는지에 관해 질문할 수 있다. 교사들이 여러분에게 특정한 학생의 요구에 관해 상의하고 싶어 한다면, 약속을 잡고 이에 관해 이야기를 나누라. 여러분이 제공하는 정보가 자료이든 정서적인 것이든, 이는 분명히 그들에게 도움이 될 것이다.

자원 도서관을 운영하라

여러분에게 도서관을 만들 예산이 있다면 행운이다. 예산이 없거나 부족하다면, 부모들이 예산을 모아 줄 수 있을지도 모른다(이 장 뒷부분에 있는 어떻게 예산을 높일 수 있는지에 관한 자료를 참조하라). 그리고 여러분이 다른 교사들과 같다면, 아마 여러분은 직접 필요한 자료를 구입하고 다른 사람들이 사용하도록 할 것이다. 교사들이 활용하기 편하도록 내용영역에 따라 분류된 교육과정 자료들을 준비하라. 또한 교사들이 대출하는 데 필요한 형식을 만들어 특별한 폴더에 보관하여 교사들이 방문하여 자료를 사용할 수 있도록 하라.

교사가 교재나 지도안을 빌려 주기를 요청하러 올 때까지 기다리지 말라. 대신 그 자료들을 사용할 것이라고 생각하는 교사에게 특정 페이지를 표시해서 가져다주라. 곧 그 교사는 다른 교사들에게 도움이 되는 자료들에 관해 이야기할 것이고, 그 자료들은 유용하게 사용될 것이다.

좋은 자료 도서관은 영재학생이나 학부모를 위한 자료뿐 아니라, 영재교육의 이론과 실제에 대한 자료를 갖추고 있어야 한다. 도서관을 계속 업데이트 시키고 적절하게 유지하라.

❖ 교원 연수의 기회를 제공하라

교사의 능력 개발은 모든 영재교육 프로그램에서 중요한 요소다. 모든 영재교육 프로그램에 관련된 일을 하는 사람들이 완전한 자질을 갖출 수 있기 위해서는 영재 담당교사와 일반교사들이 다양한 연수 기회를 가질 필요가 있다.

많은 시 · 도에서 영재교육을 지원하면서도, 핵심 교육과정은 보통 일반학생 수준의 목표를 두고 있다. 교사들이 특정 자료를 특정한 방법으로 가르치는 것을 좋아한다는 것은 놀라운 일이 아니다. 교사들은 지금까지 많은 교수 원리와 전략을 배우고 그것들을 충분히 적용하고 실천할 수 있는 기회를 가졌음에도, 학생들을 가르치는 데 있어 중요한 변화를 주는 것은 극히 드물다. 일회적인 연수도 인식을 높일 수 있지만 학생들을 가르치는 데에는 큰 개선을 가져오지 않을 것이다.

잘 개발된 영재 프로그램의 성공비결 중 하나는 계속 업데이트 되는 내용들을 기반으로 하는 수업을 제공하는 것이다. 여러분은 스스로 충분히 좋은 연수를 제공할 자질을 갖추었다고 생각할 수 있다. 또한 연수를 할 수 있는 자격을 갖춘 전문가들을 전문가 협회나 대학을 통해 섭외할 수 있을 것이다. 영재교육과 관련된 단체나 영재교육 전문가들을 접촉해 보라. 다음은 연수에 관한 몇 가지 힌트다.

- 소그룹 교사들과 교육과정과 관련된 회의를 정기적으로 주관하라. 이 시간 동안에 교사들이 학생들을 위해 차별화된 교육과정을 제작할 수 있도록 도움을 주라.
- 영재학생들을 가르치기 위한 전략에 대한 특별 수업을 다른 교육청과 협력하여 제공하라. 미래문제 해결, 지역사회 문제 해결, 토론, 논술대회, 수학 · 과학 올림피아드 등과 같은 특별 프로그램들에 관한 수업들은 협력을 통해 가능할 것이다.

- 가능하다면 교사들에게 영재 담당교사 자격증을 취득할 수 있는 기회를 제공하라. 어떤 주에서는 영재학생들을 가르치기 위해 필요한(혹은 선택적인 인증서를 위한)규정을 만들어 놓았다. 이것은 단순히 30시간의 교육을 통해 자격증을 받을 수도 있고, 영재 담당교사 자격증을 받기 위해 대학원 과정에서 21학점을 이수해야 하는 것처럼 복잡할 수도 있다. 영재교육에 필요하거나 권장되는 자격증은 여러분이 속한 지역에서 요구하는 바에 맞추라. 그리고 이에 관한 정보를 동료와 행정가들과 공유하라. 때때로 교사들은 영재교육 자격증이나 관련 학위를 얻으면 학교, 지역, 도나 정부로부터 경제적 지원을 받을 수 있다. 자격증이나 학위를 소지하고 있는 교사들이 영재교육을 담당한다면, 영재교육 프로그램은 더욱 견고해질 것이다.
- 연수에 관한 여러분의 노력을 교사에게만 제한하지 말라. [표 6-1]과 같이 많은 교사 연수 계획은 학부모, 행정가, 그리고 학생에게까지 중요한 정보를 제공할 수 있다.

[표 6-1] 교사 연수 계획(안)[3]

참가자	컨설턴트	중점사항
영재 담당교사, 학교 교직원, 학부모, 지역단체, 행정가, 프로그램 코디네이터, 교육청 관계자, 학생	지역, 시, 혹은 구 전문가	정보제공, 동기부여, 철학적, 개괄적
영재 담당교사, 행정가, 프로그램 코디네이터, 일반교사, 학부모	시 혹은 구 전문가	인식, 규칙, 필요조건, 영재 특성, 판별
영재 담당교사, 행정가, 프로그램 코디네이터, 일반교사	시 혹은 구 전문가, 국가적 컨설턴트	프로그램, 학급 운영, 차별화

3) Sally Yahnke Walker의 *Gifted Education Resource Guide*, Illinois State Board of Education (Springfield, Illinois: 1999).

영재 담당교사, 일반교사, 행정가, 프로그램 코디네이터	시 혹은 구 전문가, 국가적 컨설턴트	특별한 영재집단(미성취, 학습장애, 다문화, 여성영재, 남성영재, 저소득층)
영재 담당교사, 프로그램 코디네이터	대학	대학 학점 과정, 대학수준 교과

교육청에 따라 연수를 다르게 진행한다. 어떤 곳은 일 년에 여러 번 교사 전문성 계발의 날을 정해 참여하는 것을 원칙으로 한다. 어떤 곳은 매달 학생들을 일찍 귀가시키고 오후에 개별 학교 프로그램을 만든다. 어떤 곳은 강사를 섭외해서 강연을 듣게 하기도 하고, 어떤 곳은 선택적으로 참여하게 하기도 한다. 어떤 지역은 여름방학에만 연수를 허용하는 반면, 어떤 지역에서는 교사들에게 몇 주 동안 지속되는 연수에 참가하도록 지원금을 주어 격려하기도 한다.

여러분이 속한 지역의 기준을 빨리 학습하여 발표회와 워크숍을 개최하라. 만약 여러분의 영재 프로그램이 최근에 시작되었거나 많은 변화가 있었다면 이것은 특히 중요하다.

대도시에서는 여러분이 계획한 대로 충분한 시간을 확보하기에 어려움이 있을 것이다. 또 다른 중요한 문제들(학교 폭력, 새로운 학년제 등)은 아마 영재 프로그램에 관한 연수에 앞서 선행되어야 할 것이다. 만약 여러분이 분명한 이유를 제시하고 구체화한다면 보다 수월하게 일을 추진할 수 있을 것이다.

추진하기 시작하면 몇 가지 주제를 선택할 수 있다. 영재성의 특성과 판별, 교육과정과 수업의 차별화, 영재학생들의 정서적 욕구, 미성취 영재학생들에 대한 교수, 혹은 교사들이 중요하다고 생각하는 문제들에 관한 프레젠테이션을 계획할 수 있을 것이다. 어떤 주제를 선택하든 간에, 교사들에게 내일 당장 사용할 수 있는 적어도 한 가지 실질적인 아이디어, 전략, 또는 자료를 제공해야 한다. 이론, 연구 혹은 '무엇을 하는 것이 좋다.'에 관해서만 설명한다면 참가한 교사들은 연수에 집중할 수 없을 것이다.

때로 세미나를 준비해도 아무도 오지 않을 수 있다. 이것은 영재교육 프로그램 초창기에 흔히 발생하는 일이다. 계획한 일에 반응이 오지 않는다면, 직접 연락해서 참석을 종용해야 한다.

여러분이 연수를 책임지는 사람이고 처음 연수를 계획한다면, 일부의 교사와는 어색할 수 있다는 것에 대비해야 한다. 여러분이 참가자의 역할을 넘어서서 발표자가 되면, 다른 교사들이 여러분을 볼 때 '네가 뭔데?'라는 시선으로 바뀌는 경향이 있기 때문이다. '나보다 낫네.'라고 생각하는 사람이 있는가 하면 어떤 사람들은 '저런 사람이 나를 가르친다고?'라고 생각할 수 있다. 여러분이 발표자가 되고 나면, 일부 사람들의 눈에 여러분은 '우리' 중 한 사람에서 '그들' 중 한 사람으로 바뀔 것이다. 이것에 너무 신경 쓰지 않도록 노력하라. 여러분이 지속적으로 겸손한 태도를 취하고 프로페셔널하게 그들과 상호작용을 지속한다면 시간이 지나면서 다른 교사들과의 불편함을 극복하게 될 것이다.

여러분이 다른 발표자를 초빙한다면, 다른 사람들의 추천을 너무 신뢰하지 말고 초빙강사의 발표에 관해 미리 검토를 해야 한다. 초빙강사의 발표는 한 번에 지나지 않지만 그 강사의 강연이 형편없다면 오랜 시간 후유증에 시달려야 할 것이다.

이런 점을 명심하여 강연 수준에 맞는 강의료를 준비하라. 예산이 충분하지 않다면 다른 지역의 강사를 초빙하고 여러분이 그 지역을 위해 강의를 해 줄 수도 있을 것이다. 외부 강사를 초빙할 때는 여러분이 이미 알고 있는 전문가나 동료 외의 강사를 섭외하라. 새로운 관점에서 신선한 정보를 얻을 수 있는 기회를 가지라.

마지막으로 중요한 것은 맛있는 음식과 음료다. 어떤 종류의 다과건 상관없이 이는 여러분이 동료 교사들을 세심히 배려했다는 것을 보여 주는 것이다. 그리고 연수에 참여하는 교사들이 편안히 앉을 수 있는 좌석을 준비하라. 교사들이 편안하게 연수에 임할 수 있는 환경이 제공된다면, 여러분의 임무에서 절반은 해결되었다고 볼 수 있다.

[글 6-1] 강사 초빙: 성공적으로 강사를 섭외하는 20가지 단계[4)]

1. 초청한 강사와 미리 연락하여 여러분이 생각한 사항에 대해 자세하게 논의하라. 강사가 먼 지역에서 올 경우에는 전화나 이메일로 먼저 연락하라.
2. 여러분이 생각하고 있는 프레젠테이션의 형식에 관해 논의하고 강사의 전문분야와 여러분이 요구하는 사항을 합의하라.
3. 여러분의 스케줄에 맞는 날짜를 확실하게 정하라.
4. 강사료, 교통비, 프레젠테이션의 종류와 길이, 일시 등이 명시된 계약서나 형식을 제시하라.
5. 강사가 계약서에 서명을 하면, 복사본을 강사에게 제공하라.
6. 강의 한 달 이내에 다시 강사와 연락하여 자세한 사항을 점검하라.
7. 연수 장소를 확인하고, 참가 인원을 점검하라. 대부분의 강사들은 참가자에 비해 너무 큰 공간보다는 꽉 차 보이는 작은 장소를 선호한다.
8. 강사에게 강의에 필요한 기자재나 유인물 리스트를 문의하라. 그리고 강사소개에 필요한 사항들을 요청하라.
9. 강의 일자보다 적어도 2개월 전에 이 행사를 공시하라. 학교 행정가들과 교사들에게 개별적으로 초정장을 발송하라. 이 초청장에는 일시, 장소, 강사의 이름, 소속기관, 강의 주제가 포함되어 있어야 한다. 이 정보를 지역 신문사에도 발송하라.
10. 참가자 예약 리스트와 전화번호를 준비하라. 참석비가 있다면, 행사장 앞이나 인터넷 뱅킹을 통해 참가비를 받으라.

4) Michelle L. Warson의 "Coordinator of Gifted Service, Tuscarawas-Carroll-Harrison Educational Service Center" 연설 중에서 발췌함.

11. 발표 한 달 전에, 행사 장소에 전화를 하거나 방문하여 모든 준비가 되어 있는지를 확인하라.
12. 먼 곳에서 강사가 온다면, 공항으로 마중을 나가거나 행사장까지 올 수 있는 정확한 길 안내나 교통수단을 제공하라.
13. 행사 당일에는 적어도 45분 전에 행사장에 도착하라(강사가 그렇게 일찍 도착할 필요가 없다면 여러분이 행사장을 점검하는 동안 다른 사람을 보내 강사를 모셔오게 하라).
14. 강사가 준비하라고 부탁하지 않았다 하더라도, 참가자들에게 인쇄자료를 배포하라.
15. 강사를 소개하는 시간은 3분을 넘지 말라. 여러분이 강사에 대해 잘 알지 않는 이상, 사적인 이야기나 농담은 피하라.
16. 강의가 끝나면, 강사와 참가자들에게 감사의 인사를 전하고 참가자의 질문을 받으라(강사에게 사전 승인을 받았다면).
17. 초청 강사에게 호텔(혹은 강사가 자신의 차량을 가지고 왔다면, 집으로 돌아가는 길을 안내하라)까지 배웅하고, 떠나기 전에 더 필요한 도움은 없는지 확인하라.
18. 행사 후 일주일 내에, 강사에게 전화, 이메일 혹은 서신으로 감사의 인사를 전하고 여러분이 참가자들로부터 들은 강의에 대한 평을 전달하라. 강사료 지급상황을 확인하고 강사에게 언제쯤 강사료가 지급되는지를 알려 주라.
19. 행사를 주최한 곳에 감사 표시를 하라. 행사장 사용료가 발생하였다면, 지급되었는지 확인하라.
20. 여러분이 훌륭하게 일을 마친 것에 대해 자신에게 축하를 해 주라.

❖ 베테랑 영재 담당교사들을 확보하라

교사들을 관리할 경우에 영재교육의 베테랑들을 참여시키는 것이 새로운 과제라는 것을 알게 될 것이다. 근무량, 참여시간, 예산, 그리고 정책 결정은 장기간 근무한 교사들을 지치게 할 수 있다. 다음에는 베테랑 교사들의 사기를 높여 주고 정신적 · 신체적 에너지를 유지시키는 데 도움을 줄 수 있는 몇 가지 아이디어를 제시하려고 한다.

- 국가, 도, 지역 단위의 회의, 대학 세미나, 학회에 참석하도록 예산을 지원하라.
- 2년 혹은 1년 단위로 열정을 재충전할 기회를 제공하라. 장소를 선정할 때는 학교를 벗어나는 것이 바람직하다. 그러나 학교시설을 사용해야 한다면, 함께 모여 아이디어, 자료, 고충과 해결책을 나누는 것에 초점을 맞추어 학교환경을 잘 이용할 수 있다.
- 경험 많은 교사들의 노력과 열정을 지원하고 혜택이 될 기사와 최신의 읽을거리를 제공하라.
- 신문에 교사가 이룬 업적에 대한 기사를 싣고 학부모회의, 학교, 지역 시상식, 교육청 회의에서 교사의 성취에 대해 알리고 시상하라.
- 교사들의 학급을 방문하여 그들의 업적이 공개되도록 하라.
- 베테랑 교사들을 영재교육 초보교사들의 학급으로 초대하여 그들의 멘토가 되도록 하라. 베테랑 교사의 학급에도 초보교사들을 초대하라.
- 베테랑 교사들이 자신의 특별한 장점을 이용하여 소규모 학급과 세미나를 지도하도록 격려하라.
- 영재교육 위원회에 베테랑 교사들을 포함시키라.
- 베테랑 교사들을 정기회의에 참석시키라. 그들이 영재교육 프로그램에서 대두되는 문제를 해결하는 데 적극적으로 참여하도록 격려하라.

- 베테랑 교사에게 휴식을 제공하고 가능한 한 잡무를 줄여 주라.

여러분이 자신을 유지하는 것을 소홀히 하지 않는 것이 가장 중요할 수 있다. 여러분이 감당 가능한 범위 내에서 달성하고자 하는 상세한 목표들로 한 해를 시작하라. 예를 들면, 적어도 한 학년당 한 교사의 수업에 대한 교육과정 차별화하기, 교사추천을 포함시켜 영재판별 절차를 개선하기, 영재 프로그램 대상학년을 한 학년 추가하여 확대하기, 학교 상담가와 기대에 못 미치는 학생을 도울 수 있는 방법 검토하기 등이다. 그런 다음 연중에는 여러분이 정한 목표 중에 어느 것이 성취되었는지, 그리고 아직 달성하지 못한 목표들을 어떤 방법으로 이루거나 수정해야 할지에 대해 평가하라. 이 장의 후반부에는 여러분이 자신의 업무를 균형 있게 하고 활력을 유지할 수 있는 방법이 제시되어 있다.

영재학생들의 사회적 · 정서적 요구를 지원하라

모든 아이들은 사회적 · 정서적 문제를 경험하지만, 영재학생들이 필요로 하는 요구는 일반아이들과는 다르고 그러기에 특별한 지원을 필요로 할 것이다. 미국영재학회에서도 이를 인식하고 영재교육 프로그램을 위한 원칙의 한 부분으로 사회 정서적 지침과 상담 규준을 포함시켰다. 아래에는 영재학생들이 경험할 수 있는 사회적 · 정서적 문제들의 예가 제시되어 있다.

완벽주의

일부 영재학생들은 완벽주의 경향을 보인다. 그들은 '괜찮음' 혹은 '아주 좋음' 간의 차이를 알고 무엇이 정말 우수한 것인지를 안다. 왜냐하면 그들은 높은 수행을 할 능력을 가지고 있고, 항상 최고가 되기를 기대하기 때문이다.

> 마르코(Marcos)는 자신이 쓴 창의적 글쓰기 과제를 제출하지 않았다. 선생님은 그에게 F를 주었다. 선생님이 보지 못한 이 글은 사실 매우 창의적이었다. 문제는 마르코가 생각하기에 그의 글은 완벽하지 않았기 때문에 다 끝냈다고 생각하지 않았다(아마 평생 그렇게 생각할지도 모른다). 그로 인해 마르코는 자신에게 불만을 느꼈고, 국어를 잘 하지 못한다고 느꼈다.
>
> 로렌(Lauren)은 자신이 춤을 잘 추지 못할 것이라는 두려움 때문에 댄스클럽에 참가하는 것을 거부했다. 로렌은 춤을 잘 추는 아이지만 자신이 실수를 할 것에 대해 두려워했다. 로렌의 완벽하고자 하는 희망은 그녀를 무력하게 만들었고 자신의 재능을 개발하고 자신감을 갖는 것을 방해했다.

짐(D. Jim)과 주디(G. Judy)가 저술한 영재아의 사회적 · 정서적 요구에 대한 책에서 그들은 완벽주의(부정적 측면)와 최고를 위한 긍정적 추구 사이의 차이에 대해 기술했다.[5)]

> 완벽주의는 절대 실패하지 않고, 항상 인정받으며, 2등은 실패자라고 생각하는 것을 의미한다. 최고를 위한 추구는 위험을 감수하고, 새로운 것을 시도하며, 성장하고, 변화하고, 때로는 실패한다는 것을 의미한다. 완벽주의는 최선을 다하거나 높은 목표를 위해 분투하는 것이 아니다. 대신 잘 할 수 있는 능력의 발휘를 가로막는 것이다. 그리고 자존감, 관계, 창의성, 건강, 삶을 즐길 수 있는 능력을 앗아갈 수 있다. 왜냐하면 완벽함은

---

5) Jim Delisle and Judy Galbraith, *When Gifted Children Don't Have All the Answers: How to meet their social and emotional needs*(Minneapolis: Free Spirit Publishing, 2002), p. 64.

가능하지 않고, 완벽하게 하기를 바라는 것(그보다 못한 것에는 절대 만족하지 않는)이 실망을 가져오기 때문이다.

이러한 관점은 위에서 언급된 마르코나 로렌처럼 완벽주의를 가진 학생들과 함께하는 여러분과 다른 사람들에게 도움이 될 것이다. 이런 학생들은 다음과 같은 방법으로 도움을 줄 수 있다.

- 우수함에 대한 다른 관점을 조사하도록 함으로써 완벽함에 대한 자신의 생각을 정리하도록 지도하라. 완벽함과 우수함 간의 차이에 관해 이야기를 나누라.
- 교사와 부모의 기대가 너무 높다면 기대를 낮추도록 격려하라.
- 실수는 학습 과정의 일부라는 것을 강조하라. 영재학생들이 실패에 대한 두려움 때문에 어려운 과제가 주어졌을 때 덜 망설이도록 도우라. 여러분은 이런 아이들이 단지 성공을 위해서가 아니라 시도하는 것에 칭찬할 수 있다.
- 영재학생들이 적절한 목표를 세우도록 도와주라. 예를 들어 여름방학에 도서관의 모든 책을 읽겠다는 목표를 세우는 것은 가능하지도 않고 필요하지도 않다. 이런 열망이 있는 학생들이 왜 자신이 이런 목표를 세웠는지, 어떤 의미 있는 결과를 성취하기 원하는지에 대해 생각하도록 도와주라.
- 현실적인 목표를 세우도록 완벽주의를 가진 학생들과 매주 이야기하는 기회를 가지라.
- 우수함을 추구하는 것이 무엇이 긍정적인지 알려주라. 이것은 학생들이 더 높은 성취를 하도록 동기를 부여할 것이다. 올림픽 챔피언, 과학자, 음악가, 예술가처럼 세계적으로 명성을 떨친 사람들은 완벽하였기에 큰 성취를 이루었다. 완벽함을 기대하는 것은 실패를 불러올 수 있지만, 최

고를 추구하는 것은 그들의 원동력이 된다는 것을 학생들이 이해하도록 도와주라.

친구들의 놀림

영재학생들은 종종 그들을 이해하지 못하고 따돌리거나 비웃는 학생들에 의해 소외당할 수 있다.

> 웨이드(Wade)의 학급 친구들은 비디오 게임에 대해 이야기하고 있을 때 웨이드는 세계의 기아 문제에 관해 이야기하고 싶어 한다. 친구들은 웨이드를 어이없다는 듯이 쳐다보고 몇몇은 그를 또라이라고 부른다.

영재라는 것은 웨이드나 그와 같은 아이들에게는 정상적인 것이다. 웨이드의 선생님은 웨이드에게 전 세계 모든 아이들이 굶지 않았으면 하는 바람은 고귀한 것이고, 웨이드는 이러한 문제를 인식하고 모든 관심을 쏟을 수 있는 재능을 가지고 있다는 것을 웨이드에게 이해시킬 필요가 있다. 이것 외에 영재학생들이 친구들의 놀림에서 벗어나고 신경 쓰지 않도록 교사가 할 수 있는 것에는 무엇이 있을까?

- 영재학생을 위해 모두 모여서 점심시간을 시작하라. 영재학생들에게 자신과 비슷한 능력과 흥미를 가진 아이들과 만날 기회를 주는 것은 중요하다. 이런 상황이라면 웨이드는 새로운 친구들과 굶주린 아이들을 위해 통조림 음식을 모으는 것에 대해 이야기할 수 있을 것이다. 메건(Megan)은 자신이 최근에 배운 수학 공식에 대해 이야기할 수 있을 것이다. 챈(Chan)은 자신이 그린 아름다운 그림을 보여 줄 수 있을 것이다. 여기에는 어이없다는 눈길이나 잔인한 비웃음은 없다.

- 영재학생들이 편안한 분위기에서 문제에 대해 토론하고 그들의 감정에 대해 표현할 수 있는 정서적 지지 그룹을 만들라. 여러분은 방과 후나 전에 또는 저녁에 그룹미팅을 가질 수 있다.
- 학급 분위기를 학구적으로 조성하여 성취가 보상받고, 기대되고, 인정받게 하라. 가능하다면 웨이드와 같은 영재학생을 좋아하고 이해하는 교사의 반에 웨이드를 배치하도록 모든 노력을 다하라.

세계적인 문제에 대한 걱정과 무력감

영재학생들이 전쟁, 빈곤, 폭력, 환경 같은 문제에 대해 과도하게 걱정하고 책임감을 느끼는 것은 흔한 일이다. 이런 민감성은 영재학생들이 매우 죄책감을 느끼고, 걱정하고, 심지어 움직이는 것조차 어렵게 만들 수 있다. 이러한 감정들을 개선하는 데 도움이 되는 몇 가지 제안들이 다음에 제시되어 있다.

- 영재학생들에게 그들이 걱정하는 것의 긍정적 가치를 강화시키고 자신의 생각을 표현하는 방안으로 많은 성인 청중들이나 다른 영재학생들에게 그들의 재능을 공유하도록 도우라. 웨이드는 자신의 근심에 관해 시의회, 교직원, 교육청, 구조 단체를 대상으로 이야기할 수 있을 것이다.
- 영재학생들이 자신이 할 수 있는 범위 내에서 기여할 수 있도록 도우라. 웨이드는 그가 사는 지역의 굶주리는 아이들을 위해 무료급식을 제공하는 봉사단체에 통조림 음식을 모아 기부할 수 있을 것이다.
- 영재학생들에게 성인이 되려면 시간이 더 필요하고, 지금 상황에서 성인들의 문제에 책임질 필요가 없다는 것을 인식시켜 그들이 느끼는 죄책감을 경감시켜 주라.
- 학교 상담가나 다른 정신건강 전문가는 영재학생들이 스트레스를 극복하고 관리하는 기술을 개발시키는 데 도움을 줄 수 있다. 이런 상담가는

영재학생들의 특성과 그들의 특별한 요구에 대해 잘 알고 있어야 한다.

불균형 발달

영재아이들은 동일 연령대 아이들에 비해 지적으로는 훨씬 앞서 있더라도 사회적 · 정서적 혹은 신체적으로도 그런 경우는 드물다. 때때로 특정 분야의 발달은 늦어질 수도 있다.

> 8세 남자아이가 숫자 계산은 잘하지만 운동장에서는 6살 아이처럼 행동할 수 있다. 15세 소녀는 그리스 철학자들의 관점을 대조할 때는 이미 성인처럼 보이지만 파티나 학교 축구경기 같은 사회적 환경에서는 어색하고 유치할 수 있다. 12세의 소년은 운동에는 재능이 있지만 팀 경기를 할 때는 너무 수줍어서 참가하지 못할 수 있다. 열정적 토론자인 10세의 남자아이는 철자나 산수 같은 기계적인 과제에 당황할 때에는 창피하고 어색하게 느낄 수 있다.

교육가들은 다른 분야의 발달과 조화되지 않는 지적인 능력을 가진 것을 기술하는 데 여러 용어를 사용한다. 여러분이 자주 접했던 두 가지 용어는 불균형 통합(uneven integration)과 비동시적 발달(asynchronous development)일 것이다. 영재아이들만이 균형이 맞지 않게 발달한 것은 아니다. 다른 점은 그들의 능력과 재능이 너무 빛나서 부족한 점에 너무 주의를 기울인다는 점이다. 다음에 이런 학생들을 돕기 위한 몇 가지 제안을 제시하였다.

- 아이들이 다른 능력을 인정하도록 도우라. 모든 사람들은 다르게 발달하고, 다양한 기술, 능력, 재능을 가지고 있음을 알려 주라. 그들이 모든 분야에 뛰어난 능력을 가지고 있기를 바라는 사람은 아무도 없음을 알려주라.

- 역할극을 통해 그들에게 필요한 사회적 기술을 배우도록 하라.
- 고르게 발달되지 않은 분야에 대해 자포자기하기보다는 그들의 능력과 재능에 대해 자부심을 느끼도록 격려하라. 이미 발달된 능력과 흥미를 이용한 주제나 프로젝트를 추구하도록 도우라.
- 도움이 필요한 분야의 전문가에게 도움을 구하라. 예를 들어 영재학생이 학습기술을 발달시키고 싶어 하면 학생이 '공부하는 법' 강좌를 듣도록 준비하라. 학생이 언어에 매우 능력이 있지만 기하학에는 어려움이 있다면, 인내심 있고 창의적인 수학 강사와 연결시켜 주라. 여러분이나 부모님이 아이의 학습장애가 의심된다면, 그 분야에 대해 평가나 진단을 받도록 하라.

강렬함

영재아이들은 보통 강한 의지, 직관, 독립성, 목적의식, 목표, 또는 윤리적 민감성을 가진다. 그들을 둘러싼 복잡한 세상을 받아들이는 데 이 아이들은 특정 문제나 현상에 집착한다. 마치 계속해서 음악을 듣는 작곡가나 계속해서 공식을 시각화하는 수학자처럼 영재아이들은 종종 그들만의 사고방식으로 특정문제, 관심, 또는 아이디어에 매우 깊게 집중한다. 이런 집중은 다른 학생들과의 관계를 소원하게 하고, 영재학생들이 다른 학생들을 성급하게 판단하고, 평범과 위선에 대한 어떤 징후에도 안달하게 만든다.

강렬한 영재아이들을 돕기 위해 교사들은 스케줄, 속도, 프로젝트의 선택에 유연할 필요가 있다. 학생들이 어떤 분야와 주제에 대해 작업할 때 주의 깊게 살펴볼 수 있도록 시간적 여유를 주라. 모든 아이들에게 차이점에 대한 관용을 가르칠 필요가 있다. 관용에 대해 예를 들어 이야기하라. 학생들이 자신과 자신의 학급친구들이 가진 독특한 개인적 자질들을 허용하고, 존중하고, 소중하게 생각하도록 격려하라.

스트레스와 탈진

아이들의 강렬함과 완벽함을 추구하는 것으로 인해 영재아이들은 높은 강도의 스트레스를 경험한다. 스트레스를 극복하도록 돕는 방법은 다음과 같다.

- 영재학생들이 수업 중 게임과 다른 레저 활동에 참여하도록 격려하라. 이런 활동을 그들이 주도할 수 있는 기회도 주라.
- 어떤 분야에서 그들의 능력이 충분하다는 것을 증명하는 방법으로 그들에게 불필요한 과제는 줄이라(이를 교육과정 압축이라고 한다).
- 영재학생들이 그들의 감정과 두려움을 표현하고, 개인적 생각을 쓰는 경험을 통해 마음속 울분을 풀 수 있도록 저널 쓰기를 격려하라. 시각예술, 음악, 혹은 공연 또한 그들의 스트레스를 경감시킬 수 있다.
- 교과목을 확장하여 아이들이 선택할 수 있는 범위를 넓혀 주고 그들의 재능을 계발하고 공유할 수 있는 경험을 제공하여 영재학생들이 자신이 도전하고 싶은 것들을 선택할 수 있게 하라.
- 아이들이 많이 웃고 덜 심각해지도록 도우라. 재미있는 만화를 공유하라. 학급에서 재미있는 영화를 보라. 풍자와 농담을 하라. 간질이기도 하고, 웃게 만들라. 여러분이 한 행동을 웃음거리로 만들어 이야기하라("어제 내가 내 차에 시동을 켜고 차를 두고 문을 잠갔어."). 모두가 편안하고 인간적일 수 있는 안전한 학급 분위기를 조성하라.
- 영재학생들에게 "아니." 라고 말하는 것을 가르치라. "아니, 그거 할 시간이 없어." "아니, 너무 바빠." "아니, 별 관심 없어." "아니, 하지만 물어봐줘서 고마워" 그들의 바쁜 일상을 조절할 수 있도록 역할극을 통해 연습하도록 하라.

완벽주의, 놀림, 사회에 관한 걱정, 불균형 발달, 긴장, 스트레스 이 모든 것을 넘어서 영재학생들과 그들을 걱정하는 사람들을 괴롭힐 수 있는 사회적 · 정서적 문제에 관한 긴 목록이 있다. 이것들 중 몇 가지는 소외, 고립, 지루함, 과민함(신체적 그리고 정서적), 극단적 통찰, 높은 열중, 좌절, 타인의 기대, 그리고 그들 자신의 능력에 의해 압도되는 듯한 느낌이다.

영재 담당교사를 통해 배운 것

필자들은 몇 년에 걸쳐 영재아이들의 독특한 사회적, 정서적, 학습욕구에 관한 영재 담당교사들의 수많은 의견들을 수집하였다. 다음은 교사들이 말해 준 사항들을 정리한 것이다.

- 나는 영재아이들이 영재라는 것의 의미가 무엇인지 꼭 알 필요는 없다는 것을 알았다.
- 나는 영재아이들이 항상 똑똑하다고 느끼지는 않는다는 것을 알았다.
- 나는 영재아이들이 때때로 자신에 대해 매우 엄격하다는 것을 알았다.
- 나는 영재아이들이 성숙한 문제를 다루는 토론을 좋아한다는 것을 알았다.
- 나는 영재아이들이 그들의 느낌, 장점, 약점을 안전하고, 위협적이지 않은 환경에서 마음을 열고 토론할 기회를 가질 필요가 있다는 것을 알았다.
- 나는 영재아이들이 최고 점수를 받지 않을 수 있고, 전 과목에서 A를 받은 학생이 항상 영재는 아니라는 것을 알았다.
- 나는 일반학급에 속한 25명의 학생들보다 소그룹의 영재학생들 사이에 더 다양한 학습욕구가 있다는 것을 알았다.
- 나는 영재학생은 외로울 수 있다는 것을 알았다.
- 나는 규준에 얽매이지 않고 새로운 방향으로 생각하는 아이들에 대해 새로운 존중을 갖게 되었다.

이런 사회적 · 정서적 문제와 함께 행동문제가 발생할 수 있다는 것은 놀라운 일이 아니다. 행동에 문제가 있는 영재학생들과 원만하게 지내기 위한 좋은 전략으로 성장계약(growth contract)이 있다.[6] 성장계약은 학생 개인과 교사 사이의 서면으로 된 동의로서, 특정 기간 안에 개인적 변화나 성장에 대한 계획을 구체화한 것이다(부모도 역시 유용하다고 느낄 것이다). 성장계약은 학습에 관심을 두기보다 정서적인 면에 초점을 맞춘다는 점에서 학습계약과 다르다. 예를 들어, 성장계약은 새로운 친구를 만나고 사귀는 것, 학생들의 관심사를 찾고(특히 기대에 못 미치는 수행을 보이는 학생에게 도움이 됨), 학교에 대한 태도나 특정 행동을 바꾸는 것에 초점을 맞춘다. 이 장 후반부에 제시된 성장계약서를 사용하거나 다른 교사들과 공유할 수 있다. 이 계약이 진행되는 동안 어떻게 진행되고 있는지를 확인하기 위해 아이들과 정기적으로 만나야 한다.

성장계약을 이용할 때, 학생이 종이에 적힌 계약을 이행하는 것보다 관심사를 더 잘 관리하는 데 필요한 기능과 정보를 익히는 것이 더 중요하다는 것을 명심하라. 계약은 학생들이 목표를 세우고, 목표에 도달하기 위해 전략을 세우고, 전략적으로 수행하고, 개선하고 무엇이 효과가 있는지 배우도록 도울 수 있다. 이러한 기능들을 익히고 개발시키는 것은 영재학생이 살아가는 데 필요한 기능들을 개발하는 것을 돕고 많은 행동 문제들을 개선시킬 것이다.

---

6) Jim Delisle and Judy Galbraith, *When Gifted Children Don't Have All the Answers: How to meet their social and emotional needs*(Minneapolis: Free Spirit Publishing, 2002), p. 119.

학부모와 학생의 관심사를 고려하라

교육가들이 특정 영재 프로그램을 구성하고 있는 요소들과 실행하는 방법에 대해 동의하지 않더라도, 그들의 아들과 딸의 문제에 대한 이야기를 나누는 것은 가치 있게 여길 것이다. 이런 이유로 여러분이 매일같이 흔히 겪게 되는 문제 중 하나는 영재교육 프로그램에 대한 학부모(그리고 때로는 학생들)들의 우려와 불만일 것이다.

학부모들은 다음과 같은 우려와 불만을 여러분에게 표시할 것이다. "왜 내 딸은 영재 프로그램에 못 들어가나?" "나는 내 아들의 학교성적이 걱정이다." "내 아이는 학교생활에 흥미가 없다." 학부모들의 피할 수 없는 전화와 이메일, 편지를 받을 때 명심해야 할 것은, 부모의 이야기를 들어줄 누군가가 필요하다는 것이다. 우리는 보통 신속하게 상황을 변화시키거나 개선하게 하기 위한 충고를 하지만, 단지 상대방의 이야기를 경청해 주는 것이 더 생산적일 수 있다.

영재학생의 부모가 전화를 했을 때는 이미 아이의 담임교사, 상담교사, 교장, 다른 학부모, 여러 지인들이나 가족들과 상의했을 것이다. 학부모가 자신이 염려하는 것에 대해 명확한 답을 얻지 못했다면 학부모는 조급해지거나, 걱정하거나, 화나거나, 아니면 이 모든 감정이 한꺼번에 몰려올 것이다. 학부모의 이야기를 처음부터 끝까지 경청하는 것은 예의와 지혜를 보여 주는 것이다. 결국 학부모들은 세세한 사항까지 이야기할 것이고, 한 번에 이런 이야기들을 다 한다면 가장 효과적일 것이다. 또한 학부모들은 여러분이 그들의 의견을 중단시키지 않고 존중해 주는 것에 대해 감사하게 생각할 것이다.

학부모들과 면담을 하면서 노트에 메모를 하거나, 면담내용이 메모가 되었다면 복사를 해서 용지의 빈 공간에 여러분의 의견을 적어 두라. 여러분은 그 상황에 대해 편견을 가지게 될 것이고, 학부모들이 앞서 이야기를 나는 교장, 상담가, 혹은 교사들도 여러분과 다른 관점이기는 하지만 그들 또한 편견을 가지고 있었다는 것을 이해하라. 여러분이 해야 할 일은 누가 옳고 그른지를 찾는 것이 아닐 것이다. 대신 여러분의 목표는 특정 환경을 고려하여 이해할 만한 해결책을 찾는 것이다.

일단 학부모가 걱정이나 고민을 완전하게 설명했다면, 여러분에게서 나올 가장 좋은 응답 중 하나는 설명이 아니라 "제가 어떻게 도울 수 있을까요?" "이 문제를 해결하기 위해서 제가 무엇을 할까요?"와 같은 질문이다. 우리의 경험에 비추어 보면, 놀랍게도 학부모들의 대답은 "이 시점에서 할 수 있는 것은 없어요. 저는 단지 누군가 제 기분을 알아 주길 바라는 거예요."라는 것이다. 이처럼 단지 경청하는 것으로 여러분은 문제를 해결하거나 완화시킬 수 있다.

물론 모든 문제가 이렇게 간단하지는 않다. 학부모들은 여러분으로부터 특정한 행동이나 어떻게 문제를 다룰지에 대한 조언을 기대할지 모른다. 대체로 해결책이 제공될 필요가 있거나, 결정된 사항으로 인해 적어도 한 명은 불만을 가질 가능성이 있다. 대부분의 문제들은 다음의 서너 가지를 중심으로 전개된다.

나는 내 아이가 영재교육 프로그램에 들어가길 원해요

2장에 언급된 것처럼 여러분의 지역에서 수립한 특정 판별 지침과 관련해 학부모에게 자녀의 검사점수와 순위를 보여 줌으로써 침착하게 시간을 갖고 이 문제를 해결하는 것이 최선이다(그러나 절대 다른 아이들의 점수를 비교하며 보여 주지는 말라). 어떤 것에 대해 이야기하기 전에 누적된 검사결과를 기록한 폴더나 일화기록들(교사의 평가기록과 같은 것들)을 확인하라. 여러분은 학부모가 나쁜 뉴스로 받아들일 것을 잘 전달하는 사람이 될 필요가 있다. 여러분이 학부모에게 좋은 소식을 전하지 못해서 마음이 무거울지라도, 특정한 특성과 척도에 적합한 일정한 수의 학생들을 교육시키기 위해 판별 규준이 만들어졌다는 사실을 명심해야 한다. 규준에 근접한 모든 학생들의 영재교육 프로그램 참여를 허락한다면, 아무런 규준이 없는 것과 마찬가지다.

학부모와 아이의 성장과 관련된 문제에 대해 다른 기회에 이야기하는 것이 바람직하다. 처음에 학부모들은 아이의 성장에 대해서는 다음 기회에 이야기하리라고 생각했을지라도, 실제는 그렇지 않다. 이러한 학부모에게는 영재교육 이외에 학생에게 학습적으로나 사회적으로 제공하는 다른 대안들이 많다는 것을 인식하도록 도와주는 것이 여러분의 역할이다. 학부모들이 영재교육만이 아이들의 능력을 계발시켜 줄 수 있는 유일한 방법이라는 생각을 갖지 않도록 하라.

❖ 내 아이는 일반수업에서는 도전감을 받지 못해요

도전감이 없고 지루하다는 것은 애매한 진술이기 때문에 먼저 이것의 의미를 구체화시킬 필요가 있다. "교사가 자녀에게 제시한 과업 중에서 부적절하다고 느끼는 것은 무엇인가"와 같은 질문은 좋은 시작점이 될 것이고, "자녀가 지금 하고 있는 것과는 다른 어떤 것을 할 수 있다면 그것은 무엇인가?"라는 후속 질문과 같이 구체적인 질문이 좋다. 이런 질문들이 없다면 그 학급에서 변화는 거의 일어나지 않을 것이다. 이에 더해서 학부모가 여러분에게 찾아오기 전에 담임교사와 이 문제에 대해 이야기했는지 확인하라. 만약 그렇지 않다면 학부모를 담임교사와 만나도록 하고, 조만간 담임교사에게 이 일에 대해 알리라.

이러한 상황에 처한 교사는 여러분의 조언이나 도움을 바랄 수 있다. 이런 경우에 여러분의 제안이나 행동은 보다 상세할수록 좋다. 예를 들어, 수학에 우수한 학생이 반복되는 과제 때문에 꼼짝 못하게 된다면 이 학생의 교육과정을 압축하는 자세한 방법을 제시하고(학생이 그 단원의 시험을 사전에 치룰 수 있도록) 일반적인 과제를 부여할 때 사용할 수 있는 심화자료들을 교사에게 제공하라. 처음에는 이런 도움이 되는 자료들을 더 많이 제공하여야 할 필요가 있다는 것을 알게 될 것이다. 일단 교사들이 여러분이 제공한 자료들을 한두 번 사용하다 보면, 대부분의 교사들은 이런 책임을 지는 것에 자신감을 가지고 기꺼이 하려고 할 것이다.

어떤 경우에는 학부모, 교장, 영재교육 코디네이터 혹은 영재 담당교사, 그리고 담임교사와 함께 학생의 교육적 필요에 관해 상의하는 회의를 마련하는 것이 도움이 될 수 있다. 회의에 앞서 담임교사에게 회의의 목적을 알려주면 담임교사는 전략을 세울 수 있을 것이다. 이런 상황을 만들어 준다면 교사는 더욱 열심히 참여할 것이다. 영재학생을 위해 도전적인 환경을 조성하려고 애쓰는 교사의 노고에 감사를 표시하라. 대체로 이런 긍정적인 방법은 교사에게 영재학생의 요구에 보다 마음을 열도록 격려하는 것이고, 교사들이 해결책을 찾는 데 도움을 주게 될 것이다.

교사와 상담을 하고 나서 학부모가 만족하지 못한다면, 교사와 함께 여러분이 도울 수 있는 방법에 대해 논의할 기회를 가질 때까지 다음 상담을 미루라. 담임교사를 존중하고 영재학생들의 우려에 대한 해결방안을 찾는 데 담임교사의 적극적인 참여를 유도하는 것이 보다 강한 협력관계를 조성함은 물론 학생들을 위해서도 보다 나은 경험이 될 것이다. 많은 담임교사들은 영재학생들을 위해 보다 좋은 교육적 해결책을 찾기 위해 노력한다.

교사가 교육과정을 수정하지 않거나 이런 학생들에게 도전감을 주기 위해 적극적인 태도를 취하지 않고, 이와 같은 일에 거의 관심이 없다면 이 문제는 행정적으로 고려해 보아야 할 것이다. 여러분이 그들을 이해하고 있다는 사실을 교장에게 전달하고 앞으로의 조언을 구하라. 이는 동료교사를 배신하거나 뒤에서 험담하는 것이 아니라 여러분의 책임을 다하는 것이며, 여러분이 돌봐야 하는 영재학생을 도울 수 있는 최선의 해결방법을 구하려는 것이다. 현명한 교장은 이런 문제가 더 커지기 전에 이와 관련된 사항을 알기 원할 것이고, 만일 교사가 한 명의 영재학생을 잘 가르치려고 하지 않거나 그럴 능력이 없다면 다른 영재학생에게도 똑같이 대할 것이다.

내 아이가 영재교육 프로그램에 더 이상 참여하지 않았으면 좋겠어요

대개 영재학생이 영재교육 프로그램 외에서는 잘하지 못하는 경우 이런 문제가 발생하게 된다. 짐의 사례를 살펴보자.

> 조엘(Joel) 어머니가 영재교육 프로그램에서 수학과 과학을 담당하고 있는 짐을 만났다. 조엘은 수학 과학 영재반을 매우 좋아하고 수업시간에도 잘하고 있지만 일반수업에서는 그렇지 못해 국어와 사회수업은 낙제할 위기에 처해 있다고 했다. 조엘 어머니는 영재반을 그만두고 싶지는 않지만, 다른 주요 과목에서 열심히 하지 않았을 때 어떤 일이 발생하는지를 경험할 필요가 있다고 결론지었다. 그리고 덧붙인 한마디는 "조엘이 영재반을 그만두면 다른 선생님들도 기뻐할 거예요. 다른 영재아이들은 조엘보다 책임감 있게 과제를 완수한다고 했거든요."

조엘 어머니의 이야기를 들은 후 짐은 조엘의 부모와 회의를 계획했다. 학부모와 만나기 전에 조엘의 선생님에게 조엘의 성적을 향상시킬 수 있는 자세한 방법들에 관한 정보를 얻었다. 교사는 조엘이 숙제를 정해진 시간에 제출해야 하고, 프로젝트 제출이 늦어지면 점수를 아예 안 주는 것보다 부분점수를 줄 것이라고 했다. 또한 조엘이 공책과 과제를 정리하는 방법을 배우는 것이 좋을 것이라고 제안했다. 교사들과 짐은 조엘에게 좋아하는 과학과 수학 영재반을 그만두게 하는 벌을 주는 것보다, 이와 같이 개선에 초점을 둔 처방이 보다 좋은 대안이라고 보았다. 짐과 조엘의 담임교사는 조엘의 부모와 만나 이런 조치에 대해 논의했다. 다른 과목의 선생님들이 조엘을 영재교육 프로그램에서 하차시키는 것을 원하지 않고 학교 관계자들도 프로그램 안팎으로 조엘의 교육을 지원해 주길 원하는 걸 보면서 그의 부모는 이 방법을 시도해 보기로 하였다. 조엘의 부모는 조엘의 과제를 좀 더 자세히 관찰하기로 하고, 짐은 조엘의 향상을 확인하는 차원에서 일주일에 한 번 같이 점심을 먹기로 했다. 조엘은 전과목에서 A를 받지는 않았지만, 공부하는 습관과 성적은 점점 좋아졌다. 그 결과 조엘의 부모와 교사는 조엘이 영재교육 프로그램에 참여하는 것에 대해 편안함을 느끼고 조엘은 자신의 공부에 책임감을 갖기 시작했다.

영재교육 프로그램 때문에 학생이 과제를 하지 않았을 때 이를 어떻게 교사, 학생, 학부모, 그리고 행정가가 협력하여 다루어야 하는지에 관한 규정이 제시되어 있다. 과제 규정(homework policy)을 갖는 것은 교사, 학생, 학부모, 관리자 사이에 협조를 위한 단계를 만들 수 있다. 다음은 간단하고 직접적인 규정의 예다.

때때로 학부모는 학생이 영재교육 프로그램에 참여하지 않도록 하거나 영재학생이 자진해서 프로그램을 하차하기도 한다. 때로는 영재교육 프로그램 자체가 맞지 않을 수도 있다. 2장에게 살펴본 영재 프로그램 탈퇴 규정은 이런 상황에서 도움이 될 것이다.

과제 규정

영재교육 프로그램에 참여하는 학생들은 일반학급을 벗어나 얼마간의 시간을 보내게 될 것이다. 학생이 영재학급에서 완수한 과제는 일반학급의 과제처럼 대체되어야 하고, 다음과 같은 예외의 경우에 학생은 일반학급에서의 과제를 면제받을 수 있다.

- 학생은 일반학급에 참여하지 못했을 때 제시된 새로운 내용을 학습해야 할 책임이 있다. 이는 교사의 설명, 학생의 설명, 혹은 교사에 의해 부여된 짧은 학습과제를 통해 완수될 수 있다. 학생은 자신이 참여하지 못한 새로운 내용과 관련된 모든 문서화된 과제를 완수하지 않아도 되지만, 구술 혹은 부분적인 쓰기 형태의 과제를 통해 내용에 대한 이해를 보여 줄 수 있는 기회가 주어져야 한다.
- 학생은 탐구 프로젝트, 서면 프로젝트와 같은 장기 프로젝트를 완수할 의무가 있으며, 학생이 영재교육 프로그램에 참여하는 날과 제출기한이 동일할 수 있다. 이럴 경우 학생은 과제기한 하루 전 혹은 하루 후에 교사와 시간을 정해 자신의 과제를 교사에게 제출해야 하는 책임이 있다.
- 담임교사에게 양해를 받지 못한 경우, 학생은 영재교육 프로그램 참여 때문에 응시하지 못한 시험은 모두 응시해야 한다.
- 영재학생들은 영재교육 프로그램에 참여하는 이유로 불참한 과제 혹은 수업으로 인해서 처벌받아서는 안 된다. 성적표에 기재되는 성적은 일반학습에서 학생이 향상되는 수준이 반영되어야 한다. 영재 담당교사가 작성하는 추가 성적표는 매 분기마다 가정으로 발송될 것이다.

어떻게 하면 영재교육 프로그램에 참여할 수 있을까요

학부모들이 영재교육 프로그램에 관한 이야기를 할 때 때때로 여러분은 학생들의 질문도 받게 될 것이다. 영재 담당교사나 코디네이터는 다음에 제시된 바버라(Barbara)와 같은 상황을 맞이하게 될 것이다.

안녕하세요, 루이스(Lewis) 선생님

즐거운 여름방학을 보내셨기 바래요. 선생님은 아마 저를 모르시겠지만 선생님은 작년에 영재교육 프로그램에서 제 동생 샨텔(Chantel)을 가르치셨어요. 저도 영재교육 프로그램에 참여했었는데 6학년 때 탈락했어요. 지금은 학교에서 더 잘하고 있고 선생님 프로그램에 다시 들어가고 싶어요. 샨텔이 좋다고 했거든요. 어떻게 하면 다시 들어갈 수 있을까요?

로스 셔먼(Ross Sherman) 올림

아이가 영재교육 프로그램에 입학할 자격이 되지 않을 때 이는 매우 곤란한 문제다. 이 편지에 대한 바버라의 첫 번째 응답은 로스가 영재교육 프로그램에 들어오고 나간 이력을 확인하는 것이다. 로스는 예민하고 재능 있는 창의적인 소년이었는데 5학년 때 협동적 문제해결 프로그램과 비판적 사고 프로그램에 잘 맞지 않았다. 바버라는 로스를 위한 가장 좋은 방법은 영재교육 프로그램 외의 다른 학교 프로그램에 참여하는 것이라고 보았다.

바버라는 전화로 그의 아버지와 이야기한 후에 로스를 만나 그동안 학교에서 어떻게 생활했는지에 대해 이야기를 나누었다. 로스는 그가 특히 즐겼던 여러 수업과 교사들을 이야기하였다. 그 다음 바버라는 학교가 영재교육 프로그램을 위한 특정한 가이드라인을 따라야 한다고 설명했다. 이것은 로스처럼 똑똑하고 창의적인 학생도 영재교육 프로그램보다는 다른 프로그램에 더 적합하다는 것을 의미한다. 그녀는 로스에게 모든 학생들이 참여할 수 있고 자기 성찰적 관점에서 글을 쓰고 사고할 수 있는 기회를 제공해 주는 프로그램이 로스에게 적합할 것 같아 이에 대해 알고 있는지 물었다. 바버라와 로스는 이런 활동에 대해 이야기를 나누고 이 프로그램에 참여하도록 격려했다. 로스는 바버라가 제시한 아이디어에 흥미를 보였고 기뻐했다.

물론 모든 상황이 장밋빛 결론으로 감동스럽게 끝나는 것은 아니다. 그렇지 않을 때에는 직접적이든 간접적이든 학생에게 계속 신경 쓰도록 노력하라. 학생과 몇 주 더 이야기를 나누라. 또한 이 아이에 대해 수용적인 교사 한두 명과 연락하여 아이에 대한 상황 보고서를 요청하고 여러분이 이 학생에게 도움이 될 만한 제공할 수 있는 자료는 무엇이 있는지 알아보라. 만약 이 아이를 교육하는 데 있어 좋은 변화가 일어났다는 것을 안다면 학부모에게 전화하는 것은 당연할 것이다.

이와 같은 네 가지 이슈들이 여러분이 학부모와 학생들을 대하면서 흔히 접하게 되는 문제들이다. 물론 다른 문제들도 있을 것이다. 문제가 무엇이든 간에 여러분이 모든 문제에 즉각적인 해결책을 가질 필요가 없다는 것을 인식한 이상, 그리고 여러분이 전화 통화나 다른 만남을 통해 약속했던 일들을 기억하는 이상, 대화의 주제가 곤란한 것이라도 어색하거나 긴장하거나 전투적일 필요가 없을 것이다. 사실상 학부모와 학생과의 효과적인 의사소통과 협력은 학교와 가정의 연결을 강화시켜 주고 학생에게 오랫동안 긍정적인 경험을 제시할 수 있다.

마지막 몇 가지 제언

모든 교육청에는 영재교육에 대한 자체적인 규준과 가이드라인이 있다. 모든 학교도 마찬가지로 독특한 환경이 있다. 그러나 이런 다양함에도 불구하고 영재 담당교사로서 명심해야 할 몇 가지 변함없는 것들이 있다.

- 영재 담당교사란 지성, 재빠른 사고, 그리고 때때로 함구할 수 있는 능력이 필요한 직업이다.
- 영재 담당교사란 여러분이 담당하고 있는 영재학생들을 위해 여러분이 옳다고 믿는 것을 옹호해야 하는 직업이다.
- 여러분이 모을 수 있는 최대한 많은 에너지가 필요한 직업이다.

어디에서 이런 에너지를 찾을 수 있을까? 이 장의 시작 부분에서 인용했던 영재교육가의 문구처럼 여러분만의 '탑 10' 리스트나 해야 할 목록을 생각할 수 있다. 아니면 아마 다음의 영재교육자가 했던 것처럼 크고 작은 사실들에서 영감을 얻을 수 있을 것이다.

독수리가 비상하는 곳[7)]

– 제인 F. C. 맥도날드(Jane F. C. McDonald)

무엇이 매일매일 나를 전진하게 하는가?

- 내가 변화시킨 영재아이들. 젠(Jen)이라는 '지하세계'에 있는 영재소녀가 오늘 '우리' 안으로 들어왔다. "선생님과 영재교육 프로그램이 그리워요. 올해는 무엇을 할 거예요?" 또한, 오늘 나는 5학년 세라(Sarah)가 6학년 수학을 듣게 될 것이라는 소식을 들었다. 작은 승리다!
- 우리가 옹호해야 할 영재부모들(7년 전부터 양육정보를 요청하는 전화)
- 우리의 훌륭한 영재교육팀(그들은 나의 영원한 친구다. 기대어 울 수 있는 어깨, 나눌 수 있는 축복)
- 양질의 프로그램을 설계하고 이행하는 것(영재학생들 그들은 100% 영재다. 프로그램은 이것을 반영해야 한다.)
- 놀라운 행정적인 지원을 받는 것(내가 아는 분 중 최고의 장학사)
- 전국에 있는 영재교육 전문가들과의 네트워크
- 최신 노트북 컴퓨터, 회전의자
- 더 이상 새지 않는 지붕

---

7) Jane F. C. McDonald(Gifted Coordinator, Helena, Montana, Public Schools)의 "독수리가 비상하는 곳(Where Eagles Soar)"에서 일부 발췌함.

내가 몬태나(Montana) 주의 헬레나(Helena)에 위치한 초등학교를 떠나, 루이스(Lewis)와 클락(Clark) 주를 통해 집으로 운전하며, 영양과 엘크를 지나쳐, 미주리 강둑 위를 비상하는 독수리를 보며, 나는 내 두 눈으로 이 위치의 가치를 생각한다. 나는 한 가지 강한 믿음이 있다는 것을 알게 되었다. 즉, 내가 아이들과 학부모, 교사, 그리고 지역사회에 진정한 변화를 위해 무엇을 할 수 있을까? 오늘 나는 시험을 통과했다. 내일은?

변화를 만들고 싶다는 계속된 소망에서, 나는 도구 상자를 만들었다.

- 영재교육 전문가 개발 도구(나는 어려운 사람들과 상황을 건설적으로 다루는 법을 아는 전문성을 갖춘다. 또한 일상 스케줄에서 탈출하고 우리 팀의 관계를 다지기 위해서 직원들과 '파워데이'를 계획한다.)
- 학부모의 가치로운 참여(나는 학부모들에게 웹사이트, 신문, 학부모 토론 그룹 등을 만들어서 그들의 재능을 활용할 기회를 제공한다)
- 비용 절감(나는 교사들에게 그들의 영재학생들과 학급 안팎에서 만날 시간을 준다. 또한 우리는 학부모 간부회를 만들었는데, 이것은 지역사회 인사들과 학부모가 교사를 대신하여 수업을 담당하고, 담임교사는 영재아이들에 대한 전문성 계발 기회를 갖도록 하는 것이다)
- 영재학생 문제에 대한 직접적인 서비스(영재학급에서 행해지는 것은 일반학급에서 이루어지는 것과는 전략적으로 다르다는 것을 확실히 한다. 이것은 다양한 수준을 위해 영재교육 프로그램 교육과정을 계획한다는 것을 의미한다)
- 학급 넘어서서 살기(나는 스트레스를 인식하고, 친구, 음식, 운동 등을 통해서 적극적으로 스트레스에 대처한다. 역시 나는 아름다운 장소를 찾아 그것의 일부가 되어 시간을 들여 웃고 독수리가 날아오르는 것을 관찰한다)

우리 지역의 예산삭감과 축소로, 우리의 영재 프로그램을 평가하고 재구성할 기회를 가졌다. (긍정적으로) '더욱 날씬하게, 더욱 날렵하게'라는 생각으로 전환하는 것은 쉽지 않지만, 강하고 유연한 스태프들과 함께 일하고 매일 자연의 아름다움을 통과해 집으로 가는 것은 모두 의미 있는 일이다.

다른 영재교육 전문가는 영재학생과 일하는 보상으로 다음과 같은 관점을 제시했다.

너 자신의 이야기를 만들라[8)]

– 잔 폴(Jan Fall)

나는 내 교육경력 29년 중에서 22년을 영재아이들과 함께 보냈다. 내가 새로운 영재교육 프로그램을 위해 일해 보겠다고 1977년 처음 손을 들었을 때, 나는 내가 지금 이 자리에 있을 것이라고 생각하지 못했다. 영재아이들은 내 삶을 바꾸었다. 그들은 내게 도전감과 호기심이 필요하다는 것을 알게 했다.

나는 이 분야의 리더들에게 엄격한 훈련을 받았지만, 매일매일 무엇이 아이들을 위해 최선인지에 대한 준비는 없었다. 사람들은 여전히 영재교육을 둘러싼 신화를 믿는다. 그런 신화를 떨쳐 버리는 것이 이 직업의 한 부분이다.

매년 나를 발전시키는 것은 간단하다. 아이들을 만나는 것이다. 그들은 내게 희망과 에너지를 준다. 그들은 내일의 비전을 제시한다. 그들의 학습에 대한 활기는 전염성이 있다. 이번 주에 학교에서 어려움이 있었지만, 내가 추구

8) Dr. Jan Fall[Gifted Coordinator, Killeen (Texas) Independent School District]의 "너 자신의 이야기를 만들라(Keeping Your Own Stories)"에서 일부 발췌함.

하는 목표를 위해 나의 원위치로 돌아간다. 그것은 오래 걸리지 않는다. 3학년 아이는 그의 표현주의적 그림을 묘사한다. 4학년 아이는 법의학 학급에서 범죄에 대해 이야기한다. 고등학생들은 빅토리아 시대에 대해 발표하기 위해 삽화를 준비한다. 나는 훨씬 가벼운 발걸음으로 내 사무실로 돌아간다.

나도 내 일에 대해 회의가 들 때가 있었다. 나는 내가 가르쳤던 학생을 만나거나 이메일을 받았다. 1988년에 내가 가르쳤던 3학년 아이로부터 받았던 쪽지에는 이렇게 쓰여 있었다.

"선생님. 저에게 처음으로 지식의 힘, 낙천적 사고, 그리고 자신감을 보여 준 것에 대해 감사합니다. 너무 빨리 헤어져서 아쉬워요."

나는 항상 필요할 때 이 쪽지를 읽는다. 그 학생은 그와 그의 쪽지가 내 일에서 얼마나 중요한지를 알고 있다. 나는 3년 전 그가 두 개의 엔지니어링 학위를 가지고 대학을 졸업할 때 이것에 대해 말할 기회가 있었다. 지금도 나는 예전에 근무하던 학교의 학부모로부터 전화를 받는다. 그 학부모의 재능 있는 아들이 겨우 4살 때 인터넷을 통해 스스로 독일어를 공부하며 우리는 같은 길을 걷기 시작했다.

여러분 자신의 이야기를 만들라. 여러분 주변의 좋은 사람들과 관계를 유지하라. 스스로를 차별화시키라. 아이들은 여러분을 필요로 한다.

지식, 낙천주의, 자신감, 그리고 팀은 잰이 학생들에게 쓰는 편지에서 자주 사용한 단어들이다. 이러한 재능과 자세 때문에 영재교육의 존재를 위협하는 시류의 변화에도 불구하고 영재교육 분야는 살아남을 것이고 성장할 것이다. 도움이 필요할 때, 여러분이 알고 있는 모든 것을 상기하고 여러분과 여러분의 학생들에게 의미 있는 모든 것을 활용하라.

영재들이 존재하는 이상 우리가 영재라고 부르도록 선택할 재능 있는 아이들의 집단은 항상 존재할 것이다. 그 아이들 모두는 그들의 요구를 존중하고 이해해 줄 대변인이 필요하다. 그리고 물론 그것은 여러분의 가장 거대하고 복잡한, 그리고 가장 만족을 주는 직업이다.

모험을 즐기라!

"모든 것에는 끝이 있다는 것을 믿을 때가 올 것이다.
그때가 바로 시작할 시점이 될 것이다."

– 루이스 라모르(Louis L'Amour)

참고자료

• "*Counseling the Gifted and Talented*" edited by Linda K. Silverman (Denver: Love Publishing Company, 2000). 이 책은 영재 담당 상담자, 교사, 코디네이터를 대상으로 저술되었으며, 영재를 위한 상담 프로그램 운영방법에 대해 구체적으로 진술되어 있다.

• "How to Make Parent-Teacher Conferences Worthwhile and Productive" by Arlene R. DeVries, Home and School Report (Washington, DC: NAGC, 1996). 이 자료는 온라인을 통해서도 확보할 수 있다(www.nagc.org/new/listof10.htm).

• "National Association for Gifted Children Pre K-Grade 12 Program Standards"(www.nagc.org/webprek12.htm). 이 웹사이트에서는 영재교육 프로그램과 전문성 계발, 사회 · 정서적 상담 등과 관련된 기준이 명시된 문서를 제공한다.

• "*Perfectionism: What's bad about being too good?*" by Miriam Adderholdt and Jan Goldberg(Minneapolis: Free Spirit Publishing, 1999). 학생들을 위한 자료지만 교사들도 읽어야 한다. 이 자료에는 완벽주의의 원인과 결과, 극복방법에 대한 주요 연구 결과가 소개되어 있다.

- "Recent Research on Guidance, Counseling and Therapy for the Gifted" (www.nagc.org/CounGuide/guide.htm). by the NAGC Counseling and Guidance Division. 이 자료에는 영재들의 정서적 요구에 대한 연구와 상담자, 교사, 정책 입안자, 학부모 등에 대한 시사점이 제시되어 있다.

- "*Staff Development: The Key to Effective Gifted Education Programs*" edited by Peggy A. Dettmer and Mary S. Landrum (Waco, TX: Prufrock Press, 1998). 이 책은 직원의 전문성 개발 계획 수립과 실행에 관한 안내서다.

- "*Ultimate Guide to Getting Money for Your Classroom and School*" by Frances A. Karnes with Kristin R. Stephens (Waco, TX: Prufrock Press, 2002). 이 책은 여러분이 필요로 하는 자원을 발견하는 실제적 방법을 알려 준다. 저자들은 예산 조성 아이디어와 장기간의 발전 예산 조성에 관해 구체적으로 제안해 준다.

- "What Are the Social and Emotional Needs of Gifted Students?" by H.L. Nevitt. 이 책자는 미국영재학회 문건 "Frequently Asked Questions"의 일부로서 교사와 학부모 간의 만남에 활용할 수 있는 유용한 자료다.

- "*When Gifted Children Don't Have All the Answers: How to Meet Their Social and Emotional Needs*" by Jim Delisle and Judy Galbraith (Minneapolis: Free Spirit Publishing, 2002). 이 책은 영재들의 사회 · 정서적 요구에 대응할 수 있는 실생활과 관련된 전략들을 소개하고 있다. 또한 이 책에는 영재 판별, 과민성, 자존감, 미성취 등도 기술되어 있다.

부 록

☆ 학생 성장계약서 ☆

성장 목표

여러분 자신 혹은 여러분의 삶에서 변화하기를 원하는 것은 무엇입니까?

1. 나는 ______________________________

____

____

____

______________________________ 하고 싶다.

목표를 향한 노력

여러분은 이런 변화를 위해 어떻게 할 것입니까?

2. 나의 목적달성을 위한 단계들 :

____

____

____

____

____

3. 나를 도울 수 있는 자원들 (나를 지지하도록 바꿀 수 있는 사람들을 포함하여):

4. 내가 극복해야 할 걸림돌들 :

과정 점검하기

언제 더 좋아졌는지 여러분은 어떻게 알게 될까요?

5. 나는 ______________________________

______________________________ 알게 될 것이다.

6. 얼마나 목표에 근접하였나요? 설명해 보세요.

7. 내가 희망하거나 기대했던 것만큼 성취하였나요? 설명해 보세요.

8. 내가 희망하거나 기대했던 것보다 적게 성취하였나요? 설명해 보세요.

용어 정리

- **가중치 적용 성적 산출**(weighted grade) 어려운 수업에서 취득한 낮은 성적에 가중치를 부여해서 성적을 동등하게 해 주는 것이다. 예를 들어, 고급언어 수업에서 받은 B학점을 기초언어 수업의 A학점으로 인정해 주는 것이다.
- **개별화 교육 계획**(Individualized Education Plan: IEP) 아동의 독특한 특성과 요구를 반영하여 교육 목적을 설정하고, 목적 달성을 위한 방법을 진술한 문서화된 계획이다. 이 계획은 법적 문서로서 교육자(특수교육과 일반교육), 학부모, 그리고 종종 학생들과 협력하여 개발된다.
- **계열 구분**(tracking) 수학이나 읽기 집단을 '낮은' '중간' '높은' 등과 같이 학생의 능력에 따라 영구적으로 집단을 편성하는 것이다.
- **과민성**(hypersensitivity) 주변 세상에 대한 예민한 육체적 · 정서적 지각을 의미한다.
- **과소 판별된 집단**(underrepresented population) 전통적으로 많은 영재교육 프로그램에서 배제된 집단으로 영성 영재, 경제적으로 불우한 학생, 품행이 바르지 못한 아동, 학습에 어려움이 있는 아동 등이 포함된다.
- **과제 규정**(homework policy) 일반학급에서 학생들이 해야 할 과제와 완성을 위한 지침들을 중심으로 전일제 프로그램에 참여하고 있는 영재를 위해 만들어

진 규정이다.

- **과흥분성**(overexcitability: OE) 정서, 상상, 에너지, 감각, 인지적 능력을 강력하고 심도 깊게 반응하도록 유도하며 영재들에게 종종 발견된다.
- **교육과정 압축**(curriculum compacting) 또래들보다 더 빨리 학습했거나 빠르게 학습하는 학생들을 위해 일부 삭제된(혹은 축소된) 과제를 제시하는 것이다. 압축은 학교에서 속진이나 심화학습을 할 수 있는 시간이나 기회를 제공한다.
- **군집 집단편성**(cluster grouping) 일반학생들로 구성된 학급 내에 동학년 영재들을 소규모 수업집단으로 배치하는 것이다.
- **난이도의 천정**(ceiling of difficulty) 검사가 측정할 수 있는 최상위 수준의 수행을 의미한다.
- **내용 속진**(content acceleration) 영재학생의 학습 속도에 더 밀접하게 맞추도록 하기 위해 교육과정을 더 빨리 제공하는 것이다.
- **능력별 집단편성**(ability grouping) 학생들이 특정 기간 동안 공동 작업을 할 수 있도록 능력이 유사한 학생들로 집단을 편성한다.
- **다중 잠재성**(multipotentiality) 영재학생들이 다양한 영역에서 성공할 수 있는 능력을 갖고 있어 진로 선택을 어렵게 한다는 개념이다.
- **다중지능**(multiple intelligence) 정보를 학습하고 처리하는 방법이 다양하다는 심리학자 하워드 가드너의 이론이다. 그가 제안한 지능은 언어적, 음악적, 논리-수리적, 시공간, 신체운동, 대인 간, 개인이해, 자연친화 지능 등이다. 각 학생들은 이러한 영역 내에 상대적인 강점과 약점을 갖고 있다.
- **독립학급 프로그램**(self-contained program) 지적으로 유사한 학생들이 전일제 수업을 할 수 있도록 집단을 구성하여 성취를 촉진시키고 영재성으로 인해 수반되는 사회 · 정서적 문제를 줄이기 위해 종종 수년 동안 지속되는 프로그램이다.
- **동시 등록**(concurrent enrollment) 대학과 고등학교 과정을 동시에 이수하는 것으로 이중 등록이라고도 한다.
- **동질 집단편성**(homogeneous grouping) 연령과 관계없이 능력이 동일한 학생들

로 집단을 편성한 것으로 유사 능력 집단편성이라고도 한다.

- **루핑**(looping) 교사가 자신이 맡은 학생들이 일정한 학년을 마칠 때까지 가르치는 것을 의미한다. 2년 혹은 그 이상의 사이클을 마친 후에 교사는 새로운 집단의 학생들과 함께 본래 학년 수준에서 수업을 다시 시작한다.
- **마그넷 스쿨**(magnet schools) 순수 및 공연예술, 과학과 공학 등 특정 학문 영역에 집중화된 교육과정을 제공하는 특수한 공립학교다. 일부 차터 스쿨(chater school)과 주 정부에서 재정을 전액 지원하는 우등생 프로그램인 거버너스 스쿨(Governor's School) 대부분이 일종의 마그넷 스쿨이다.
- **멘토십**(mentorship) 특정 주제나 학문에서 학생과 전문가 간의 일대일 관계를 의미한다. 멘토는 학생이 흥미를 갖고 있는 분야에서 전문성을 계발할 수 있도록 지원하고 안내한다.
- **문제중심학습**(problem-based learning) 학생들이 실생활 문제나 상상적인 시나리오를 해결하기 위해 적절한 학습자원을 사용하여 개인별 혹은 집단별로 비판적 · 분석적 · 협력적으로 사고하도록 구조화된 수업방법이다.
- **미성취**(underachievement/underperformance) 학생의 능력 수준에 미치지 못하는 수행을 의미한다.
- **미숙한 영어 구사력**(Limited English Proficiency: LEP) 영어 구사력이 미숙한 학생들을 의미하며, 이들이 갖고 있는 의사소통 문제는 종종 이들의 영재성과 재능을 가리게 되어 이들이 영재 프로그램에 과소 판별되는 원인이 되기도 한다.
- **범주적 기금**(categorical funds) 특정 집단 학생(예: 영어를 제2언어로 사용하는 영재)이나 특수화된 프로그램(예: 읽기 부진아 프로그램)을 위한 보충 기금이다.
- **블룸의 분류학**(Bloom's Taxonomy) 사고를 복잡성 정도에 따라 지식, 이해, 적용, 분석, 종합, 평가 등 6개 수준으로 분류한 것이다.
- **비동시적 발달**(asynchronous development) 지적 성장이 신체적 · 사회적 혹은 정서적 발달보다 앞서는 것으로 통합의 부조화를 의미한다.
- **비판적 사고**(critical thinking) 복잡한 개념이나 문제를 논리적으로 이해하고 해결하도록 하는 누적된 분석적 기술이다.

- **사명 진술문**(mission statement) 프로그램을 운영하는 이유를 분명하고 간결하게 진술한 것이다. 영재교육 프로그램에서 사명 진술문은 학교나 지역의 일반적인 교육 사명이나 영재교육 철학이 반영되어 있거나 관련되어 있어야 한다. 사명 진술문과 철학은 종종 결합되어 프로그램 목표 설정을 위한 나침반 역할을 하게 된다.
- **사정**(assessment) 표준화 검사나 매우 분명하게 정의된 개인의 포트폴리오 샘플을 통해 학생의 학습을 평가하는 과정이다. 영재교육에서 교사는 학생의 요구와 흥미를 고려하여 산출물이나 수행을 평가한다.
- **상급학년 배치**(Advanced Placement: AP) 고등학교에서 상급 수준의 과목을 이수하는 동시에 대학에서의 학점도 취득하도록 하는 체제다.
- **성장 계약**(growth contract) 학업이 아니라 정의적 사항과 관련해서 학생과 계약을 맺는 것을 의미한다.
- **성취도 검사**(achievement test) 학생이 학습한 것이나 일반학생들이 성취했을 것으로 기대되는 특정한 내용을 측정하기 위한 검사로서 잠재성을 측정하는 것은 아니다.
- **속진**(acceleration) 학생들이 자신의 생활연령보다 더 높은 학년에서 학습하는 것을 허용하는 것으로 조기입학, 영재학급 배치, 시험을 통한 학점 취득, 월반, 두 개 학년 동시 이수, 고등학교와 대학의 동시 등록 등이 있다.
- **숙달학습**(mastery learning) 학생이 자신의 속도로 학습할 수 있도록 보장하면서 학년 수준보다는 능력에 따라 교육과정을 이수하도록 하는 수업 방법이다.
- **심화학습 프로그램**(enrichment program) 정규 교육과정 이외에 다양하고 도전적인 학습기회를 제공하는 일반적인 용어다.
- **아스퍼거 증후군**(Asperger Syndrome) 반복적이거나 제한된 행동을 함으로써 일부 기술을 습득하지 못하고 사회적 발달이 충분하게 이루어지지 않아 사회성이 심각하게 손상된 증상을 보인다.
- **영재와 재능아 교육을 위한 제이콥 재비츠 법**(Jacob K. Javits Gifted and Talented Students Education Act: Javits Act) 영재교육과 연구를 위해 해마다 기금을 지

원하도록 하는 미 연방법이다.

- **오프 트랙 프로그램**(off-track programs) 비 재학기간 동안 학생들이 이용 가능한 학습기회를 의미한다.
- **완벽주의**(perfectionism) 학업이나 기타 영역에서 수행할 수 있는 기준을 지나치게 높게(종종 불가능하게) 설정하는 것이다.
- **요구 분석**(needs assessment) 추가적인 프로그램을 설정할 의도로 충족되지 않은 학생들의 특수한 요구를 파악하기 위해 교육 프로그램과 교육과정을 조사하는 과정이다.
- **우등생 학급**(honors classes) 중 · 고등학교에서 제공하는 도전을 주고 속진으로 구성된 상급 과정이다.
- **융통성 있는 집단편성**(flexible grouping) 학생의 흥미와 능력을 근거로 과제에 따라 집단을 편성하는 것이다.
- **이중 특수성**(twice exceptional) 영재성과 신체적 · 정서적 혹은 학습장애를 동시에 갖고 있는 것을 의미한다.
- **이질 집단편성**(heterogeneous grouping) 학생의 능력, 성취도, 흥미, 관점, 배경 등에 따라 집단을 편성하는 것으로 혼합 능력 집단편성이라고도 한다.
- **자원센터**(resource center/resource room) 영재를 위한 특별 프로그램이 제공되는 학교나 지역에 지정된 장소로 풀 아웃 학급이라고도 한다.
- **자폐**(autism) 자기-몰두, 사회적 상호작용의 어려움, 반복적 행동, 언어 역기능 등을 보인다.
- **장애아를 위한 개별 교육법**(Individuals with Disabilities Education Act: IDEA) 학생의 특수한 요구에 적절한 교육을 위한 미 연방법으로, 지적으로 혹은 학업적으로 영재성이 있는 학생들은 포함되지 않는다.
- **정서적 영재성**(emotional giftedness) 동년배에 비해 사고와 주변 사태를 더 강력하고 심오하게 생각하는 영재성이다.
- **정서행동장애**(Emotional and/or Behavior Disorders: EBD) 사회적 관계 유지의 어려움과 만성적 행동 문제로 인해 학업에서 어려움을 경험하는 경우가 많다.

- **제2언어로서의 영어**(English as a Second Language: ESL) 영어가 모국어는 아니지만 영어를 사용하는 것을 의미한다. 이들이 갖고 있는 의사소통 문제는 종종 이들의 영재성과 재능을 가리게 되어 이들이 영재 프로그램에 과소 판별되는 원인이 되기도 한다.
- **조기입학**(early entrance) 시작하는 시기나 연령보다 더 일찍 학교에 등록하는 것을 말하며, 유치원 입학과 주로 관련이 있다.
- **주의력결핍 및 과잉행동장애**(Attention Deficit Hyperactivity Disorder: ADHD) 신체적 활동이 지나치거나, 조용히 앉아 있거나, 주의 집중에 어려움이 있는 것과 같은 증상을 보인다.
- **지능검사**(intelligence test) 지적 수행에서 성취 잠재성을 측정하기 위한 검사다.
- **지능지수**(Intelligence Quotient: IQ) 정신 연령과 생활 연령을 비교하여 지적 능력을 측정한 것이다.
- **차등적 과제**(tiered assignment) 특정 수준에서 학생들의 사전 지식을 형성하고 지적 성숙을 지속적으로 촉진시킬 수 있도록 다양한 수준의 활동을 제공하는 것이다.
- **차별화**(differentiation) 학생들의 개인적 학습욕구, 양식, 혹은 흥미를 충족시켜 주기 위해 수업의 속도, 수준, 혹은 교육과정의 종류를 선택하는 것이다.
- **창의성/창의적 사고**(creativity/creative thinking) 혁신적 개념이나 산출물을 생각하거나 만들도록 하는 예술적 혹은 지적 직관력이다.
- **철학 진술**(philosophy statement) 판별과 프로그램 구성에 도움을 줄 수 있도록 프로그램이 추구하는 특수한 요구에 근거한 간결한 진술문이다. 영재교육 프로그램을 위한 영재교육 철학 진술은 학교나 지역의 일반교육 철학이나 영재교육 사명 진술문을 반영하거나 관련이 있어야 한다. 영재교육 철학과 사명 진술문은 종종 결합되어 프로그램 목표 설정을 위한 나침반 역할을 하게 된다.
- **총합평가**(summative evaluation) 프로그램의 목적 측면에서 프로그램의 성공과 질을 측정하기 위한 평가다.
- **통합**(inclusion) 각기 다른 능력과 여건을 가진 학생들이 일반학급에 함께 배치

되는 것을 의미한다.

- **판별**(identification) 영재 프로그램에 적합한 학생들을 결정하기 위해 사용되는 방법이다.
- **포트폴리오 사정**(portfolio assessment) 성취, 능력, 재능을 입증하고 측정하기 위해 사용된 일련의 학생 산출물로서 영재 프로그램에 학생을 배치하거나 영재 프로그램 참여 과정에서 수행한 과제를 평가하는 데 종종 사용되기도 한다.
- **표준화 검사**(standardized testing) 검사 결과를 통계적으로 설정된 기준에 비교할 수 있도록 동일한 여건에서 실시하는 검사다.
- **풀 아웃 프로그램**(pull-out program) 영재학생들이 특정 시간에 일반학급을 떠나 자원 교사와 함께 특별 수업에 참여하는 파트 타임 프로그램이다.
- **프로그램 평가**(program evaluation) 프로그램이 제공하는 서비스의 효과와 가치를 체계적으로 평가하는 것을 의미한다.
- **학교 내 학교**(school-within-a-school) 다른 시설을 사용하기보다는 일반교육 시설을 사용하면서 특수한 교육과정을 제공하는 프로그램이다.
- **학년 속진**(grade acceleration) 상급 학년이나 과정에 전일제 혹은 시간제로 학생을 배치하는 것이다.
- **학습센터**(learning centers/interest centers) 학생들이 새로운 영역을 탐색하거나 조기 학습을 유도하기 위해 사용할 수 있도록 자료를 수집해 둔 공간이다. 흥미 센터는 영재학생에게 심도 있고 포괄적이고 정교한 자료를 제공해 주어야 한다.
- **학습양식**(learning style) 시각, 청각, 신체 운동 등과 같이 학습을 위해 학생들이 선호하는 양식이다.
- **학습장애**(Learning Difference or Learning Disability: LD) 정보 처리를 위한 두뇌 능력을 방해하는 신경 생리학적 증상이다.
- **형성평가**(formative evaluation) 프로그램과 서비스의 개선을 목적으로 이루어지는 평가다.

찾아보기

인 명

B

Brown, R. 157

D

Dabrowski, K. 81

F

Frankfurter, F. 169

G

Gardner, H. 79

Goleman, D. 80

H

Heacox, D. 154

J

Javits, J. K. 241

M

Montessori, M. 142

R

Rogers, K. 167

Rogers, K. B. 163

S

Sternberg, R. 80

* * * * *

* * * * *

내 용

AP 45, 185
AP 학급 171
ERIC 자료 242
IPESI 영재교육 프로그램 133
NAGC 69, 199, 241
NRC/GT 241

ㄱ

가이드라인 275
가중치 적용 성적(weighted grade) 172
강렬함 263, 264
강사 초빙 254
검사점수 268
결과 공유하기 100
고립 265
과민함 265
과제 규정 272
과학 191
과흥분성 81
교사 지원 236
교사 추천 91
교수학습 206
교원 연수 250
교육 서비스 200
교육과정 압축 45
국립 영재교육 연구센터 241
규준 275
극단적 통찰 265

ㄴ

남성영재 252
높은 열중 265
능력 개발 250
능력별 집단편성 168
능력별 집단학급 166

ㄷ

다문화 252
다중지능 80
도전감 269
독립 영재학급 164

* * * * *

*　*　*　*　*

ㅁ

마그넷 스쿨 176
마그넷 스쿨 프로그램 177
멘토십 180
무력감 261
문제해결 43
미국영재학회 200, 212, 241, 257
미래문제 해결 250
미래문제 해결 프로그램 31
미성취 252

ㅂ

베울라 통합학교(Beulah Consolidated Schools) 127
불균형 발달 262, 264
불균형 통합 262
비동시적 발달 262
비판적 사고 43
비판적 사고 프로그램 274

ㅅ

사회 193
사회적·정서적 문제 257
사회적·정서적 요구 257
사회적·정서적 지지 141
산출물 사진 209
상급학년 배치(Advanced Placement: AP) 169
서면 코멘트 209
설문조사 211
성장계약 266
성취도 검사 91, 208
세계적인 문제 261
세미나 174
소외 265
속진 147
수월성 목록 129
수학 188
수학·과학 올림피아드 250
스트레스 264
신뢰성 207
심화 및 지원 프로그램 180
심화자료 270

ㅇ

언어 187

*　*　*　*　*

얼라이언스 스쿨 133
에세이 209
엘리트주의 21
여름방학 및 교외 프로그램 181
여성영재 252
영재 담당교사 251, 252, 270
영재 담당교사 자격증 251
영재 코디네이터 17, 18
영재 판별 34, 67
영재 프로그램 22, 104
영재 프로그램 구성 계획서 196
영재 프로그램 철학 41
영재교육 위원회 33, 88, 256
영재교육 코디네이터 270
영재교육 프로그램 33, 47, 235, 256
영재교육 프로그램 평가 201
영재교육 프로그램의 목적 137, 204
영재교육 후원회 238
영재교육자 19
영재성 68, 76
영재학생을 위한 목적 136
예산 236
올림픽 접근법 212
완벽주의 257, 258, 259, 264
완벽함 264
요구분석 42
인사 문제 158
인터뷰 209, 211
일화기록들 268
일화적 기록물 209
일화적 증거 94

ㅈ

자기 성찰적 관점 274
자문위원회 210
자원 도서관 249
자존감 258
재정 문제 156
저소득층 252
정보분석 202
정보수집 202, 208
정서적 요구 237
조기 입학 147, 148
좌절 265
중도 탈락 정책 103
지능지수 79

* * * * *

지루함 265
집단편성 182

ㅊ

차별화 182
차별화 교육과정과 수업 151
차별화 전략 154
창의성 80, 258
창의성 검사 96
창의적 글쓰기 258
총합평가 199, 200, 204, 207

ㅋ

코디네이터 234, 273

ㅌ

타당성 207
타인의 기대 265
탈진 264
통합학급 149
특별한 교육적 요구 198
특별한 영재집단 252
특수 프로그램과 학교 185
특수학교 176

ㅍ

판별 준거 87
판별방법 206
평가 결과 211
평가 계획 203, 207
평가 순서 203
평가 추천 발표 202
평가위원회 197
포트폴리오 211
포트폴리오 평가 94
표준화 검사 73, 86
표준화된 지능 검사 91
풀 아웃 프로그램 197, 213
풀 아웃 학급 160
프로그램 개발 34
프로그램 구조 설정 138
프로그램 목적 133
프로그램 설계 206
프로그램 코디네이터 252
프로그램 평가 36, 197, 198, 199, 200, 203, 212

* * * * *

* * * * *

프로젝트 서비스 195
프로젝트 플러스(Project Plus) 174, 175
피라미드 프로젝트 140

ㅎ

학급 내 집단편성 150
학부모 참여 35, 236
학부모 체크리스트 92
학생 산출물 209
학생 성장계약서 282
학생 추천 93
학생 포트폴리오 209
학습장애 252
핵심 교육과정 250
협동적 문제해결 프로그램 274
형성평가 200, 204, 207

저자 소개

Jim Delisle, Ph.D.

미국 오하이오 켄트 주립대학교(Kent State University in Ohio) 교육학과 교수로서 영재교육에 관한 연구와 교육을 했으며, 현재는 은퇴하였다. 특수교육과 영재교육 담당 교사로 근무하면서 켄트 주립대학교의 '최우수 교수상(2004)'을 포함하여 많은 상을 수상했다. 최근 그는 과거 초등학교 4학년이었던 제자가 고등학교를 졸업하면서 그를 '가장 영향력을 주었던 교사'로 선정한 것을 자랑스러워했다. 그는 또한 영재와 영재가족을 위한 상담가로도 활동했다. 그는 베스트셀러인 *Gifted Kids' Survival Guide: A Teen Handbook*과 *When Gifted Kids Don't Have All the Answers: How to Meet Their Social and Emotional Needs*를 포함하여 지금까지 14권의 저서와 200여 편의 논문을 발표했다.

Barbara A. Lewis

미국 유타 주에서 영재 코디네이터로 근무하면서 우수한 프로그램을 개발하는 등, 지난 15년 동안 영재학생들을 가르쳤다. 그녀는 *The Kid's Guide to Social Action*; *Kids with Courage*; *The Kid's Guide to Service Projects*; *What Do You Stand For? For Teens*; *What Do You Stand For? For Kids*; *The Teen Guide to Global Action* 등의 저서를 출판했다. 그녀는 저서, 수업, 청소년을 위한 프로젝트, 사회적 활동으로 다수의 상을 수상했으며, 잡지와 방송을 통해서 그녀의 활동이 소개되었다.

역자 소개

이신동

고려대학교 대학원 교육학 박사

스탠퍼드 대학교(Stanford University) post-doc(지능-적성이론)

퍼듀 대학교(Purdue University) 영재교육연구소 연구교수

한국영재교육학회 회장

현 순천향대학교 특수교육과 교수 및 동 대학 영재교육원 원장

e-mail: sdlee@sch.ac.kr

주요 저·역서

『영재성의 개념과 이론』(공역, 학지사, 2011)

『최신영재교육학개론』(공저, 학지사, 2010)

『영재교육 노하우』(역, 시그마프레스, 2009)

『영재판별의 동향』(공역, 학지사, 2008)

문은식

충남대학교 대학원 교육학 박사

한국영재교육학회 편집위원장

현 강원대학교 유아교육과 교수

e-mail: esmoon@kangwon.ac.kr

주요 역서 및 논문

『영재교육의 주요 이슈와 실제』(공역, 시그마프레스, 2009)

『사회적 · 정서적 문제, 미성취, 상담』(공역, 학지사, 2008)

「과학영재를 위한 인문사회와 예술의 융합형 영재교육 프로그램 개발」(공동, 2010)

최병연
고려대학교 대학원 교육학 박사
퍼듀 대학교(Purdue University) 영재교육연구소 post-doc(영재교육)
한국영재교육학회 콜로키움 위원장
현 전주교육대학교 초등교육과 교수
e-mail: choiby@jnue.kr

주요 역서 및 논문
『영재교육』(공역, 박학사, 2009)
『창의성: 이론과 실제』(공역, 시그마프레스, 2009)
『장애영재와 특수영재』(공역, 학지사, 2008)
「창의성 신장 기법을 활용한 문제중심학습에서 초등영재의 학습 경험에 관한 질적 연구」(2013)

교사를 위한
영재교육의 기초
The Survival Guide for Teachers of Gifted Kids
-How to Plan, Manage and Evaluate Programs for Gifted Youth K-12-

2013년 11월 20일 1판 1쇄 인쇄
2013년 11월 25일 1판 1쇄 발행

지은이 • Jim Delisle · Barbara A. Lewis
옮긴이 • 이신동 · 문은식 · 최병연
펴낸이 • 김진환
펴낸곳 • (주) 학지사
121-837 서울시 마포구 서교동 352-29 마인드월드빌딩 5층
대표전화 • 02)330-5114 팩스 • 02)324-2345
등록번호 • 제313-2006-000265호

홈페이지 • http://www.hakjisa.co.kr
커뮤니티 • http://cafe.naver.com/hakjisa

ISBN 978-89-997-0247-1 93370

정가 17,000원

역자와의 협약으로 인지는 생략합니다.
파본은 구입처에서 교환해 드립니다.

이 도서의 국립중앙도서관 출판시도서목록(CIP)은 서지정보유통지원시스템 홈페이지(http://seoji.nl.go.kr)와 국가자료공동목록시스템(http://www.nl.go.kr/kolisnet)에서 이용하실 수 있습니다.
(CIP제어번호: CIP2013023940)